저자
소개

• **하노 베크**Hanno Beck | 현재 포르츠하임 대학에서 국민경제론과 경제정책을 강의하고 있다. 요하네스 구텐베르크 대학교에서 국민경제론을 전공했고, 《프랑크푸르터 알게마이네 차이퉁》(이하 FAZ)에서 경제부 편집위원으로 활동하며 박사학위를 취득했다. 2006년부터는 포르츠하임 대학에 재직 중이다. 전문지에 수많은 논문을 발표했고 다수의 저서가 있다.

• **파트릭 베르나우**Patrick Bernau | FAZ 온라인의 경제 및 금융부장으로 활동하고 있다. 국민경제론과 정치학을 전공했고 기자학교를 다녔다. FAZ에 들어가 처음 5년간 일요판에서 정보기술(IT), 증시, 경제연구 분야의 기사를 썼다. 최근에 펴낸 저서로는 《유로 쓰나미, 통화에 익사하는 유럽》이 있다.

• **발터 크래머**Walter Krämer | 통계학자이자 경제학자로 도르트문트 공과대학에서 경제 및 사회통계연구소 소장으로 재직 중이다. 《대중적인 오류 백과》로 유명해졌고 통계학 관련 저서도 여러 권 있다. 최근에는 《이 주의 불안》을 출간했다. 독일어협회(VDS)의 설립자이자 회장이다.

• **토르스텐 헨스**Thorsten Hens | 취리히 대학에서 재무금융학과장으로 재직 중이다. 투자자가 어떻게 결정을 내리고 왜 합리성의 원칙을 회손하는지에 대한 문제를 중점적으로 연구하고 있다.

• **루츠 요하닝**Lutz Johanning | WHU-오토 바이스하임 경영대학원에서 경험적 자본시장 연구 분야의 교수로 재직 중이다. 뮌헨 루트비히-막시밀리안스 대학에서 박사학위를 취득했고 이후 유럽경영대학원에서 교수자격을 취득한 뒤 교수로 근무하기도 했다. 연구 및 강의 분야는 리스크 관리, 포트폴리오 관리, 정서적 금융이다.

• **틸만 노이쉘러**Tilmann Neuscheler | FAZ 온라인의 경제부 편집위원이다. 튀빙겐 대

화과 프라이부르크 대학에서 국민경제론을 전공했고 뒤셀도르프에 있는 게오르크-
폰-홀츠브링크 경제기자학교를 다녔다. 2007년부터 FAZ.NET에 재직 중이다.

- **비난트 폰 페터스도르프** Winand von Petersdorff | 《프랑크푸르터 알게마이네》 일요신
문의 설립 편집위원이며 현재 경제편집부 부장으로 근무하고 있다. 젊은 세대를 대상으
로 경제를 설명하는 저서 《돈은 결코 충분치 않다》(카르스텐 슈로이어스와 공저)는 2008
년도 올해의 경제도서로 선정되기도 했다.

- **디르크 슈미트** Dirk Schmitt | 플로스바흐 폰 슈트르히 쾰른 자산관리협회의 투자매
니저로 활동 중이다. 그 이전에는 박사학위를 취득하고 뷔르츠부르크 대학에서 근무하
며 경제학자이자 공인재무분석사로 활동했다. 기업평가와 자본 투자 분야에서 다수의
논문을 발표했다.

- **크리스티안 지덴비델** Christian Siedenbiedel | 《프랑크푸르터 알게마이네》 일요신문
의 편집장이며 은행, 철도, 증시 분야를 저술하고 있다. 이 밖에 유로화 위기에 관심을 쏟
고 있다. 1996년 이후로 FAZ에 재직 중이다.

- **막시밀리안 트로스바흐** Maximilian Trossbach | 2008년부터 WHU-오토 바이스하임
경영대학원에서 '리스크와 불안정한 상황 하의 투자행태'를 연구해 박사학위를 취득했
다. 요한 볼프강 폰 괴테 대학에서 국민경제론을 전공했고, 미국과 네덜란드, 중국 롱지
에서 연구 생활을 했다.

- **요아힘 바이만** Joachim Weimann | 막데부르크 오토 폰 구에리케 대학에서 교수로 재
직 중이다. 빌레펠트 대학에서 국민경제론을 전공했고 도르트문트 대학에서 박사학위
와 교수자격을 취득했다. 실험경제연구협회 회장이며 다수의 저서와 수많은 국제 간행
물이 있다.

사고의 오류

사고의 오류

비난트 폰 페터스도르프, 파트릭 베르나우 외 지음 | 박병화 옮김

율리시즈

차례

06___ 믿음이 불러온 오류

07___ 인간은 쉽게 극단으로 치닫는다

08___결국 인간은 어리석다

09___인간의 학습능력에 기대를!

왜 이 책을 사야 하는가?

혹시 지금 서점에서 이 책을 보고 자신에게 도움이 될지 생각해 보는 중인가? 또는 온라인 서점에서 내용을 훑으며 전자책 단말기에 입력해야 할지 망설이는 중인가?

오래 생각할 필요는 없다. 그래 봐야 당신만 피곤해질 뿐이다. 생각은 그만하고 그냥 책을 집어 들고 계산대로 가시라. 망설일 것 없이 구입하는 것이다. 이 책은 어떻게 하면 당신이 물건을 잘 사는지 설명해줄 것이기 때문이다.

우리 욕심 때문에 하는 말이 아니다. 적어도 그 때문만은 아니다. 우리도 물건을 제대로 사는 법을 배웠기 때문에 하는 말이다. 흔히 하는 말로 물건을 올바로 구매하는 법을 잘 알아보고 이 책을 계속 읽어보시기 바란다. 비슷한 종류의 여러 책을 놓고 각각의 장단점을 비교해보는 것이 가장 좋을 터인데, 그래야만 충분한 검토 끝에 올바른 결정을 내릴 수 있을 테니 말이다. 물건을 고를 때 별 재미가 없다 해도 이것은 중요한 과정이다. 가장 좋은 구매방법은 가능하면 충분히 알아본 다음에 결정을 내리는 것이므로. 하지만 오늘날은 유능한 심리학자도 구매결정에 도움을 줄 수 없을 만큼 상품이 넘쳐난다. 조언을 듣는 사람도 많은 돈과 시간을 소비하게 마련이고 그럼에도 잘 샀다는 만족을 느끼지 못하는 것이 현실이다.

직관적으로 선택하는 편이 더 좋을 수도 있다. 서점의 판매원에게 책을 추천해달라고 부탁하는 사람이 많은데 이것을 결코 나쁜 방법이라고 할 수도 없다(물론 판매원만 신뢰해서는 안 된다. 이 책은 앞으로 이 문제에 대해서도 설명할 것이다). 미국의 심리학자 티모시 윌슨Timothy Wilson과 조나단 스쿨러Jonathan Schooler는 결단이 빠른 사람은 단지 일을 빨리 마칠 뿐만 아니라 여러 선택사항을 놓고 끝없이 재는 사람보다 자신의 결정을 더 흡족해한다는 사실을 알아냈다.

두 사람은 학생들에게 여러 가지 포스터를 고르게 한 끝에 이런 결론에 이르렀다. 실험참가자를 둘로 나누어 절반에게는 시간을 들여 곰곰이 생각하게 하고 각각의 포스터를 하나하나 들여다본 뒤 찬반 논쟁을 벌여 어느 것을 선택할지 신중하게 결정하도록 했다. 이런 긴 과정을 거친 다음 포스터 한 장을 고르도록 했다. 나머지 절반에게는 알아서 마음대로 고르도록 했다. 그리고 참가자 전원에게 선택한 포스터를 집으로 가져가 걸어놓게 했다. 과연 어느 집단이 자기 선택에 더 만족했을까?

몇 주 뒤 두 심리학자는 실험집단의 만족도를 검사했다. 충분히 생각한 끝에 포스터를 선택한 학생들의 집에서는 한두 주가 지난 뒤에는 포스터가 보이지 않는다는 것을 확인할 수 있었다. 이와 달리 마음대로 고른 학생들은 포스터를 마음에 들어 했고 더 오래 벽에 걸어놓고 있었다.

이런 현상은 단지 그림에 국한되지 않는다. 윌슨과 스쿨러는 잼이나 자동차, 이케아 제품의 의자 같은 일상용품에서도, 심지어 주택의 경우에도 비슷한 현상이 일어난다는 사실을 주목했다. 인간은 편하게 생각할 때 오히려 행운을 차지하는 것처럼 보인다. 행운을 잡는 사람은 뭔가를 주고받을 때 오래 생각하지 않으며 계산상으로는 갈수록 가난해지지만 그래도 늘 기뻐한다. 이렇게 단순한 결정이 더 좋은 결과를 낳는 데는 분명한 이유가 있다고 두 심리학자는 생각한다. 결정에 앞서 오랫동안 고심하는 사람은 자신의 선택이 가져올 단점을 의식하기 때문이다. 또 자신이 무엇을 놓치는지도 안다.

《프랑크푸르터 알게마이네》 일요신문은 1년에 걸쳐 여러 가지 사고의 오류를 시리즈로 소개한 적이 있다. 사고의 오류에는 한 가지 공통점이 있는데, 즉 잘못된 생각으로 돈을 축낼 뿐만 아니라 전 재산을 날리기도 한다는 것이다. 사람은 돈을 벌고 투자하고 소비할 때 과오를 저지른다. 이런 과오를 그대로 방치하면 안 된다. 잘못이 무엇인지 깨달을 때 대책을 세울 수 있다.

지난 20년간 고전경제학의 그늘에 가려 잘 알려지지 않았지만 행동경제학이라는 새로운 분야는 발전을 거듭해왔다. 행동경제학은 가정은 배제하고 현실 관찰을 토대로, 거래를 하는 사람들의 특정 경제행위에 대한 근거를 파고든다. 사람들이 경제적 결정을 내리는 상황에서 어떤 태도를 취하고 왜 그런 태도를 보이는지, 어떤 과정을 거쳐 그런 행동을 드러내는지, 그리고 때로 어리석은 결정을 내릴 때는 어떤 배경이 작용하는지를 연구한다.

예컨대 왜 사람들은 10유로의 손해를 보았을 때 25유로의 이익을 본 경우와 똑같이 집착하는 반응을 보이는 걸까? 이에 대한 대답은 일찍이 행동경제학이 밝혀낸 것 중 하나이기도 하다. 2002년에 이에 대한 공로를 인정해 노벨상위원회는 경제학상 수상자를 결정했다. 그 사이에 관련 분야의 지식은 계속 축적되었다. 학자들은 주어진 명제를 검증하고 다시 배격했으며 낡은 관념을 꼼꼼하게 살피고 부족한 부분을 보충했다. 이제는 중간 결산을 해볼 시점이다. 아직 주요 노선으로 정립될 만큼 확실한 방향이 제시된 것은 아니지만 소비자와 투자자는 연구 결과에서 꼭 필요한 것을 배울 수 있을 것이다. 예외가 적용되는 규칙이 많은 것 또한 사실인데, 예를 들어 책을 구입할 때의 결정이 이에 해당한다. 모든 규칙이 실제로 득이 되는 것은 아니다. 많은 돈을 축내게 만드는 사고의 오류는 얼마든지 있다.

사고의 오류 중에 중요한 것으로는 이른바 '닻 내리기^{anchoring}'(구매를 결정할 때 초기에 제시된 가격을 근거로 판단하는 것—옮긴이)라는 것이 있다. 물건을 파는 사람은 고객이 지출하기로 예상했던 것보다 더 많은 돈을 쓰게 만든다. 우리가 텔레비전을 구입한다고 해보자. 판매원은 대화가 시작되면 아주 고가의 제품을 보여줄 것인데, 이후 우리의 뇌는 무심코 이 가격을 기준으로 다른 모든 제품의 가격을 판단한다. 그러다 보면 평범한 중간 가격대의 제품도 갑자기 특별 할인상품처럼 보인다.

다행히 이런 술책에 넘어가지 않는 방법이 있다. 그것에 대해서는 제1장에서 설명하기로 한다.

파트릭 베르나우

비난트 폰 페터스도르프

01

인간은
유혹에
약하다

고가의
술책

간단한 실험을 하나 해보자. 종이쪽지에 계좌번호의 뒷자리 다섯 숫자를 적어보라. 적당한 쪽지가 없다면 책의 여백을 이용하거나 휴대전화에 숫자를 입력해도 좋다. 다 적었으면 이제 뉴욕 시에 의사가 모두 몇 명이나 될지 생각해본다. 그리고 예상한 수를 계좌번호 뒷자리 다섯 개를 이용해 적는다.

계좌번호의 뒷자리 다섯 개가 높은 숫자에 속하는가? 그렇다면 아마 뉴욕의 의사 수를 과대평가했을 수 있다. 낮은 숫자인가? 그러면 과소평가한 것인지도 모른다. 실제 뉴욕 시의 의사수는 6만 5천 명이다.

도대체 계좌번호 숫자와 뉴욕의 의사 수가 무슨 관계가 있는지 의아할 것이다. 당연히 아무 관계도 없다. 그렇기는 해도 여러분의 계좌번호는 의사 수를 가늠하는 데 분명 영향을 주었을 것이다. 여러분뿐만 아니라 어느 누구라 해도 마찬가지다.

심리학인 티모시 윌슨은 세 명의 동료와 함께 이 현상을 실험했다. 이들은 윌슨의 학생들에게 같은 과제를 주었다. 이번에는 계좌번호 대신 미국인이라면 누구나 신분 증명을 위해 제시하는 사회보장카드의 번호를 적게 했다. 결과는 분명했다. 사회보장카드의 끝 번호가 높은 학생일수록 의사의 수를 높게 예측한 것이다.

계좌번호와 의사의 수를 혼동할 때, 비교 가능한 숫자가 주어진 상황에서 사람들은 어떤 태도를 보이는가? 심리학에서는 이때의 사고모형을 '닻 내리기 효과'라고 부른다. 닻 내리기 효과는 특히 가격이 주요 관건인 상점에서 문제가 된다.

이 말을 믿지 않는 사람도 드라젠 프렐렉Drazen Prelec의 실험 결과를 보면 납득할 것이다. 경제심리학자인 프렐릭은 사회보장카드의 번호를 이용한 실험을 반복했다. 하지만 뉴욕의 의사 수를 예상해보라는 과제 대신 교탁에 프랑스산 고급 와인과 무선 컴퓨터 자판과 노이하우스 초콜릿, 이 세 가지를 올려놓았다. 그리고 학생들에게 이 물건들을 산다 할 때, 각각 얼마를 지불할 것인지를 적게 했다.

프렐릭의 실험에 참가한 이들은 미국 케임브리지의 명문대 MIT에서 경제학을 공부하는 똑똑한 학생들이었다. 이들은 석사과정에 있었기 때문에 이미 학업을 시작한 지 수년이 되었고 일부는 벌써 직업훈련을 받는 사람도 있었다. 그럼에도 이들 또한 사회보장카드의 번호를 활용한 닻 내리기 효과에서 벗어나지 못했다. 그 번호가 높은 숫자일수록 더 많은 돈을 지출할 가능성을 보인 것이다.

노련한 상인은 어떻게 닻 내리기 효과를 이용할지 정확하게 안다. 가령 전자시장의 상인이 새로 텔레비전을 장만하기 위해 사전 정보를 얻으려는 고객을 만났다고 가정해보자.

장사 수완이 있는 주인이라면 먼저 비싼 제품을 보여준다. 아마 고객의 예상보다 비싼 제품을 보여주며 "이 제품을 권하고 싶지는 않습니다. 그저 여러 종류가 있다는 것을 보여드리려는 것뿐이죠"라고 말할 것이다. 이어 주인이 점차 낮은 가격의 제품을 하나하나 보여주며 설명하면 당신도 모르는 새 전혀 저렴하지 않은 제품인데도 유리한 가격으로 보이게 된다. 결국 당신은 계획했던 것보다, 또는 적어도 주인이 닻을 내리지 않았을 때보다 더 많은 돈을 쓰게 된다.

기업 컨설턴트는 이런 기술이 뛰어난 사람들이다. 컨설턴트가 잠재고객 대상으로 권하는 접근방법에는 "놀라실지 모르지만 이와 비슷한 기획 상품으로 500만 유로의 매출을 올린 것도 있습니다"라고 말하는 수법이 있다. 꼭 500만이 아니어도 적당한 숫자를 말하는 것이다. 어쨌든 고객이 예상하는 것보다는 더 큰 액수를 말하면 된다.

이런 닻을 다시 들어올릴 수 있을까? 그런 일은 거의 없다. 어떤 생각을 해도 도움이 되지 않는다. 사실 계좌번호가 뉴욕의 의사 숫자와 관계있을 거라고 생각하는 사람은 아무도 없다. 그런데도 사람들은 대부분 이렇게 단순한 책략에 넘어간다.

따라서 최선의 해결방법은 스스로 닻을 내리는 것이다. 그것도 닻이 가장 어울리는 곳에서 써먹어야 한다. 앞에서 말한 전자시장을 예로 들면 사전에 어떤 텔레비전의 가격이 저렴한지 자문받은 사람은 결정적인 순간에 직접 닻을 내릴 수 있다. 그럴 경우엔 비싼 제품을 먼저 보여주는 수법도 크게 위력을 발휘하지 못한다. 또한 노련한 사람이라면 닻 내리기 효과를 유리하게 활용할 수도 있다. 예를 들어 임금협상을 가정해보자. 월 급여를 놓고 줄다리기를 하다 보면 대화에 진전이 없을 수 있다. 그러면 당신의 업무와 전혀 관련 없을지라도 투자은행 직원은 연봉 20만 유로를 받는다고 말해보라. 말하자면 사장에게 그럴 듯한 닻을 사용하는 것이다. 아무 소용이 없을 것 같지만 이 말은 어쨌든 사장도 모르는 사이에 닻으로써 기준치 역할을 하며 영향을 줄 수도 있는 것이다.

닻 내리기 효과

오류 | 먼저 어떤 숫자를 접하고 난 뒤 다른 숫자를 보면 우리는 무의식적으로 처음 숫자를 기준으로 판단한다. 이 기준치가 의미가 있든 없든 마찬가지다.

위험성 | 물건을 파는 사람은 먼저 가장 비싼 제품을 보여준 다음 차례로 낮은 가격 제품을 보여준다. 이럴 경우 구매자는 처음에 계획했던 것보다 더 비싼 값에 구매하게 된다.

해결책 | 당신 스스로 닻을 내릴 것. 판매원과 대화하기 전에 먼저 가격 정보를 알아두는 것이 좋다.

-파트릭 베르나우

작은 선물이
소비를 자극한다

'뿌린 대로 거둔다'라는 잘 알려진 속담. 이 원칙을 고수하는 사람은 친절을 베푸는 상대에겐 호의적인 반응을 보이고 불친절한 사람에게는 똑같이 불친절하게 맞대응하게 마련이다. 행동경제학자들은 이 같은 원리를 상호주의 또는 호혜성이라고 부르며, 이것이 사람들 사이에서 중요한 역할을 한다는 사실을 발견했다.

이 같은 사실은 무엇보다 실험으로 뒷받침된다. 예컨대 사람은 더 많은 보수를 받을 때 자발적으로 일을 더 많이 한다. '오는 정 가는 정'이나 '선물은 서로 오가게 마련'이라는 행동경제학자들의 말도 똑같은 이치다.

선물을 주고받는 것이 인지상정이라면 이런 점을 악용하려는 유혹 또한 존재할 수 있다. 예를 들어 기금을 모금할 때 얼마든지 이용할 수도 있다. 누군가에게 기금을 내도록 만든다는 것은 선물을 해달라고 부탁하는 것과 다를 바 없다. 이때 기금을 낼 당사자가 선물을 받는다면 일은 한결 수월해진다.

본 대학교의 아르민 팔크Armin Falk는 이런 원리가 실제 작용하는지 알아보기 위해 현장실험을 실시했다. 취리히 지역의 공익단체 명의로 방글라데시 다카에 학교를 세우는 데 필요한 모금을 호소하는 1만 통의 편지를 보낸 것이다. 3분의 1에게는 편지만 보냈고 3분의 1에게는 엽서를 동봉했으며 나머지 3분의 1에게는 엽서 4장을 동봉해서 보냈다. 효과는 극명하게 갈렸다. 편지만 보낸 곳에서 기금을 보낸 비율이 12퍼센트인데 비해 엽서를 받은 곳에서는 14퍼센트로 늘어났고 엽서 4장을 보낸 곳에서는 이 비율이 21퍼센트로 올라갔다.

미국의 연구진도 실험에서 비슷한 결과를 얻었다. 가정의 현관문에 모금함을 걸어 놓는 식의 현장실험을 실시했는데, 이는 미국에서는 흔히 쓰는 방식이다. 그리고 선물로 1000달러 추첨에 참여할 수 있는 복권을 눈에 띄도록 넣어두었다. 여기에서도 효과는 뚜렷이 나타났다. 복권을 넣지 않은 곳에서는 모금에 응한 가정이 25퍼센트였지만 복권을 넣은 곳에서는 45퍼센트나 되었다. 3000가구를 대상으로 모금을 호소한 이 현장실험에서는 복권을 선물로 주었을 때 더 많은 반응이 나온 것이다.

인간의 상호주의 본성에 호소하는 수법은 상업적으로 이용되기도 한다. 하지만 이때는 보다 다양한 수법이 동원돼야 한다.

이런 수법 중에 이른바 '알아서 양심껏 지불하는Pay what you want' 방식이 있다. 구매자가 적당하다고 생각하는 가격을 스스로 지불하도록 하는 방식이다. 이 방법이 어떻게 작동하는지는 미국의 놀이공원에서 실시한 현장실험이 보여준다. 한 놀이기구에서 모든 이용자에게 기념사진을 찍어주었다. 평상시 기념사진의 가격은 12.95달러였다.

이 가격으로 사진을 구매한 사람은 200명당 한 명꼴로 0.5퍼센트의 비율이었다. 그리고 사진 값의 절반이 공익기금으로 사용된다는 말을 했을 때는 0.59퍼센트로 늘어났다. 거의 변화가 없었지만 어쨌든 이익은 조금 늘어났다. 세 번째는 이용자들 스스로 사진 값을 알아서 내도록 했다. 그러자 즉시 8퍼센트의 이용자가 사진을 구매했지만 지불 금액이 너무 낮아서 이익은 크게 떨어졌다. 끝으로 사진 값의 절반이 공익기금으로 사용된다는 말을 해주고 동시에 '알아서 지불하는' 방식을 적용하자 구매비율이 대폭 올라갔다. 지불한 가격은 5배로 올라갔고 이익금도 지정된 가격을 받은 때보다 3배나 높아졌다.

전체적으로 볼 때는 기부금이라는 유인책을 쓰지 않아도 된다. 프랑크푸르트의 한 레스토랑은 고객에게 각자 원하는 대로 뷔페식 음식 값을 지불하게 했다. 평소 가격은 7.99유로였는데 고객들은 이보다 낮은 가격(평균 6.44유로)을 지불했지만 수요가 60퍼센트 늘어나 이익이 30퍼센트 증가했다.

선물을 주고받는 특성을 인터넷에서도 이용할 수 있다. 웹사이트를 운영하는 사람들은 이용자정보를 많이 알수록 유리해진다. 하지만 인터넷 이용자는 흔히 개인정보를 제공해야 할 때 망설이게 마련인데, 어떻게 하면 개인정보를 제공하는 것이 이용자 자신에게도 이익이 된다는 것을 납득시킬 수 있을까?

뮌헨 공과대학의 연구진은 두 가지 가능성을 실험했다. 우선 이용자가 개인정보를 제공하면 유용한 광고를 볼 수 있는 혜택을 주었다. 그리고 두 번째, '여러분의 정보를 제공하면 이 페이지를 무료로 이용할 수 있습니다'라는 설명을 붙여 선물을 주고받는 성향에 호소하는 방법을 썼다. 이 실험에서도 효과는 매우 분명히 나뉘었다. 상호주의에 호소한 결과는 개인에게 필요한 광고를 보여주는 방법보다 훨씬 효과가 뛰어났다.

작은 선물에서 우정이 싹튼다는 말이 있다. 일리 있는 말이긴 하지만 단점도 있다. 여기에 길이 들면 원치 않는 행동을 해야 할 때도 있기 때문이다. 아무리 작은 선물이라도 사심 없이 주어지는 경우는 별로 없다. 그러므로 이 원리를 수용할지 말지 생각해봐야 한다. 순수한 선물은 반대급부를 기대하지 않는다. 선물을 받으면 일단 순수한 의도인지 아닌지 그리고 나중에 보답해야 하는 것은 아닌지 따져봐야 할 것이다. 그래야만 우리의 상호주의 성향이 쉽게 악용되는 일을 막을 수 있다.

상호주의 성향

오류 | 인간의 상호주의 성향은 선물을 받으면 그것이 아무리 작은 것이라도 뭔가 보답해야 한다는 마음을 불러일으킨다.

위험성 | 아무리 작은 것일지라도 일단 받고 나면 애초에 원치 않던 보답을 하도록 유혹한다.

해결책 | 모든 선물은 그것이 보상을 바라는 것이 아니라는 것을 먼저 확인해야 한다.

− 요아힘 바이만

비교하지
마라

상품구매에 관한 아주 흔한 조언으로 물건을 사기 전에 제품을 꼼꼼히 비교하라는 말이 있다. 이는 단순하면서도 잘못된 말이다. 비교는 실체 파악에 해가 될 수도 있으며, 소비자가 상품을 구매할 때는 인위적인 상황에 놓이기 때문이다. 제품 간의 작은 차이에 우리는 너무나 큰 의미를 부여한다.

시카고 대학의 행동경제학자인 크리스토퍼 치Christopher Zsee와 지아오 장Jiao Zhang은 이 현상을 입증하는 수많은 예를 보여준다. 구직자에게 두 개의 일자리를 소개했다. 하나는 연봉 7만 달러에 지루한 일이고, 다른 하나는 연봉은 6만 달러지만 흥미로운 일이었다. 구직자는 과연 어떤 일자리를 선택할까?

두 번째 예는 미국의 실정으로 볼 때 평균치 이상인 280평방미터짜리 집에서 가족과 함께 살며 도보로 출퇴근하는 사람을 대상으로 했다. 이 사람에게 지금 사는 집과 똑같은 월세를 내고 370평방미터짜리 집으로 이사할 수 있는 기회를 주었다. 하지만 출근하는 데 자동차로 한 시간 거리에 있는 집이었다. 이 사람은 이

사를 할까?

실험 결과 이런 상황에서 사람들은 더 많은 급여와 더 넓은 집을 선호하는 것으로 나타났다. 사람들은 불분명한 장점보다는 수치로 확실하게 드러나는 차이를 선호했다. 더 많은 보수와 더 큰 규모에서 오는 행복감을 높게 평가한 것이다.

왜 그럴까? 사람들이 행동할 때 저지르는 사고의 오류를 파악한 연구진은 이른바 '차별성의 편향', 즉 비교의 왜곡된 효과가 그 이유라고 설명한다. 연구진은 수많은 선택대상을 비교하는 데서 잘못이 일어날 수 있다는 것을 입증했다. 예컨대 어떤 일을 시작할 때는 거기서 벌어들일 소득이 결정적 역할을 한다. 하지만 흔히 사람들이 짜증스러워 할 때는 보수가 낮은 일보다는 힘든 일을 할 때다.

누구나 즐겁지 않은 일에서 오는 부담은 일상적으로 느끼지만 이와 달리 좋은 보수의 이점은 잘 인식하지 못한다. 이때는 전혀 비교하지 않거나 비교하는 경우가 드물다. 그러므로 보수가 높고 지루한 일을 하기로 선택한 것은 잘못된 결정일 수도 있다. 무엇보다 시간이 흐른 다음에는 대개의 경우 대조해보지 않으므로, 비교 자체는 중요하다고 할 수 없는 대상의 차이를 강조할 뿐이다.

이와 달리 해석할 수도 있다. 앞에서 예를 든 사람들은 겉으로 드러난 분명한 사실, 즉 쉽게 알 수 있고 합리적으로 평가할 수 있는 대상의 특징에 큰 비중을 둔다. 또한 동시에 잠재적인 요인, 즉 행복감을 줄 수 있는 특징은 과소평가한다. 이를 과학에서는 이른바 '소박한 합리주의'라고 표현한다. 보수를 1만 달러 더 받는다는 것은 분명한 사실로 다가온다. 우리는 이때 변화와 흥미를 주는 일거리에서 오는 행복감과 이 액수를 비교한다. 그리고 구체적으로 측정할 수 있는 직접적인 유용성을 선택하며 이후에 오는 단점은 외면한다. 쉽게 말해 일단 돈을 생각하고 나머지는 뒤에 따진다는 말이다(매개의 최대화).

결정을 할 때는 세 가지 요인이 동시에 작용한다. 많은 보수와 지루한 일을 선택하는 사람은 급여를 비교한 결과를 과대평가하고, 분명하게 드러난 급여의 차이에 큰 비중을 두며, 또 일단 돈부터 따지기 때문이다. 이런 결정은 분명 잘못된 것이다.

비교 후의 선택은 '차별성의 편향'을 부르는데, 이것은 실제로 행복을 느끼게 해주는 것에 대한 인식을 방해하는 잘못된 진단에서 온다. '소박한 합리주의'와 '매개의 최대화'는 결코 개인의 행복을 진단하는 것과는 거리가 먼, 단순한 인식 획득과 결정 방법일 뿐이다.

비교의 왜곡된 결과가 가져다주는 특별한 현상은 다른 예에서도 두드러진다. 한 고객이 똑같은 고가의 고성능 음향기기 두 가지를 놓고 어떤 것을 살지 망설였다. 하나는 무엇보다 이것을 설치할 거실의 가구와 잘 어울리는 것이었다. 고객이 보기에 나머지 하나는 디자인도 마음에 들지 않을뿐더러 거실에도 어울리지 않을 것 같았다.

친절한 판매원은 고객에게 방음시설이 된 방에서 음향테스트를 해보도록 권했다. 테스트를 해보니 두 제품 간에는 작은 차이가 있었다. 디자인이 별로인 제품의 음질이 더 좋았다. 결국 좀 께름칙해도 그 제품을 선택한 고객은 집에 가서 곧 자기 선택을 후회했다. 아무리 봐도 음향기기의 모습이 눈에 거슬렸던 것이다. 그는 그 기기를 지하실 창고에 처박아버렸다.

이 고객은 두 가지를 비교한 끝에 결국 마음에 들지 않는 제품을 선택한 것이다. 만약 음질은 좀 떨어져도 디자인이 마음에 드는 제품을 골랐다면 충분히 만족스러웠을 것이다.

판단의 근거를 위해 비교했지만 그 결과는 잘못된 선택을 낳았다. 이때의 비교가 잘못된 결과로 이어진 까닭은 무엇일까? 바로 구매 이후에는 다른 음향기기와 비교하지 않을 음질을 기준으로 했기 때문이다. 이것은 비교의 왜곡된 효과에 대한 고전적인 예에 해당한다.

그렇다면 물건을 구매하기 전에 원칙적으로 비교를 하지 말라는 말인가? 그렇지는 않다. 물건을 고를 때 결정적인 역할을 하는 요인이 나중에 그것을 사용할 때도 중요한 의미인지 생각해보라는 말이다. 파티복을 살 사람은 의상을 비교할 필요가 있다. 나중에 그 옷을 입을 때마다 다른 사람의 의상과 비교할 터이니 말이다. 자신에게 잘 어울리는 옷을 고른 사람은 기쁨을 맛볼 것이다.

공동저자인 치와 장의 연구 결과에 따르면 행복감을 맛보는 이치를 새로운 방식으로 설명할 수 있다. 여기서 얻은 중요한 사실은 간단히 말해 두 가지다. 첫째, 사람들은 우선 더 많은 돈을 선호한다는 사실이다. 둘째, 지난 수십 년간 개인소득은 증가했지만 그렇다고 눈에 띄게 더 행복해지진 않았다. 당신은 가난한가, 부자인가라는 질문을 받은 사람은 자신의 상황을 비교해보고 분명히 대답할 수 있다. 이와는 달리 재산과 그에 따른 행복에 대한 질문을 받으면 곧바로 이전 세대의 재산 규모와 비교하지는 않는다. 말하자면 부의 성장은 무시되는 것이다.

비교의 왜곡된 효과

함정ㅣ 직업이나 주택 또는 새 텔레비전을 고를 때 우리는 비교를 한다. 이때 우리는 제품 간에 차이가 있음을 안다.

위험성ㅣ 우리는 비록 행복에 지속적인 영향을 주지 않더라도 이 차이에 높은 비중을 두는 경향이 있다.

해결책ㅣ 물건을 비교할 때 겉으로 드러나는 차이가 이후에도 실제로 중요한 의미가 있을지 확인해보라. 헤어스타일이나 패션 의상은 나중에도 비교를 하지만 대부분의 경우 이런 관점은 의미가 없다.

－비난트 폰 페터스도르프

긴 숫자의
함정

경제학자들은 평범한 이론을 위해 엄청나게 많은 정보를 처리하며 끝없는 가능성을 상상하는 데 시간을 들인다. 이런 관행은 현실을 악의적으로 단순화시키기도 하는데, 경제학자 자신도 이미 오래전부터 이런 사실을 알고 있다. 무엇보다 심리학 덕분에 경제학자들은 사람들이 수많은 정보를 접할 때면 생각하기 쉽게 간추리는 경향이 있다는 것을, 다시 말해 그 많은 정보를 부분적으로 처리하려는 경향이 있다는 것을 알게 되었다.

곧 사람들은 단순화한 엉성한 규칙을 토대로 정보를 취사선택해 처리한다는 것이다. 이런 규칙은 원칙적으로 틀린 것은 아니지만 체계적인 오류로 이어지는 경우도 빈번하다. 그리고 그 결과 값비싼 대가를 치른다.

이런 규칙으로 유명한 것 중에 이른바 '왼쪽 자릿수 편향'이란 것이 있다. 사람은 긴 수열에서 왼쪽 숫자에 지나치게 큰 비중을 둔다는 것이다. 사실 이런 현상을 강조한다는 것 자체가 규칙으

로는 어울리지 않는다. 가령 물건 값의 경우 왼쪽에 자리하는 숫자가 가장 중요한 것은 당연한 이치이기 때문이다. 예를 들어 스테레오 음향장치의 가격이 1000유로라면 맨 왼쪽의 1이라는 숫자는 ―숫자 단위 외에― 전체적인 가격대를 한눈에 파악하게 해준다.

'왼쪽 자릿수 편향'의 경우, 지나친 의미 부여가 문제다. 첫째 자리의 수를 지나치게 강조하는 인상적인 예는 중고차 시장에서 볼 수 있다. 중고차는 주행기록이 많은 차가 적은 차보다 더 쌀 수밖에 없다는 것이 일종의 불문율로 되어 있다.

예를 들어 다른 마모 요인을 제외하면 자동차의 주행거리(킬로미터) 숫자가 99999를 가리키든 100001을 가리키든 사실 거의 차이가 없다고 할 수 있다. 이보다는 오히려 90000킬로미터와 99999킬로미터의 차이가 훨씬 더 크다. 간단히 말해 중고차를 구매하는 사람의 입장에서는 앞의 2킬로미터의 차이가 뒤의 9999킬로미터의 차이와 똑같다고 볼 수는 없다. 중고차 연구서의 저자인 니콜라 라세테라Nicola Lacetera는 논문을 위해 독자에게 다음과 같은 설문조사를 실시했다. "여러분이 살 자동차로 주행기록이 42187마일인 혼다 어코드와 67812마일인 토요타 캠리 두 가지가 나와 있다고 해봅시다. 이제 눈을 감고 지금 말한 주행기록이 정확하게 몇 마일인지 기억해보세요." 라세테라가 확인한 바에 따르면 정확하게 기억한 사람은 거의 없었고, 대개 혼다는 4만 2천으로, 토요타는 실제로는 6만 8천에 더 가까운데도 6만 7천으로 기억했다고 한다. '왼쪽 자릿수 편향'에 따르면 사람들은 오른쪽 자리의 숫자에는 큰 관심을 보이지 않고 정보로써 처리과정을 거치지 않는다는 것이다.

미국에서는 2200만 건의 중고차 매매를 대상으로 연구가 이루어졌다. 그 결과 주행기록이 79900킬로미터에서 79999킬로미터 사이에 있는 자동차는 80000킬로미터에서 80100킬로미터 사이에 있는 차보다 평균 210달러 비싼 값에 팔린 것으로 나타났다. 동시에 이 차들은 주행기록이 79800킬로미터에서 79899킬로미터 사이에 있는 차보다는 겨우 10달러 싸게 팔렸다.

이 같은 가격의 차이는 1만 킬로미터 단위마다 나타났다. 주행기록이 1만 킬로미터를 초과할 때마다 그 이하의 것보다 150~200달러가 싸게 팔렸다. 불합리한 가격 차이는 1000킬로미터 단위에서도 드러났다.

'왼쪽 자릿수 편향'은 가격뿐만 아니라 중고차를 선별하는 데도 영향을 주었다. 이런 효과를 익히 알고 있는 전문 판매업자들은 1만 킬로미터 단위를 밑도는 자동차만 시장에 내놓고 싶어 한다. 그리고 저자들은 정확하게 이런 실태를 보여주었다. 중고자동차 시장에서는 1만 킬로미터 단위가 올라가기 전의 자동차가 유난히 많았기 때문이다.

구매자들의 불합리한 태도가 어처구니없는 것은 중고차에 매겨진 가격을 보면 알 수 있다. 따라서 자동차를 구매하는 것처럼 중요한 결정을 내릴 때는 철저하게 알아보고 꼼꼼하게 살필 필요가 있다. 또 가격 구조가 불합리한 중고자동차 시장의 실태를 개선할 필요도 있다. 그런데도 현실은 전혀 그렇지 못하다.

더 당혹스러운 것은 '왼쪽 자릿수 편향'이 최종소비자에게만 해당되는 현상이라는 학자들의 인식인지도 모른다. 중고차를 한 단계 거쳐 사들이는 판매업자들은 이런 경향을 보이지 않거나 적어도 다년간 판매를 해본 뒤에는 더 이상 보이지 않기 때문이다.

문제는 '왼쪽 자릿수 편향'이 소수의 시장에 제한된 외국의 사례가 아닌가 하는 점이다. 라세테라 연구진은 이 규칙이, 중고차를 주행기록으로 평가하는 경우에서 보듯 무엇보다 품질을 수치로 나타내는 곳에서 작용한다고 생각한다. 상장기업에서는 분기별 보고서에 특별 매출액과 관련해 이 규칙이 들어갈 수도 있다고 한다.

어떤 면에서 중고차 연구에서 드러난 사실은 일상적 경험과 모순되는 점도 있다. 이를테면 소비자들은 흔히 1.99유로나 49.99유로, 9.99유로니 하는 이른바 심리적 가격이라는 것을 접한다. 물론 소비자는 이런 수법의 속셈을 훤히 꿰뚫고 있다고 자신한다. 하지만 연구 결과를 보면 복합적인 실태가 드러난다. 대부분 가격표가 10유로일 때보다 9.99유로일 때 재빨리 손이 가지만 다른 가격대에서는 그렇지 않은 것으로 나타났다.

이미 80년 전에 미국의 한 통신 주문 판매업자가 이에 대한 현장실험을 실시한 적이 있다. 이 사람은 성수기에 앞서 말한 심리적 가격과 단순히 4달러, 50달러 하는 식의 가격을 적은 제품목록 두 가지를 인쇄해서 뿌렸다. 그러자 놀랍게도 두 가지 목록 똑같이 많은 주문이 들어왔다.

어떻게 된 일일까? 경험으로 사고의 오류가 사라진다는 이치가 밝혀진 것이다. 옛 속담에서 말하는 대로 손해를 봐야 약아진다는 얘기다. 소비자는 일상적으로 물건을 구매하면서 1.99유로와 2유로는 1.98유로와 1.99유로처럼 별 차이가 없다는 것을 깨닫게 된다는 말이다.

왼쪽 편향

함정│ 사람은 큰 단위의 숫자에서 정보처리의 한계에 부딪친다. 이 때문에 엉성한 규칙이 이용되며, 여러 자리의 수에서 왼쪽 숫자에 더 무게를 두고 오른쪽 숫자는 소홀히 여긴다.

위험성│ 중요한 상황에서 특히 상품판매자가 개입할 때 단순한 규칙은 중대한 과오로 이어진다. 중고차 판매업자들은 주행기록이 1만 킬로미터 단위에 못 미칠 때 더 비싼 값을 받을 수 있다는 것을 알기 때문에 그런 차를 내놓는 일이 많다.

해결책│ 경험만이 도움을 준다. 9자로 대표되는 숫자 놀음에 넘어가지 마라.

─비난트 폰 페터스도르프

일확천금을 노리다
돈을 날린다

2012년 에드바르트 뭉크의 파스텔화인 〈절규〉가 뉴욕 소더비 경매에서 1억 1990만 달러에 낙찰되었다. 이 가격은 당시 미술품 경매가로 최고를 기록했다. 그로부터 2년 전에 뉴욕 크리스티 경매에서 1억 900만 달러에 팔린 피카소의 〈누드, 녹색 잎, 상반신〉을 넘어선 것이다. 또 2004년 미국의 미술품 수집가인 존 레이 휘트니는 피카소의 〈파이프를 문 남자〉를 익명의 구매자에게 1억 2400만 달러를 받고 팔기도 했다.

피카소가 24세 때인 1905년에 그린 이 그림은 휘트니가 1950년에 5만 달러에 구입한 것이다. 이런 결과는 54년 동안 가격이 연리로 15.5퍼센트씩 매년 꾸준히 오른 것과 같다. 휘트니가 주식을 샀더라면 결코 이렇게 많은 돈을 벌지는 못했을 것이다. 또 1948년에 8만 4000달러에 구입한 고흐의 〈아이리스〉는 1987년의 경매에서 5400만 달러에 낙찰되어 이때까지 소유한 사람은 해마다 거듭해서 연리 12퍼센트가 넘는 가격 인상의 혜택을 본 셈이 되었다.

그렇다면 미술품 시장은 정말 돈벌이가 잘될까? 그렇지 않다. 이런 거액의 경매 뒤에는 수많은 그림이 푸대접 받는 현실이 가려져 있다. 물론 경매의 기록적인 가격이 많은 주목을 받는 것은 사실이지만 평범한 작품은 거의 이익을 보지 못한다. 뉴욕 대학의 경제학자인 윌리엄 보몰William J. Baumol은 1652년부터 1961년까지 300년 이상 과거의 대가들이 그린 작품을 거래한 시장을 연구한 적이 있다. 보몰은 잘 알려진 판매가격을 바탕으로 연간 수익률이 연리로 1퍼센트 미만이라는 결과를 산출해냈다. 아마 같은 기간에 영국국채를 소유했다면 이보다 두 배는 벌었을 것이다. 스위스의 경제학자인 브루노 프라이Bruno S. Frey와 베르너 폼메레네Werner Pommerehne가 내린 결론에서도 이보다 이익이 나을 것이 없었다. 두 사람은 1645년부터 1987년까지 이루어진 2396건의 거래를 기초로 과거의 대가들이 그린 작품의 연간 수익률을 1.5퍼센트로 계산했다. 여기서 산정한 수익률은 가격의 등락을 제외한 평소의 실질 가치를 대상으로 한 것이다.

현대 작품의 경우도 사정은 비슷하다. 토론토 대학의 경제학자 제임스 페산도James E. Pesando는 유명한 전문지 《아메리칸 이코노믹 리뷰》에 유명 화가의 판화 가격 변동 연구를 소개한 적이 있으며, 1978년부터는 그 전 해에 대형 경매장에서 낙찰된 전체 작품의 가격이 《고든 판화 가격 연감》에 실리게 되었다. 페산도는 1977년부터 1992년 사이의 연간 실질 수익률을 1.5퍼센트로 계산했다. 피카소 판화의 경우에는 중간에 수익률이 2.1퍼센트로 올라가기도 했지만 이것도 같은 기간에 위험성이 없는 미국의 국민저축 연리 2.5퍼센트보다는 낮은 것이다.

이후로도 그림의 가격은 별로 오르지 않았다. 다만 2008년 말까지 현대 작품으로서는 이례적으로 일시적인 인상 현상이 나타났지만 결국 다시 떨어지고 말았다.

그렇다면 그동안 세계적으로 형성된 미술품 신탁회사가 안심하고 돈을 맡길 만한 고객을 계속 찾는 실태는 어떻게 보아야 할까?

우선 경매나 그 밖의 판매행사에서 관행이 되다시피 한, 큰 소리로 부르는 가격 인상에서 상당한 액수를 뺄 필요가 있다. 2012년에 소유자가 바뀐 뭉크의 〈절규〉를 예로 들면 인상액은 무려 1290만 달러로 이전 판매가의 10퍼센트가 넘는다. 무엇보다 수많은 미술품 목록에 제시된 가치는 근거 없이 날조된 경우가 흔하다. 베이컨이나 호크니 또는 리히터의 작품 경매에서 수백만 유로나 달러로 기록적인 가격을 부른다면 금고에 보관된 이들의 다른 작품들도 비슷한 가격으로 분류될 것이다. 어느 날 실제로 이 가격에 팔린다고 해도 그것은 별개의 문제다.

이런 현실은 왜 흔히 '질적으로 최상의 작품만 구매하라'는 조언이 투자자에게 아무런 이익을 주지 못하는지에 대한 이유이기도 하다. 도대체 최상의 질이란 것이 무엇인가? 경매나 다른 거래에서 최고가를 기록하는 작품들은 전문적인 영역에 속한다. 작가 내면의 정신적 깊이가 반영된 미술작품의 가치를 수치로 잴 수 없는 한, —이 가치를 재는 방법은 앞으로도 없을 것이다— 어떤 미술품도 가치의 척도는 있을 수 없다. 다만 주식매입자에게 권하는 식의 자문 정도는 해줄 수 있을 것이다. 즉 연초에 주식을 매입할 때 이듬해에 가장 많이 오를 주식을 사라는 것과 같은.

주기적으로 끊임없이 조장되는 그림 시장의 낙관적 분위기는 본질적으로 유명한 특매품을 선별 구매한 결과와도 관계가 있다. 성공을 거둔 거래만 보도되고 잘 팔리지 않는 그림 가격의 통계는 외면하기 때문이다. 가령 잘 알려진 통계를 보면 1984년에 990만 달러를 주고 사들인 고흐의 〈해 뜨는 풍경〉은 1989년에 5000만 달러에 팔렸다. 하지만 이제는 사람들 기억에 사라진 현대의 한 천재화가가 편집증을 앓던 시기에 그린 초기작 〈침대 시트의 잉크 자국〉은 한때 2만 마르크라는 파격적으로 싼 가격에 구입해 화제를 불러일으켰으나 이제는 아무도 전연 거들떠보지 않는다. 이렇게 잘못된 투자는 단순히 2만 마르크를 날렸다는 게 문제가 아니라 평균 가격에도 못 미친다는 데 심각한 의미가 있다.

투자자들은 성공적인 거래에만 몰리게 마련이다. 개별 작품에 붙는 엄청난 경매가와 거기서 발생하는 높은 수익률 때문에 평범한 작품도 가격 인상의 흐름에 휩쓸린다. 전문가들은 경매에 나온 작품이 고가의 샘플로 작용한다고 입을 모은다. 결국 비싼 값을 주고도 잘못 구입하는 현상이 생긴다는 것이다. 비단 그림뿐 아니라 시계나 장신구, 우표, 클래식 카 같은 다른 물품의 경매에서도 이런 원리가 작용한다. 투자자 중에는 부동산 펀드에 나온 것 중에 최상의 상품만 면밀히 살핀 다음 구입하는 사람들도 있다.

미술품의 경우에는 작품이 마음에 들고 구매 자금이 있을 때 구입하라. 아니면 작가에게 뭔가 도움을 주고 싶을 때 구입하는 경우도 있다. 한때 나와 수학을 같이 공부한 적이 있는 한 유명 인사는 1960년대 초, 함부르크에서 이름 없는 미국 판화가의 작품 전시회를 연 적이 있다. 이 작가의 작품이 유럽에서 어떤 반응을 얻을지 보기 위해서였다. 전시된 작품들은 외면 받았고 그는 작가를 위로하기 위해 소액을 주고 작품 몇 점을 직접 구입했다. 작가의 이름은 앤디 워홀Andy Warhol이었고 작품을 구입한 사람은 군터 작스Gunter Sachs(독일의 유명 사진작가이자 다큐멘터리 영화제작자, 뮤지엄 디렉터, 아트 컬렉터. 20세기 가장 영향력 있고 통찰력이 뛰어난 수집가로 유명하다— 편집자)였다.

왜곡된 기능을 하는 샘플

함정 | 경매에서 최고가를 받고 높은 수익을 올리는 것을 보고 투자자는 평범한 작품도 값이 오를 여지가 충분하다는 잘못된 추정을 한다. 이 같은 잘못된 방향 설정 때문에 이들이 참고로 삼는 샘플은 왜곡된 판단을 낳는다.

위험성 | 투자자는 팔리지 않는 작품을 끼고 있거나 기껏해야 보잘 것 없는 수익을 올릴 뿐이다.

해결책 | 돈을 벌겠다는 생각으로 미술품을 구입하면 안 된다. 예상을 빗나가기 일쑤이기 때문이다. 구입하겠다면 당신 마음에 드는 작품을 고르는 것이 우선.

— 발터 크레머

셋, 둘, 하나,
낙찰

경매는 사람들을 유혹한다. 무조건 돈을 챙기려는 욕심에 지나치게 높은 값을 부를 때도 많다. 이런 현상에는 '승자의 저주'라는 아주 그럴 듯한 말이 따라붙는다. 과학에서 설명하는 승자의 저주란 경매 입찰자가 경매에 붙여진 물품의 가치를 정확하게 모를 때 보통 실제 가치보다 높은 값을 부른 사람에게 낙찰되는 현상을 말한다.

승자의 저주를 증명하기 위해 흔히 이용되는 실험에는 다음과 같은 방법이 있다. 10센트 동전이 가득 든 커다란 유리잔을 경매에 붙인다. 유리잔에 담긴 돈이 얼마가 되는지 알려면 꺼내서 일일이 세어보는 수밖에 없다. 물론 입찰자에게는 이것이 허용되지 않는다. 이들은 알아서 판단하고 값을 불러야 한다. 이 실험 결과를 보면 최고가는, 즉 경매의 낙찰가는 유리잔에 담긴 액수보다 항상 높다.

물론 실제로 동전이 가득 담긴 유리잔을 경매에 붙이는 일은 없다. 하지만 경매 물품의 가치가 얼마인지 모르는 이가 대부분이다. 이런 상황에서 입찰자가 가치를 높게 평가한 나머지 승자의 저주에 빠지는 일은 비일비재하다. 결국 가장 높은 평가를 한 입찰자가 경쟁의 승자가 되기 때문이다. 이런 결과를 피하려면 모든 입찰자가 경매품의 실제 가치를 낮게 평가해야 할 테지만 그런 경우란 입찰자 모두가 실제 가치를 훨씬 밑도는 액수를 부르는 것만큼이나 있을 수 없는 일이다.

실제 가치에 대한 불확실성은 기업들이 구매자를 두고 경쟁을 벌이는 역경매(인터넷 경매 방식의 하나로 일반적으로 알려진 경매와는 정반대 개념. 팔 사람이 아니라 살 사람이 해당 제품을 구매하겠다고 제품명을 제시하면 많은 판매자들이 가격을 내리며 경매에 참여하는 방식─옮긴이)에서 나타나는 전형적인 예다. 이때의 불확실성은 구매자에게 낙찰이 된 결과로 회사에 어느 정도의 비용이 발생할지 불분명하다는 데서 온다. 비용보다 훨씬 밑도는 가격을 제시하여 낙찰된 기업이 승자의 저주에 빠지면 큰 손실로 이어질 수 있다.

주문서를 써내는 구매자도 승자의 저주에 빠질 수 있을까? 구매자로서는 어차피 나쁠 것이 없다. 역경매에 참여하면 아주 싼 값에 구입할 수 있기 때문이다. 하지만 이들도 역경매에서 큰 기대를 할 수는 없다. 연구 결과 지속적으로 역경매에 참여한 기업에게는 너무 싼 값을 부를 때의 위험성에 대한 학습효과가 생기기 때문이다. 그러므로 기업은 평가된 비용에 일정한 이익을 붙인 가격을 제시하게 마련이다.

흥미로운 것은 건축부서에서 승자의 저주를 피하는 업무를 담당하는 기업 관리자들을 대상으로 실험했을 때─동전이 가득 담긴 큰 병을 경매에 붙이는─ 이들도 순진한 학생들과 똑같은 반응을 보였다는 것이다. 승자의 저주를 피하려면 해당 분야의 숙련된 경험이 필요하다는 것은 두말할 나위가 없다.

한마디 덧붙인다면 경매는 오로지 경쟁일 뿐이다. 언제나 경쟁에서 이기려는 사람들 간의 싸움이다. 보통 이렇게 극심한 경쟁은 스포츠나 재능 선발 프로그램에서나 볼 수 있다.

물론 여기에는 두드러진 차이가 있다. 스포츠 선수에게는 경쟁에서의 승리가 무엇보다 중요하다. 이와 달리 경매 입찰자는 물품을 구입하는 것이 목적이다. 다른 입찰자가 자신보다 높은 가격을 제시한다면 설사 경매에서 '진다고' 쳐도 선선히 우선권을 양보하는 것이 마땅하다. 경매에서 승리를 위한 승리란 아무런 의미가 없다. 그런데 현실은 그렇지 않다.

고대 로마인들도 이미 경매 과열현상을 알고 '입찰자의 과열'이란 말을 썼다. 입찰자가 과열되면 단지 경쟁에 이길 욕심으로 애초의 생각보다 높은 가격을 부를 수 있다. 실제로 경매에서 이런 일이 일어나고 있음은 다음 두 가지 예에서 설득력 있게 입증되었다.

미국의 경제학자 매튜 존스Matthew Jones는 이베이에서 쿠폰을 경매하는 것을 본 적이 있었는데, 이 쿠폰은 동시에 고정가격에도 살 수 있는 것이었다. 경매의 상당 부분은 고정가격보다 높은 값에 낙찰되었다. 존스의 동료 이영한Young Han Lee과 울리케 말멘디어Ulrike Malmendier도 이베이에서 체스 세트 경매를 보았는데, 원하는 가격이 나오면 '즉시 구매'를 선택해서 낙찰 받는 식이었다. 그 결과 놀라운 일이 일어났다. 경매의 42퍼센트가 고정가격보다 높은 값에 낙찰된 것이다. 게다가 경매의 경우 고정가격보다 배송비가 비싼 것까지 감안하면 구매자의 73퍼센트가 고정가격보다 비싸게 구입한 셈이었다. 이 같은 현상은 두 가지 이유로 설명할 수 있다. 입찰자가 경매에 참여해 낙찰 외의 추가 이익을 보는 경우든가 아니면 고정가격보다 비싼 값을 부른 줄도 모를 만큼 부주의한 경우다.

어쩌면 이 두 가지 이유가 복합된 것일 수도 있다. 경쟁 심리와 승리 욕구를 하필 경매에서 발산하는 것은 이성적인 판단이라고 할 수 없다. 이런 행위는 로마인들이 위험하다고 생각한 '입찰자의 과열'이라고 볼 수밖에 없다.

입찰자의 과열

함정│ 사람들은 경매에 참여할 때 경매 물품의 가치를 과대평가한다. 또 구매자의 주문에 응하기 위해 역경매에 참여할 때는 이 거래에서 발생할 비용을 과소평가하는 경향이 있다. 두 가지 경우 모두 이익에 눈먼 나머지 입찰자의 과열 현상에 휩쓸릴 수 있다.

위험성│ 처음에 생각한 것보다 더 높은 가격을 부른다. 그리고 낙찰된 물품의 가치는 지불한 값보다 낮을 수 있다. 역경매에서는 구매자의 주문에 응하다 손실이 발생한다.

해결책│ 경매 참여 전에 부를 값의 상한선을 정하라. 경매가 이루어지는 동안 자신이 생각한 것보다 높은 가격이 나와도 더 올리지 마라. 경매품의 가치가 불확실할 때 당신은 실제 가치 이상으로 평가하고 거기에 적정 이익을 붙여 계산하게 된다.

—요아힘 바이만

빈곤층의
참상

선진 사회에 사는 우리는 때로 우차 음바룹크 같은 사람을 이해하지 못한다. 음바룹크는 모로코 시골 출신으로 가난과 기아에 허덕이는 사람이다. 미국 연구팀이 도움을 줄 방법을 찾기 위해 그를 방문한 적이 있다. 돈이 생기면 무엇을 할 것인지 묻자 그는 "먹을 것을 더 많이 사겠다"라고 대답했다. 그 다음에 돈이 또 생기면 무얼 할 것이냐고 묻자 "더 맛난 먹을거리를 사겠다"라는 대답이 나왔다. 이때 방구석에 있던 텔레비전과 DVD 플레이어가 연구팀의 눈에 들어왔다. 이걸 보고 연구팀은 의아한 생각이 들었다. 이 불쌍한 사람은 돈을 쓰는 법을 모른단 말인가? 이런 의문에 음바룹크는 간단히 설명했다. "텔레비전은 먹는 것보다 더 중요해요."

에스더 듀플로Esther Duflo와 아비지트 바너지Abhijit Banerjee 연구팀이 목격한 이 사례는 빈곤층 스스로가 궁핍한 상황을 더 가중시키는 행동을 한다는 것을 보여준다. 빈곤층은 저축은 거의 하지 않는 대신 복권을 사며, 때론 돈을 빌려 살 때도 있다. 이들은 쌀이나 다른 곡물을 사들이는 대신 텔레비전처럼 불필요해 보이는 소비재를 구입하며 굶주림의 악순환에 시달린다. 뿐만 아니라 절약한 돈 중에 꽤 많은 몫을 담배와 술을 사는 데 써버린다. 또 때때로 형편에 걸맞지 않게 가족파티를 열기도 한다.

요컨대 빈곤층은 잘못된 판단을 하고 좀처럼 앞날을 걱정하지 않는다. 이 말이 맞을까? 이 경우는 세계의 빈곤을 연구하는 전문가들의 생각이 잘못된 것이다. 굶주리는 사람이 텔레비전을 구입할 때 그 이면에 숨겨진 이치를 깨닫지 못하기 때문이다.

얼마 전부터 한 연구팀은 빈곤층의 특별한 구매동기를 추적해왔다. 가난이 빈곤층의 판단에 어떤 영향을 미치는가에 대한 관심에서 비롯된 연구였다. 아누즈 샤흐와 센드힐 물라이나탄, 엘다 샤퍼 등은 빈곤층의 지출방식에 초점을 맞추었다. 함부르크의 블랑케네제와 프랑크푸르트의 서부 교외, 또는 베를린 외곽에 사는 사람들이라면 기본욕구를 충족할 정도의 돈은 충분할 것으로 예상된다. 이들은 생필품을 구입하는 데 어려움이 없고 집세나 대출금 이자, 전기세, 아이의 유치원비도 별 생각 없이 자동이체로 지불한다. 그리고 초등학교부터는 어차피 의무교육이라 무료다.

하지만 빈곤층의 세계는 이와는 전혀 다르다. 돈을 쓰는 결정은 매번 갑자기 이루어지고 양식을 장만하는 것은 큰일에 속하며 집세도 다를 바 없다. 북반구의 부유한 사람들에게는 일상의 간단한 지출에 해당하는 일도 남반구의 빈곤층에게는 최악의 경우 생사가 좌우될 만큼 힘든 일일 때도 있다.

여기서 연구팀은 빈곤층에게는 다른 지출을 할 정신적 여력이 없다는 결론을 내린다. 빈곤층은 식품을 사는 데 돈을 다 써버리기 때문에 예를 들어 며칠이 지나면 집세의 압박을 받는다. 이들은 식수가 오염되어도 소독할 엄두를 내지 못한다. 높은 이자로 돈을 빌렸으므로 시간이 지나면 문제가 더 커진다. 눈앞에 닥친 문제를 해결하느라 앞으로의 문제를 더 키우는 꼴이다. 또 은행 문턱은 이들에게 터무니없이 높기만 하다.

발전경제학자인 아비지트 바너지는 이렇게 말한다. "부유한 국가에 사는 우리는 생필품 조달이 쉽다는 사실을 쉽게 간과한다. 의료비나 교육비, 청정 식수 같은 것들을 당연한 것으로 여긴다." 이런 것이 빈곤층에게는 부유층에 비해 훨씬 힘들고 자제력을 요구하는 문제다.

이런 사실은 현장실험으로 입증된다. 연구 결과 빈곤층은 슈퍼마켓의 가격 인상에 훨씬 더 민감한 반응을 보이는 것으로 드러났다. 기본 식품에 간접비용이 포함되면 가난한 사람들은 재빨리 알아차린다. 그런가 하면 이들은 동시에 전기세를 제때 지불하지 못해 연체료를 물기도 한다. 연구팀은 실험실의 테스트에서도 이것을 확인했다. 연구팀은 실험참가자에게 앵그리 버드 게임(폭탄 새를 적당한 위치에 놓고 터트려서 돼지를 지지대에서 떨어트리는 게임 — 옮긴이)을 하게 했다. 가난한 사람은 부유한 사람에 비해 주어진 폭탄이 5분의 1에 지나지 않는다. 이 결과 가난한 사람은 더 신중하게 사격해 더 많이 맞췄다. 이에 비해 부유한 사람은 폭탄이 넉넉하기 때문에 마구 허비했다.

여기서 흥미로운 것은 다음 라운드에 쓸 폭탄을 미리 당겨 사용할 수 있다는 점이었다. 가난한 사람은 부유한 사람에 비해 더 많은 폭탄을 빌렸다. 부유한 사람은 돈을 빌릴 기회가 주어졌지만 점수에 연연하지 않았다. 이와 달리 가난한 사람은 돈을 빌릴 수 없을 때, 앵그리 버드 게임에서 훨씬 더 높은 점수를 올린다는 것을 보여주었다.

실험실 테스트와 현장실험을 실시한 결과, 가난한 사람은 큰 부담을 느끼거나 일상적인 구매처럼 극히 제한된 구매에 얽매여 다른 지출은 엄두도 내지 못할 것이라는 가정은 근거가 있는 것으로 판단된다. 하지만 이와는 달리 불합리하거나 미래를 걱정하지 않는 태도에서 어떤 논리를 찾으려는 연구도 있다.

환경에 더 심하게 노출된다는 것도 빈곤의 가혹한 현실에 속한다. 소득원이 꽉 막혔을 때 빈곤층은 자력으로는 상황을 타개하지 못한다. 되는 대로 살아갈 수밖에 없는 현실이다.

하지만 이때도 상황을 주시하고 용기를 낼 필요가 있다. 가난한 사람은 가족과 이웃의 축제에 평균 이상의 비용을 지출한다. 이 때문에 빚을 지는 일은 흔하다. 하지만 이 축제를 온갖 시름을 잠시 잊고 파티를 즐기려는 심리의 표현으로만 이해해서는 안 된다. 그 반대의 해석도 가능하기 때문이다. 축제는 가난한 사람들에게 중요한 의미가 있으며 이웃과 친척 간의 유대감을 촉진한다. 축제는 어려운 때를 대비한 보험의 성격을 지닌다. 이것은 학자들이 말하듯이, 가난한 가정이 지출할 만한 가치가 있는 사회자본에 대한 투자다.

끝으로 평면 텔레비전 얘기로 돌아가보자. 가난한 사람들도 희망과 에너지를 채우기 위해 긍정을 경험해야만 한다. 모든 보상을 미래로 미룰 수 있는 사람은 아무도 없으며, 그렇게 되면 모든 의욕은 사라진다. 게다가 가난한 사람의 삶은 유난히 단조롭고 무기력하다. 텔레비전은 이런 상황에서 빠져나올 수 있는 가장 단순한 탈출구인 것이다.

분명한 것은 빈곤층은 유난히 자제력이 필요한, 극도로 긴장된 삶을 이어간다는 것이다. 개발정책이 성공을 거두려면 빈곤층의 삶을 쥐어짜서는 안 된다.

개발정책의 편견, 자신의 잣대로 판단하는 잘못된 결론

함정| 사람들은, 가난한 사람은 장기적인 안목 없이 지출한다고 생각한다.

결과| 눈앞에 닥친 일상의 문제를 해결하느라 이들은 미래의 문제를 소홀하게 취급한다. 예컨대 이들은 높은 이자를 물고 돈을 빌려 쓴다.

해결책| 빈곤층의 삶을 편하게 해주는 것. 따라서 쌀보다 텔레비전을 주는 것이 나을 때가 많다.

–비난트 폰 페터스도르프

서로 비슷한 것을 놓고
비교하지 마라

낚시꾼은 좋은 미끼를 골라야 한다. 반면 물고기 입장에서 볼 때는 어떤 먹잇감인지 그 밑에 어떤 낚시가 달려 있는지, 망설임 없이 덥석 물어도 괜찮은지 익히 알아야 한다. 낚시꾼과 물고기 사이의 싸움은 미끼에서 판가름 난다. 어느 쪽이 더 뛰어날까? 낚시꾼은 진짜 먹잇감처럼 보이게 해야 하고, 물고기는 미끼가 진짜 먹이인지 아니면 금속이나 플라스틱으로 만든 위조품인지 판별해야 한다. 결국은 그 능력에서 결판나지 않을까? 마케팅 담당자와 소비자 사이의 경쟁도 이와 아주 비슷한 양상을 보인다.

마케팅 전문가들이 소비자에게 내미는 미끼 중에는 쉽게 눈에 띄는 것들이 많다. 자동차 엔진덮개(보닛)에 거의 벌거벗다시피 한 자태로 기대선 젊은 여성의 모습은 소비자의 눈길을 잡아끌지만 사실 자동차와는 아무 관련이 없다. 또 텔레비전 광고에서 잘생긴 남자가 능숙한 솜씨로 인스턴트식품을 데워 조심스럽게 가족에게 내놓는 모습도 식품 자체의 품질과는 전혀 상관없다. 남자의 부드러운 미소는 보닛에 기대선 여자처럼 소비자가 구매를 결정하는 데는 아무런 의미가 없다. 그런 미끼에 넘어간다면 그것은 우리 자신의 책임이다. 자동차를 구입할 때는 사전에 연비나 엔진성능, 이산화탄소 배출량, 훗날 팔 때의 가치 같은 것을 살펴야 한다. 모델의 늘씬한 다리에 현혹될 일이 아니다. 식품을 고를 때도 가격이나 첨가물의 품질, 맛이 중요한 것이지 광고에 나오는 가족의 흐뭇한 미소는 전혀 의미가 없는 것이다.

그런데 쉽게 알아차리기 힘든 미끼도 있다. 아주 은밀하면서도 좀처럼 의도를 알 수 없는 방법을 사용하기 때문이다. 특히 교활한 방법이 동원된 미끼로 이른바 '유인효과Decoy-Effect'라는 것이 있다. 사실 이 말 자체에 유혹한다는 의미가 담겨 있다. 'Decoy'란 독일어로 미끼나 사냥감을 유혹하기 위한 새의 조형물을 뜻하며, 바로 이 때문에 마케팅의 대표적인 도구 기능을 하게 된다. 하지만 실제로는 아주 특별한 유혹물만을 가리키는 말이다.

이 말 뒤에는 무슨 의미가 담겨 있을까? 우선 같은 의미로 사용되는 독일어의 '비대칭적 우성효과'라는 표현에서 단서를 찾을 수 있다. 이 말을 제대로 이해하려면 '유인효과'의 예를 먼저 살펴야 한다.

새 자동차를 구입한다고 해보자. 우리는 작은 차이에 집착해서, 즉 비교의 왜곡된 효과에 눈멀어 속아 넘어간다는 것을 이미 앞 장에서 보았다. 그럼에도 불구하고 당신은 엔진출력과 연비 두 가지는 중요하다고 확신할 것이다. 그런데 선택할 모델이 두 가지밖에 없다면? 120마력의 알파 줄리아는 100마력짜리 제너럴 오피러스보다 엔진출력이 더 높다. 대신 100킬로미터당 연료

소모량은 알파 줄리아가 9리터인데 비해 제너럴 오피러스는 7리터밖에 되지 않는다. 엔진성능이 뛰어나면서도 연비가 효율적인 자동차를 원한다면 둘 중 어느 것을 고를지 분명치 않다.

이때 알파 줄리아의 판매자는 유인술책을 쓴다. 이것은 적어도 소비자로 하여금 잘못된 비교만큼이나 위험한 판단을 하게 만들며 그 말대로 효과가 입증되는 것도 아니다. 알파 줄리아 판매자는 이 두 가지 차종 외에 110마력에 연비가 10리터인 지프로버를 보여줄 것이다.

이 모델과 비교할 때 알파 줄리아는 엔진출력과 연비라는 두 가지 기준 모두 지프로버를 능가한다. 반면에 제너럴 오피러스는 그렇지 못하다. 지프로버보다 연료소모량은 적지만 엔진출력이 낮기 때문이다. 여기서 중요한 것은, 염두에 두지 않았던 제3의 모델과 비교했을 때 두 차종 중 하나는 더 우수하고 나머지 하나는 그렇지 못하다는 사실에 소비자가 현혹된다는 것이다. 경쟁모델인 제너럴 오피러스에게는 없는 알파 줄리아의 장점이 너무 매혹적이라 소비자는 이 차를 살 생각을 하게 된다. 만약 제너럴 오피러스 판매자라면 제3의 모델로 90마력에 연비가 8리터인 차종과 비교할 것이고 이때도 똑같은 효과가 발생할 것이다. 이번에는 제너럴 오피러스를 선택한다는 말이다.

둘 중 하나를 고를 때는 두 가지 대상만을 놓고 비교할 수밖에 없다. 선택의 폭이 다양하지 않은 대상만 놓고 비교하는 것은 의미가 없다.

안타깝게도 소비자는 이 규칙을 소홀히 여기는 경향이 있다. 금융상품을 파는 사람도 이런 유인효과를 이용할 것이라는 생각은 어렵지 않게 할 수 있다. 두 가지 투자종목이 수익률과 위험부담으로 구분될 때, 차이를 발견하는 일은 쉬우며 여기서 판매자가 의도한 효과가 발생한다.

유인효과를 조심하라고 해서 여러 선택대상 중 하나를 고를 때 우월한 요인이 적당한 기준이 아니라는 말은 아니다. 오히려 그 반대다. 대신 조심해야 한다. 간단한 규칙을 따르기만 하면 큰 문제는 없다. 즉 제3의 대상보다 분명한 장점 요인에 집착하지 말라는 말이다.

앞에서 예를 든 자동차에 이 규칙을 적용한다면 지프로버를 생각할 필요가 없다는 것이다. 이렇게 하면 유인효과는 사라지는데, 서로 뚜렷한 장점이 없는 두 가지 차종만 남기 때문이다. 모든 점에서 다른 대상보다 우월한 것이 있다면 선택은 수월하며 더 우수한 모델이 있다는 말은 이런 경우에만 할 수 있다. 그렇다면 그것을 선택하면 된다.

하지만 뚜렷한 장점이 없는 경우에도 단계적으로 결점을 확인하다 보면 도움을 얻을 수 있다. 여러 대상이 있을 때는 대부분 분명한 결점을 하나씩 배제해 나가는 경우가 많다. 운이 좋으면 끝에 가서 한 가지 대상만 남게 되는데, 이때도 조심해야 한다. 이 방법은 일련의 대상이 선택적 이탈을 하는 것이 문제가 될 수도 있다. 전문가들이 말하는 '경로 의존적'인 결과를 보장해주지는 않기 때문이다. 완벽한 선택을 하려면 가능한 모든 경로를 점검하지 않을 수 없다.

예컨대 투자 컨설턴트가 가능한 자산투자 대상을 추천하면, 당신은 그 품목에 뚜렷한 결점이 없는지를 점검한다. 만일 추천 품목에서 문제가 발견된다면 추천을 외면하고 그에게 화를 낼 것이다. 우수 품목이 아닌 게 판명 났거나 유인효과를 이용한 것이 분명하기 때문이다. 이런 경우 커미션을 깎거나 컨설턴트를 교체할 충분 사유가 된다 하겠다.

유인효과

함정 l C 품목이 B보다 우수할 때, 다시 말해 모든 점에서 B보다 나을 때, 우리는 이것을 C의 두드러진 특징으로 보는 경향이 있다. 그러면 제3의 비교 대상인 A가 있을 때, 설사 C가 A보다 우수하지 않아도 C를 A보다 높게 평가한다.

위험성 l 판매자는 이 효과를 이용한다. 의도적으로 판매자는 선택대상이 아닌데도 처음 제시한 품목보다 못한 대상을 보여줄 수 있다.

해결책 l 장점을 가진 대상에 현혹되면 안 된다. 그 요인에 계속 집착할 필요가 없다. 그래야만 유인효과에서 벗어날 수 있다.

−요아힘 바이만

02

탐욕이
불러온
오류

50년 후의 일을
누가 알랴

사적연금을 장려한 연금개혁이 실시된 지 12년이 지났는데도 독일인이 갈수록 노후 대비 투자를 적게 하는 것은 역설적이다. 포스트방크Postbank의 의뢰로 알렌스바흐Allensbach 여론조사에서 몇 년 전부터 정기적으로 실시해온 설문조사 결과를 보면 불안한 실태를 알 수 있다. 응답자들은 노후 대비를 위해 월 평균 185유로를 저축하는 것으로 나타났는데, 조사기관의 표현을 빌리면 이는 부정적인 흐름이다. 2005년만 해도 매월 평균 204유로를 저축하는 것으로 나타났기 때문이다. 응답자들 스스로도 저축액이 너무 적은 것 같다고 생각한다.

적어도 젊은 층에서는 노후대책이라는 문제를 완전히 무시하는 것처럼 보인다. 그렇지 않아도 많은 사람이 공적연금을 별로 기대하지 않고 있는 데다 리스터 연금Riester-Rente(정부가 연금 보험료의 일부를 지원해주거나 소득공제 혜택을 주는 독일의 사적연금─옮긴이)에 대한 비판이 갈수록 거세지고 있다. 더욱이 금융권에서는 주가가 무너지고 은행은 불신의 대상인 것이 현실이다. 문제는 50년 후

내가 나이 들었을 때 재정상태가 어찌 될 것인지,이다. 게다가 지나친 저금리는 인플레이션을 감당하지 못한다. 그러니 일부에서 노후 대비 연금을 계속 붓는 것이 합당한가에 의문을 표하는 것도 무리가 아니지 않겠는가?

행동경제학자들은 젊은 층이 노후를 대비해 저축하지 않는 것은 기본적으로 타고난 기질임을 알아냈다. 전문용어로는 이런 현상을 '시간적 가변성'이라고 부르며 '과장된 할인'이라는 용어도 같은 맥락이다. 무슨 뜻인가? 경제학에서는 오래전부터 인간이 내일보다 오늘 소비하는 것을 선호한다는 이론을 전개했다. 내일이 아니라 오늘 자동차를 사고 싶어 하며 구매를 뒤로 미룰 때는 이자를 포함해 보상을 받으려고 한다는 것이다. 뿐만 아니라 인간은 합리적인 행동으로써 소비를 미래로 미룰 경우 그에 해당하는 이자를 요구한다는 것이다.

그런데 시카고 대학의 리처드 탈러Richard Thaler 같은 행동경제학자가 최근 발표한 연구 결과를 보면 이런 현상을 보편적으로 적용하는 것은 문제가 있어 보인다. 그는 시시각각으로 변하는 선호도를 밝히기 위해 사람들에게 어느 시점에 얼마를 받는 것이 좋은지 알아보는 실험을 했다. 12개월 후에 1000유로와 13개월 후에 1010유로 중 어느 것을 택할지를 묻는 실험이었다. 후자의 선택은 한 달을 더 기다려 1퍼센트의 이자를 받는다는 뜻이다. 후자를 선택한 사람이라면 12개월 후에 다시 질문해도 당장 1000유로를 받는 것보다 한 달 뒤에 1010유로를 받겠다고 대답하는 것이 맞다.

하지만 실험 결과는 이 같은 기대에 어긋나는 경우가 많았다.

지급 시점이 다가올수록 기다리는 대가로 요구하는 이자율은 더 높아졌다. 할 수만 있다면 한 달을 기다리는 대신 즉시 받는 것을 훨씬 더 선호했다. 어쩌면 기다리는 사이에 무슨 일이 일어나지 나 않을까, 혹시 자신이 우롱당하는 건 아닐까 하는 두려움 때문 인지도 모른다. 아무튼 현재 이 시점을 선호하는 태도가 매우 강 한 것만은 틀림없는 것 같다. 이것은 "지금 내 것이 소중하다"라 는 말대로 초조감에서 이성이 배제된 결과일 수도 있다.

이런 심리를 노후 대비에 적용하면, 이와 같은 태도를 보이는 사람은 상황에 따라 ─시간이 때로는 길게 때로는 짧게 느껴지 는 심리 때문에─ 연금 비용을 오늘 당장 소비하는 것을 선호한 다는 뜻이다. 하지만 훗날 나이가 들어 예금 잔고를 확인하고 나 선 자기 결정을 후회할 것이다. 그때가 되면 일할 수 있을 때 소 비를 줄이고 저축을 늘렸다면 좋았을 것이라고 말하게 된다. 인 간이라면 오늘의 나와 내일의 나 사이에 분배를 둘러싼 갈등이 일게 마련이며 그 갈등은 이성적으로는 해결이 안 되는 것이다.

누구든 이런 이치는 직접 경험했거나 주위에서 들어서 알고 있 다. 흔히 연말이 되면 노후 대비 저축을 늘리겠다고 결심하지만 며칠만 지나면 물거품이 되고 만다. 또 조금씩 저축하다가도 휴 가를 가야겠다는 생각이 들 때는 결심이 흔들린다. 아니면 신용 카드의 한도가 지속적으로 초과되었다는 것을 알고는 이자를 줄 이겠다는 생각에 저축을 해지하기도 한다.

이런 문제를 해결하는 수단 중에 거리두기라는 것이 있다. 이 른바 시간적 가변성이라는 것은 무엇보다 현재의 감정으로 결정 을 내릴 때 나타난다. 행동경제학자 리처드 탈러와 슐로모 베나르치 Shlomo Benartzi는 공저 《내일을 위해 더 저축하기》에서 노후를 대비해 매월 얼마를 저축할 것인지 사전에 정해놓을 것을 제안한다. 동시에 급여인상 시에는 저축액수도 올린다는 원칙을 못 박아 두어야 한다고 말한다.

시간 인지에 따른 모순은 이런 간단한 견제장치로 해결할 수 있다. 이렇게 해놓으면 결심을 온전히 길게 유지할 수 있으며 번번이 새로운 결심을 할 필요가 없다. 말하자면 저축을 자동화하는 것이다. 또한 즉각적인 소비를 지나치게 선호하는 태도를 억제하기 위해서는 결심과 번복 사이에 시간적 여유를 두는 것이 좋다.

그래도 문제는 남는다. 젊은 층이 노후 대비에 전혀 관심이 없는 것은 무슨 까닭일까? 사실 노후 대비는 금기시된 주제인 죽음과도 관련이 있는 문제다. 또 자신이 얼마나 살지, 노년에 얼마의 돈이 필요할지 아는 사람은 아무도 없다. 이런 상황에서 모험을 할 필요가 있을까? 적어도 이론적으로는 젊을 때 돈을 마음껏 써버리고 나이 들어 사회보조금으로 지낼 수 있다면 그 편이 더 합리적인지도 모른다. 이런 경우 경제학에서는 '무임승차' 또는 '도덕적 해이 moral hazard'라는 표현을 쓴다. 이런 태도는 당연히 바람직하지 않으며 노년에 생존 여건이 불확실하다는 위험이 따른다. 실제로 무임승차자 취급을 받고 싶은 사람은 거의 없을 것이다. 그럼에도 노후 대비 저축을 하지 않는 사람은 이런 생각을 하고 있는지도 모른다.

시간에 대한 변덕스러운 인식

오류 | 얼마나 저축할 것인지에 대한 생각은 천차만별이다. 노후를 대비해 저축을 늘려야겠다는 결심을 하고도 상황에 따라 결심을 뒤집는 일은 비일비재하다.

위험성 | 젊은이들은 노후 대비를 하지 않다가 훗날 자신의 생각이 짧았음을 후회한다.

해결책 | 노후를 대비한 저축액을 결정할 때는 냉정히 계산해야 한다. 그리고 그 결심이 구속력을 갖도록 해야 한다. 또 소득이 증가할 경우, 저축을 얼마나 늘릴지도 사전에 정해놓아야 한다.

-크리스티안 지덴비델

왜 휴대전화는 공짜로 주는데도
돈이 많이 들어가나?

　　　　　　　　　돈에 대한 감각이 몸에 밴 기업 경영자는 연
금뿐 아니라 모든 것에 이자를 계산한다. 경영자같이 특수한 집
단에 속한 부류는 이런 일에 능숙하다. 이들은 10년 후 일정 재산
을 모으려면 오늘 얼마큼 저축해야 하는가라는 문제쯤은 머릿속
으로 단숨에 계산한다. 당연히 이자뿐 아니라 이자의 이자까지
따진다.

　오래전부터 인간이 선호하는 특징이라는 측면에서 경제학자들
의 머릿속에는 이런 사고방식이 자리 잡고 있다. 예컨대 한 사람
이 오늘 100유로를 받고 싶은지, 아니면 1년 후에 200유로를 받
고 싶은지 하는 것은 두 금액을 서로 비교할 때 적용하는 이자에
달려 있다는 것이다. 이때 경제학에서는 금리가 예상 기간 동안
안정적이라는 것을 전제로 계산한다.

　앞에서 본 대로 사람의 생각은 종종 이성적이지 않을 때가 있
다. 오늘 3퍼센트의 이자에 만족하다가도 두 달 후엔 6퍼센트로
도 만족하지 못하는 경우가 있으며, 이런 심리는 비단 저축을 결

심할 때만 변수로 작용하는 것이 아니다. 무엇보다 이런 심리는 구매가가 높고 후속비용이 낮은 상품과 구매가가 낮고 후속비용이 많이 드는 것을 비교할 때 구매결정의 판단을 흐리게 한다. 사람은 마음에 든 상품 가격은 많든 적든 깎으려 들면서 구매가는 높게 평가하는 데 반해 후속비용은 과소평가한다.

예를 들어 처음 자동차를 사는 사람은 구매 결정 속도가 대개 빠르다. 또 운전면허증을 갓 딴 사람은 흔히 새 차 대신 중고차를 구입하는 경우가 많다. 이런 사람이 중고차 시장에 가면 덫에 걸리기 십상이다. 3시리즈 베엠베BMW는 아주 낡은 것이라고 해도 현재까지의 수리이력을 알 수 있는 폴로 연차차량(출고된 지 12개월 미만의 것으로 자동차의 전체 성능을 관리 기록하는 직원용 차량. 12개월이 지난 뒤 구매자는 기록을 한눈에 볼 수 있다─옮긴이)보다 멋져 보인다. 값도 싼 것처럼 느껴진다. 하지만 가격표는 구입가에 대한 정보만 보여줄 뿐 구매 이후 대강 얼마의 비용이 들어갈 것인지에 대해서는 말해주지 않는다. 게다가 앞서 말했듯 구매자는 앞으로 발생할 비용보다 구입가에 지나치게 높은 비중을 두곤 한다. 하지만 수리비와 연료비, 부품 교체비 등에서 낡은 차는 비교적 오래되지 않은 중고차보다 이른 시기에 비용이 발생한다는 것은 생각하지 않는다.

초보 운전자는 별 문제 없을 거라고 생각하지만 주위의 누군가 조언해주지 않으면 이들은 차후에 비싼 비용이 소요될 차를 살 가능성이 높다. 연구 결과를 보면 상당 경력을 지닌 운전자도 차체에 들어갈 후속비용을 과소평가하는 것으로 나타났다.

이런 사고의 오류는 휴대전화를 계약할 때도 똑같이 발생한다.

마케팅 및 경영 전략에서는 주로 이런 사고의 오류를 이용한다. 휴대전화를 구입하는 사람은 일단 전화기 자체의 가격에만 주목한다. 이에 비해 후속비용은 뒷전으로 밀린다.

이런 이유로 거의 무료와 다를 바 없는 휴대전화기라도 통화나 SNS, 인터넷 데이터 이용료가 비싼 것을 알고 놀라는 것이다. 판매전략상 휴대전화 구입 시에 앞으로 발생할 요금을 보조금이 얼마나 지원해주는지는 의도적으로 숨기기도 한다. 앞으로 계속 저렴한 요금이 적용되는 모델이 어떤 것인지를 알려면 전문가의 조언이 필요하다.

청소년들이 쉽게 후속비용의 함정에 빠지는 까닭은 그 비용을 과소평가하기 때문이다. 부모에게서 막 독립한 젊은이들은 얼마 지나지 않아 빚에 허덕인다. 독일연방통계청 조사에 따르면 2011년 부채 때문에 상담소를 찾은 사람은 7만 4천 명에 이른다. 이 중에 5천 명 이상이 25세 이하였다. 이들에게 적지 않은 문제로 드러난 것은 바로 휴대전화 요금인 것으로 보인다.

어떻게 하면 이런 상황을 모면할 수 있을까? 사고의 오류를 유발하는 모든 함정이 그렇듯, 문제는 자의적인 평가를 할 때 우리의 뇌가 우리를 속인다는 것이다. 신중한 판단 외에는 답이 없다. 냉정하게 생각하고 가능하면 많은 정보를 모은 다음 계산해야 한다. 기업 경영자 같은 사고가 필요한 시점이다.

오늘을 과대평가하는 경향

함정 | 현재와 미래의 비용을 평가할 때 종종 왜곡된 판단을 한다. 앞으로 발생할 비용은 한껏 깎아 과소평가하는 데 비해 현재의 비용은 높게 평가한다.

위험성 | 자동차 또는 휴대전화를 이용하는 즐거움에 따르는 후속비용을 구입가에 비해 중요하게 생각하지 않는다.

해결책 | 문제는 값을 평가하고 저울질할 때 감각에 의존하는 데서 발생한다. 그러므로 냉정한 계산을 하라!

−크리스티안 지덴비델

날아간
기회

경제적 합리성이라는 것이 바로 이런 경우에 해당한다. 이론적으로는 이를 따르는 것이 아주 간단하다. 이를 따르자면 누구나 결정을 내릴 때 비용과 수익을 저울질하고 수익이 비용을 훨씬 초과하는 대상을 선택하면 된다. 기업에서는 이것을 '이익 최대화'라고 부른다. 시장에서 물건을 살 때도 마찬가지다. 소비자는 아스파라거스나 딸기, 감자를 살 때 얻는 이점을 그 대가로 지불하는 가격과 저울질한다. 이익이 어디서 발생하든 —식품이든 현금소득이든 상관없이— 또 어떤 형태로 비용을 지불하든 똑같다. 이 원칙은 언제나 동일하며 누구나 이 원칙을 따른다. 하지만 현실에서는 경제적으로 합리적인 행동을 할 때 여러 가지 방해 요소가 생긴다. 그중 하나가 뒤늦게 어떤 비용을 계산해야 하는지 깨닫는 경우다.

간단한 예로 에너지 담당 컨설턴트가 기업 경영자에게 에너지 소모가 적은 기계에 투자할 필요가 있다고 말했다 치자. 언뜻 보기에 이 계산은 설득력이 있다. 컨설턴트는 기계를 도입하면 많은 에너지를 절약할 수 있고 10년만 지나면 구입비를 보상해준다는 것을 보여준다. 기계의 수명은 20년이므로 결국 많은 이익을 가져다주는 투자라는 논리다.

하지만 컨설턴트가 좌절감을 느끼고 기업을 떠나는 예는 흔하다. 설득력 있는 계산에도 불구하고 기업은 새 기계를 구입하지 않기 때문이다. 컨설턴트의 시각에서 보면 이것은 불합리한 생각이지만 문제는 그가 잘못된 비용을 계산에 포함했다는 데 있다. 기업은 지나친 욕심을 부르는 사고의 오류를 잘 피해간다. 컨설턴트의 계산은 새 기계에 붙은 가격표를 근거로 한 것이다. 물론 이 계산이 틀린 것은 아니나 한 가지를 더 염두에 둬야 했다. 계산에 반영해야 했던 것은 구입비가 아니라 이른바 기회비용(어떤 자원이나 재화를 이용해 생산이나 소비를 했을 경우, 다른 것을 생산하거나 소비했다면 얻을 수 있었던 잠재적 이익 — 옮긴이)이어야 했다. 기회비용은 기업이 새 기계에 자본을 투자할 때 발생한다. 이런 형태의 비용을 분명히 밝히기 위해 컨설턴트는 기업이 넉넉지 않은 자본을 어떻게 다른 곳에 투자할 수 있을지에 대해서도 꼼꼼히 살펴야 했다.

이 기업이 기계 구입에 쓸 예산을 연리 2퍼센트인 독일연방국채를 구입하는 데 썼다고 가정해보자. 기계 구입으로 발생할 비용은 연방국채를 구입할 때 발생하는 이익으로 바뀐다.

바꿔 말하면 기업은 달리 더 나은 자본 투자처를 찾지 못할 때에만 컨설턴트의 말을 따르게 된다는 말이다. 새 기계 구입보다 수익성이 좋은 투자처가 있다면 기회비용은 투자수익보다 더 많다. 따라서 이 경우 새 기계는 가치가 없는 것이다.

이런 논리는 왜 첫눈에 좋아 보이는 투자가 중단되는 사례가 많은지에 대한 이유를 말해준다. 경제적 합리성은 넉넉잖은 자본으로 언제나 최대의 이익을 안겨주는 투자를 선택하도록 요구한다. 투자란 기업에 이익을 창출한다는 이유 하나 때문에 유리한 것이 아니다. 그러므로 경제학자는 기회비용이란 개념을 적극 옹호한다.

간단히 말하면 이 개념을 다음과 같이 풀이할 수 있다. 기회비용은 우리가 선택 가능한 다른 투자를 포기할 때 사라지는 이익이다. 다른 예를 들어보자. 누군가 정원에서 시간을 보낼 때의 기회비용은 그가 일할 때 얻을 수 있는 급여 대신 발생하는 것이다. 반대로 일할 때의 기회비용도 정원에서 자유롭게 여가를 즐기는 시간 대신에 발생한다.

기회비용을 생각한다면 대부분 첫눈에 보이는 것보다 더 가치가 높아진다. 물론 그렇지 않은 경우도 있다. 기회비용에 포함된다고 보지 않기 때문에 거기서 제외해야 할 비용으로 보는 지출도 많다. 이른바 매몰비용(이미 지출되었기 때문에 회수가 불가능한 비용—옮긴이)이 이에 해당한다.

어느 기업이 연구프로젝트에 많은 돈을 쏟아붓는다고 가정해보자. 2년 후 이 기업은 예상 성과가 나타나지 않자 계획의 성공을 위해 다시 기대를 뒤로 미룬다. 이제 문제는 계속 투자할 것인가, 아니면 여기서 연구프로젝트를 중단할 것인가이다. 이때는 이미 투자된 비용을 생각해서는 안 된다. 되돌릴 수 없는 비용이기 때문이다. 투자를 계속할지 판단하기 위해 기업은 앞으로 발생할 비용만 계산하면 된다. 과거에 집행한 비용은 이제 되찾을 수 없다. 어떻게 해도 다시 끌어모을 수는 없으므로 그 돈이 프로 젝트를 위한 미래 결정에 영향을 주어서는 안 된다. 이론은 그렇다. 하지만 현실에서는 '이미 많은 돈을 쏟아부었기 때문에 계속 투자한다'는 이유로 연구를 계속하는 일이 허다하다.

흔히 저지르는 과오에는 두 가지가 있다. 사람은 물건을 구입할 때의 가격표를 빠듯한 소득을 투자할 때 발생하는 비용과 혼동하는 경향이 있다. 그리고 아무 소용이 없는데도 계산할 때 매몰비용을 포함시키는 경향도 있다. 이런 과오는 투자를 결정하는 기업에서만 발생하는 것이 아니다. 누구나 넉넉지 않은 돈을 지출할 때 쉽게 이런 경향을 보인다.

적성에 안 맞는 학업을 마치느라 끝까지 지불해야 하는 비용 때문에 고민하는 학생들이 얼마나 많은가! 또 오래전에 계획했다는 이유로 그 사이 여가를 즐길 수 있는 훨씬 좋은 기회가 생겼는데도 다 날려버리고 어쩔 수 없이 정해진 대로 휴가를 가는 부부는 또 얼마나 많은가!

이뿐 아니라 비용의 함정에 빠지는 주택 소유자도 많다. 많은 사람들이 주택의 보수공사가 필요하다 생각해 미리 투자하는 경우가 많다. 실제로 몇 년이 지나 이익을 보는 경우도 있긴 하지만 대부분은 현재 당면한 어려운 조건에서도 자본시장에 투자할 때 훨씬 재미를 보는 경우가 많다.

잘못 계산된 비용

오류 | 우리는 투자할 때 거기에 쏟아부은 돈이나 시간의 측면에서 발생하는 진정한 비용을 간과한다. 오히려 이 비용은 시간이나 돈을 다른 곳에 투자해 얻을 수 있는 이익을 놓치는 결과라는 점에서 중요하다.

위험성 | 기회비용(선택하지 않은 기회에 따르는 비용)은 물건을 구입할 때 가격표에 제시된 것보다 높을 수도 있고 낮을 수도 있다.

해결책 | 돈이나 시간을 다른 곳에 투자하면 어떤 이익이 생길지, 다시 한 번 따져보라! 이때 주목해야 할 것은 과거에 써버려 되찾을 수 없는 지출은 기회비용에 넣지 말라는 것이다.

－요아힘 바이만

잼 선택의
고통

쇼핑은 무척이나 스트레스를 받는 일이다. 언젠가 미국의 심리학자 배리 슈워츠^{Barry Schwartz}는 매장에 들어가 세 가지 청바지 중 하나를 고르는 것을 두고 그렇게 말했다. 요즘에는 꽉 조이는 것, 덜 조이는 것, 편한 것, 헐렁한 것, 아주 헐렁한 것에 이르기까지 다양하게 나온 디자인을 골라야 한다. 게다가 제품별로 스톤 워시 처리한 것(인공적으로 중고품으로 가공한 진의 일종-편집자), 염소 표백한 것, 입던 옷처럼 보이는 것이 있고 또 단추형과 지퍼형으로도 나뉜다. 시간이 넉넉한 사람이라면 결국 완벽하게 체형에 맞는 제품을 골라 매장을 나올 수 있을 것이다. "완벽한 선택을 할 형편이 안 되면 소비자는 꼭 마음에 안 들어도 적당한 것을 골라야 한다. 그럼 청바지를 사는 일은 5분이면 족하다. 이제는 청바지를 살 때도 복잡한 판단을 해야 한다"라고 슈워츠는 말한다.

다양성은 소비자를 매혹시키며 우리 소비자는 기꺼이 거기에 휩쓸린다. 녹지대에 있는 대형 슈퍼마켓은 어떻게 소비자를 유혹

할지를 정확히 알고 있다. 우리는 다양성이 나쁠 것이 없다고 생각한다. 자전거를 살 때도 6단 기어 대신 21단짜리를 살 수 있고 신발장은 수없이 많은 종류의 신발로 가득하다. 경제학자들조차 이구동성으로 선택의 폭이 넓은 것은 나쁜 것이 아니라고 말한 지 오래되었다. 선택의 폭이 넓은 사람은 여기서 이익을 보기도 하고 아니면 의미 없는 대상은 무시하기도 한다.

하지만 갈수록 분명해지는 것은 선택이 단점이 될 수도 있다는 점이다. 심리학자들은 끝없는 선택과 배제가 짜증나는 일이라고 말한다. 갈수록 선택 가능성이 커진다면 언젠가는 선택 자체가 고통스러울 것이며, 거기서 추가로 발생하는 유용성은 투자한 노력의 비용을 보상해주지 못할 것이다.

쉬나 아이엔가Sheena Iyengar와 마크 레퍼Mark Lepper 등 미국의 연구팀은 고객이 실제 어떻게 결정하는지 알아보기 위해 현장실험을 실시했다. 두 사람은 캘리포니아의 식품점에 평범한 시식대를 차렸다. 여기서 지나가는 고객들에게 조그만 토스트를 집어 다양한 잼을 바를 수 있도록 했다. 연구팀은 한쪽에서는 6가지 잼을, 다른 곳에서는 24가지를 맛볼 수 있도록 했다.

실험 결과는 놀라웠다. 선택의 폭이 넓은 곳에서는 지나가는 고객의 60퍼센트가 적어도 한 가지 잼을 시식했지만 잼을 한 병 구입한 고객은 2퍼센트도 되지 않았다. 반면에 선택의 폭이 좁은 곳에서는 잼을 시식한 고객이 40퍼센트밖에 안 되었어도 잼을 들고 계산대로 간 사람은 12퍼센트나 되었다. 더 많은 잼을 보여준 곳보다 구입한 고객이 훨씬 많았던 것이다.

물론 고객은 선택의 다양성을 좋아하고 선택의 폭이 넓은 매장을 자주 찾는다는 점에서 매장 입장에서는 품목의 다양성이 중요하다. 고객이 보통 잼이 아니라 다음 코너에 있는 초콜릿 잼을 고를지도 모를 일이다.

그렇다면 왜 이것이 소비자에게 문제가 되는가? 비록 선택의 폭은 넓어졌지만 이것이 소비자를 더 만족시키지는 못하기 때문이다. 배리 슈워츠는 이것을 '선택의 역설'이라고 부른다. 과학전문기자인 바스 카스트 Bas Kast는 저서 《선택의 조건》에서 고질적인 결핍이 고질적인 과잉으로 대체되었다면서 '우리는 점점 더 많은 선택을 할 수 있게 되었지만 아무도 선택의 부담을 줄여주지는 않는다'라고 말한다. 이처럼 소비자는 갈수록 더 넓은 선택의 폭을 누리지만 그와 동시에 어려움이 따르는 것도 사실이다.

간단한 것을 하나 살 때는 특별히 문제가 될 게 없다. 잼 종류가 25가지나 되어도 먹다 보면 결국은 복숭아-마라쿠야 잼이 가장 낫다는 것을 알게 된다. 하지만 살면서 누구도 쉽게 대답해주지 않는 중요한 결정을 해야 할 때는 다르다. 대학에서 어떤 전공을 택할 것인가? 어느 대학교에 가야 하는가? 어떤 직업을 택해야 하는가? 어떤 집이 좋은가? 어디에 투자할 것인가? 조상과 비교해보면 우리에게는 훨씬 더 다양한 선택 가능성이 주어지지만 결정에 도움을 줄 확실한 규칙과 전통까지 주어진 것은 아니다. 그리고 선택의 폭이 넓다고 그만큼 더 행복한 것도 아니다.

이유인즉, 25가지 중에 하나를 고르려면 나머지 24가지를 포기해야 하기 때문이다. 이때 포기하는 다른 대상이 더 나을 가능성은 얼마든지 있다. 그리고 이 가능성은 선택의 폭이 넓을수록 그만큼 더 커진다. 슈워츠는 인간은 지나친 선택에 짓눌리고 있다고 진단한다. 사람은 자기 선택이 기본적으로 '최악이 아닐 때'도 결정에 대한 의혹 때문에 괴로워한다.

결국 이 문제는 역설적이다. 선택의 폭이 넓을수록 그만큼 우리는 날려버린 기회를 안타까워할 수밖에 없다. 잼의 종류가 다양할수록 잼 선택에 대한 기대는 더 커진다. 하지만 행복의 비결은 그 반대라고, 슈워츠는 말한다. 별 기대감이 없을 때 행복해진다는 것이다.

선택의 역설

오류 | 우리는 선택의 폭이 넓은 게 좋다고 생각하면서도 선택의 가능성이 클 때 오히려 혼란스러워한다. 다양하다는 것은 매혹적이지만 삶은 그만큼 더 복잡해진다. 선택의 폭이 넓을 때 오히려 불만스러울 수 있다.

위험성 | 올바른 결정을 위한 완벽주의가 문제다. 그에 따른 기대감이 끝없이 커지기 때문이다. 또 선택이 곧 다른 것에 대한 포기라는 것을 알기 때문이다.

해결책 | 때로는 스스로 선택의 폭을 줄이고 본능에 의존하는 것이 도움이 될 때도 있다.

−틸만 노이셸러

정액제의
유혹

요즘 쇼핑센터 내 아시아인이 경영하는 뷔
페식당에서는 '무한 리필'이라는 팻말을 볼 수 있다. 배불리 마음
껏 먹은 아이들이나 가족들은 "이러다 식당 망하는 것 아니야!"
라고 의아해할 때도 있다.

그런 식으로 운영해도 식당이 망하지 않는 이유는 간단하다.
사람은 정액제를 좋아하기 때문이다. 정해진 가격에 무제한으로
먹는다는 것에 구미가 당기지 않을 수 없다. 반면 맛도 없는 요리
에 비싼 값을 지불하는 것은 터무니없다고 생각한다. 행동경제학
에서는 '정액제 편향'이라고 말한다. 정액제에 마음이 끌리는 이
현상은 비단 식당에만 국한되지 않는다. 휴대전화와 인터넷, 비
디오 대여점에서도 정액제가 널리 이용되고 있다. 대개 공급자
입장에서는 개별 요금제보다 더 많은 금액을 청구하므로 영업이
잘되기 때문이다. 휴대전화 이용자가 정액제를 선택하면 평균
2~12퍼센트 정도 더 많은 요금을 지불한다. 몇 년 전부터 프랑
크푸르트암마인 대학의 아냐 람브레히트Anja Lambrecht와 베른트

스키에라 Bernd Skiera는 정액제 문제를 연구하고 있다.

연구 결과 정액제에 이끌리는 현상이 곧 사고의 오류로 밝혀진 것은 아니다. 어쨌든 정액제를 좋아하는 사람이 많은 것은 계약 금보다 더 내지 않아도 원하는 만큼 인터넷 데이터를 쓰고 통화하고 먹을 수 있다는 느낌이 좋기 때문이다. 그렇다면 얼마든지 합리적일 수 있다. 하지만 람프레히트와 스키라의 연구에서도 드러나듯 이게 다가 아니다. 두 사람은 고객이 왜 정액제를 선호하는지 설문조사한 결과 세 가지 이유를 찾아냈다.

첫 번째 이유는 보험효과 같은 것이다. 사람들은 불확실한 것을 기피한다. 예를 들어 월말에 요금이 얼마나 나올지 확실치 않은 것을 싫어한다. 정액제로 하면 이런 불확실성을 피할 수 있다. 개별 요금제는 간혹 과다징수 경우도 종종 있을 수 있다. 이렇게 보면 보험효과는 사고의 오류라고 할 수 없다.

두 번째 이유로는 이른바 택시미터기 효과를 들 수 있다. 뒷자리에 앉아 미터기가 올라가는 소리를 들으면 신경이 쓰인다. 미터기 요금이 올라갈 때마다 불안해지듯, 전화를 거는 사람은 1분 간격으로 요금이 올라가는 상황에서 편히 통화하지 못한다. 만일 가격이 고정되면 이런 긴장에서 벗어날 수 있다. 바람직한 이유는 아니지만 이것도 사고의 오류는 아니다. 오히려 반대로 돈이 나간다는 긴장감에서 벗어날 수 있다면 가치 있는 일일 것이다.

정액제를 선호하는 세 번째 이유가 또 있다. 그리고 이는 의심할 여지없이 잘못된 판단에서 비롯된다. 고객 중에는 자기 휴대전화나 무한 리필 뷔페식당에서 실제 이상으로 큰 혜택을 본다고 생각하는 이가 많다. 어쩌면 여가 시간도 잊을 만큼 사용빈도가 높을 것으로 생각하는지도 모른다.

세 가지 이유에서 매우 분명한 것은 정액제에 대한 선호는 자신을 과대평가하고 경상비가 적게 들 때 특히 두드러진다는 것이다. 예를 들면 피트니스클럽이 여기에 해당한다. 2006년에 버클리 대학과 스탠포드 대학에서 이 문제를 연구한 스테파노 델라 비그나Stefano Della Vigna와 울리케 말멘디어가 공동으로 펴낸 책의 제목은 《돈 안 들이고 헬스클럽 다니기》이다.

두 사람은 신중하게 생각한 끝에 이 제목을 골랐다. 이들이 조사한 바로는 미국의 피트니스클럽 회원은 한 번 갈 때마다 평균 17달러를 내는 것으로 밝혀졌다. 비회원의 경우는 한 번에 10달러만 내면 되었다. 하지만 이런 차이를 따지는 사람은 아무도 없다. 누구나 규칙적으로 피트니스클럽에 다녀야 한다고 생각하기 때문이다. 그러나 이런 결심은 오래 가지 못한다. 단지 갈 때마다 돈이 든다면 운동하러 가는 횟수가 한층 더 줄어들 것이라고 생각할 뿐이다. 따라서 피트니스클럽에 대한 회원제 선택은 이유가 분명하다. 그러면 휴대전화 이용자나 비디오 대여점의 고객이 정액제를 원한다면 과연 올바른 결정일까?

올바른 판단을 위해서는 행동 실험실의 연구팀이 거액을 들여 실시한 실험이 도움을 줄 것이다. 방법도 매우 간단해서 결과가 분명히 드러난다. 돈이 많이 드는 것일 경우, 사람들은 선호하는 것을 좀처럼 바꾸지 않지만 결정하기 전에 더 오래 생각한다. 의문이 생길 때 잘 생각해보면 더 나은 답이 나온다. 정액제를 선택하는 문제도 이런 의문에 속한다.

현장의 예는 이를 분명히 보여준다. 독일철도가 정액 요금제로 발행하는 '철도카드 100'은 1년에 4000유로가 조금 넘는다. 이 카드를 구입하는 사람은 대개 기차를 자주 이용할 것인가를 충분히 생각하고 결정한다. 하지만 나중에 신중히 계산해보면 자신이 1년 동안 철도를 이용한 값이 4000유로가 안 될 때도 카드를 구입했다는 사실을 알게 된다.

다른 정액제의 경우에도 바로 이런 현상이 나타난다. 정액제의 총 비용이 얼마나 되는지 확인하는 것은 어렵지 않다. 휴대전화의 월정액이 40유로로 24개월 계약이라면 총 960유로가 된다. 이를 아는 사람은 이전 요금제를 확인하고 정액제가 필요할지 꼼꼼히 따져본다. 그러면 피트니스클럽은 어떨까? 해약 여부는 결국 체중에 달린 사안일 것이다.

떨칠 수 없는 정액제의 유혹

오류 | 우리는 종종 정액 요금제를 이용한다. 정액제가 마음이 편하기 때문이지만 정액제를 이용하지 않을 때의 비용을 과대평가하는 이유도 있다.

결과 | 우리는 이용하지 않을 때의 이점을 고려할 때도 너무 많은 돈을 쓴다.

해결책 | 내년에 정액제로 얼마나 돈이 들지 미리 계산해보라. 그러면 더 올바른 결정을 내릴 수 있을 것이다.

－파트릭 베르나우

03

인간은 늘
불안한
존재

돈을 날릴지도 모른다는
불안

오랫동안 과학이 풀지 못한 수수께끼가 하나 있다. 장기적으로 주식과 국채의 이자를 비교하면 그 차이가 두드러진다. 주식은 높은 이자를 낳는 데 비해 국채의 이자는 낮은데, 다들 알고 있듯 주식 시세는 들쑥날쑥하지만 국채는 고정금리가 보장되기 때문이다. 그리고 국채는 국가가 파산하지 않는 한 만기까지 고정금리가 유지된다. 두 가지 투자 형태의 안전성에 차이가 나기 때문에 주식 투자자들은 위험 프리미엄, 이른바 '주식 프리미엄'을 기대한다.

이런 설명은 1985년 경제학자인 라즈니쉬 메라^{Rajnisch Mehra}와 에드워드 프레스콧^{Edward Prescott}의 연구로 무너졌다. 두 사람은 이에 대해 좀 더 정확한 조사를 했다. 1889년부터 1978년 사이에 미국 국채는 평균 연리가 1퍼센트인 반면 주식의 수익률은 7퍼센트였다. 이것은 전통적인 리스크 관리라는 측면에서는 납득할 수 없는 차이인 것이, 두 투자 형태 간의 수익률 차이는 6퍼센트가 아니라 분명히 그 이하여야 하기 때문이다. 무엇보다 해당 기간

의 주식은 지나치게 위험한 투자가 아니었음이 드러났다.

오로지 합리적인 행동이 지배하고 시장이 완전한 기능을 하는 세계에서는 이런 차이가 오랫동안 유지될 수 없다. 이런 조건이라면 투자자는 주식 수익률이 떨어지고 국채 금리가 오를 때까지, 그리고 위험 프리미엄이 정상 수준으로 조정될 때까지 국채를 팔고 주식을 매입할 것이다.

하지만 실제로 그런 일은 벌어지지 않았다. 이후 많은 경제학자들은 단지 이것이 통계상 수치에 불과한 것은 아닌지를 조사했다. 더불어 다른 시기에 대한 분석도 이루어졌다. 독일에서는 1978년부터 1997년 사이에 주식 프리미엄에 대한 평가가 6.6퍼센트의 금리 수준에 머물렀다. 이 현상은 '주식 프리미엄-수수께끼'로 불린다.

행동경제학에서는 이 같은 현상이 무엇을 의미하는지 알아냈다. 그리고 그것을 설명할 방법을 찾아냄으로써 투자에 대한 기본적인 의문을 푸는 데 도움을 주고 있다.

행동경제학자인 리처드 탈러와 슐로모 베나르치는 투자의 기본적인 행동모형을 '근시안적인 손실회피'로 본다. 행동경제학이 실험으로 입증한 사실은, 사람은 머릿속의 다양한 계좌에 이익과 손실을 저장한다는 것이다. 이때 손익이 머릿속에서 말끔하게 상쇄되는 것은 아니다. 오히려 반대로 손실과 이익은 확연히 구분된다. 게다가 손실은 같은 규모의 이익보다 훨씬 더 뚜렷하게 인지된다는 것이다. 이런 작용은 기억 속에서뿐 아니라 앞날에 대한 계산에서도 일어난다. 가령 도박에서 100유로를 잃고 나서 100유로를 딴 사람은 딴 100유로보다 잃은 100유로를 놀랄 만큼 더 뚜렷이 기억한다. 사람은 앞날에 대한 이익과 손실을 바라볼 때도 이런 식으로 행동한다. 투자를 결정할 때 100유로의 손실 예상은 100유로의 이익 예상보다 감각적인 리스크 계산에서 더 강하게 다가온다.

심리학자인 대니얼 카너먼Daniel Kahneman과 아모스 트버스키 Amos Tversky는 이미 1970년대 말에 이 현상이 무엇을 의미하는지 를 파악했다. 무엇보다 중요한 것은 손실에 직면해 느끼는 고통 이다. 손실은 곧 실패로 간주되므로 이익이 발생할 때 느끼는 만 족보다 손실의 고통이 더 큰 것이다. 이 고통은 인격체로서의 인 간을 덮친다. 손실 고통에 대한 순수한 불안은 너무 강해서 판단 을 마비시키는 원동력으로 작용한다.

이 원리를 주식과 국채에 적용하면, 투자자가 매주 또는 매일 기탁금을 점검하고 평가할 때 손실을 확인하고 고통을 맛볼 때의 리스크는 주식 쪽이 상대적으로 높다는 의미가 된다. 투자자는 머릿속에 저장된 계좌에서 지속적으로 감가상각을 하는데, 이것 은 다른 시점에 기록한 평가절상보다 기억에 더 단단하게 달라붙 어 있다. 만기까지 보유하려는 국채의 경우, 투자자는 보통 규칙 적인 손실을 기입하지 않아도 된다. 대신 국채의 규칙적인 가치 상승을 기대하지 않으며 오로지 상환시점까지의 이자만을 생각 한다.

이익과 손실의 불균등한 판정에 기초해 투자자는 주식 투자의 경우 지나치게 높은 위험 프리미엄을 요구하게 마련이다. 베나치 와 탈러에 따르면 근시안적인 손실회피는 주식프리미엄 – 수수께 끼로 설명이 가능하다. 하지만 경제학의 많은 이론이 그렇듯이 이런 해석에도 논란이 분분하다.

행동경제학 이론에 따른다면 투자를 찬성하는 결론이 나온다. 장기 투자에 대해 훌륭한 조언을 하려면 손실회피를 우회하거나 사실대로 터놓거나 아니면 대응책을 쓰도록 해야 할지도 모른다. 지나치게 손실을 의식하는 태도는 결국 투자 결과에 대해 계속 근시안적인 시각을 갖는 데서 생긴다. 다양한 투자 형태를 장기적인 수익이라는 측면에서 보면 이익과 손실에 훨씬 더 균형 잡힌 태도를 취할 수 있다.

예컨대 이런 관점에서 노후 대비를 위한 주식은 — 적어도 예탁금의 한 가지 기본요소로서— 중요한 투자 형태로 보인다. 물론 위험을 막기 위해 힘든 시기에 팔아야 할 상황이 올 수도 있다. 사람들은 대체로 미래의 지출에 비해 현재의 소비를 포기하는 것을 지나치게 힘들게 생각하기 때문에 노후 대비를 소홀히 하는 경향이 있다. 어떤 경우든 바람직한 것은 장기적인 투자인데, 단 기대 이익과 손실을 냉정하게 바라볼 필요가 있다.

근시안적인 손실회피

오류| 사람은 감정적으로 손실을 지나치게 높이 평가하는 경향이 있다.

위험성| 투자자는 장기적 이익의 가능성보다 단기적 손실의 리스크에 더 무게를 두기 때문에 좋은 기회를 놓치곤 한다.

해결책| 장기적으로 생각하는 것이 도움이 될 때가 많다. 주식은 단기적으로 떨어질 위험이 늘 도사리고 있지만 장기적으로 보면 주식의 수익률은 저축예금의 금리보다 높다.

–크리스티안 지덴비델

내 것이
소중하다

누구나 자기 소유물은 소중하고 가치 있다. 사람들은 대개 소유물을 보유하고 불리기 위해 노력을 아끼지 않는다. 이런 사고와 행동구조는 공공서비스 측면에서 볼 때 의미 있고 바람직하다. 하지만 투자라는 측면에서는 얼마든지 문제가 될 수 있다. 이런 구조는 상상 이상으로 값비싼 대가를 치르게 만든다.

유가증권, 예컨대 주식의 가치는 보통 앞으로의 시세 변동이라는 측면에서 시장참여자 다수의 기대에 따라 정해진다. 하지만 때로는 주식의 가치를 판단할 때 오로지 수학적인 계산이 아니라 다른 요인을 따르는 일이 생길 수 있다. 앞에서 왜 사람들이 증권을 많이 매입하지 않는지 이유를 알아보았다. 여기서 중요한 것은 우리가 해당 주식을 보유하고 있을 때 드러나는 사고의 오류다. 시카고 대학의 경제학자인 리처드 탈러가 1980년에 설명한 이른바 '보유효과'가 바로 그 원인이다. 보유효과란 어떤 재화가 자기 소유라는 이유로 소유하지 않은 것보다 더 높은 가치를 매기는 것을 말한다.

1990년대 초에 대니얼 카너먼과 잭 네치^{Jack Knetsch}, 리처드 탈러 연구팀은 이 같은 현상에 대한 유명한 과학실험을 실시했다. 이른바 커피잔 실험으로, 실험 참가자 100명에게 커피잔을 하나씩 선물로 주었다. 이어 이들에게 자기 잔을 얼마에 팔 것인지를 물었다.

동시에 나머지 참가자들을 구매자로 분류해 커피잔의 구매 희망 가격을 제시하게 했다. 이들이 제시한 구매가와 판매가를 비교해본 연구팀은 가격에 큰 차이가 나는 것을 확인했다. 커피잔을 소유한 사람들은 평균 7달러를 부른 데 비해 구매자들은 판매가의 절반에도 미치지 못하는 평균 2.90달러를 제시했다. 뿐만 아니라 다른 사람의 커피잔을 살 의향도 별로 없었다.

보유효과가 거래에 부정적인 영향을 준다는 사실은 이후 다양한 실험에서도 입증되었다. 이 효과는 바로 유로와 달러의 기회 및 리스크에 대한 평가에서 ― 이 때문에 증권시장에서 중시되는― 아주 규칙적으로 나타났다. 증시에서 거래되는 유가증권의 시장가치를 지속적으로 점검하는 주식 소유자는 객관적인 정보를 바탕으로 매각 결정을 내린다. 하지만 보유효과 때문에 매각 가능한 가격을 지나치게 저평가된 것으로 생각한다.

이런 태도는 모든 시세에 적용된다. 또한 내림세를 보일 때 더 강해지며 반대로 오름세로 전환되면 이내 다시 약해진다. 이때 투자자는 일련의 사전 조정 작업을 하는데, 그 결과 '딴 사람'보다 '잃은 사람'의 위치에 더 오래 머무르게 된다.

이 같은 현상은 이미 1980년대 중반부터 행동경제학에서 처분

효과(보유한 자산이 매수가격 이하로 떨어질 때 매도하기를 주저하는 현상—옮긴이)로 알려진 것이다. 처분효과는 보유효과와 밀접하게 맞물리며 비슷한 맥락에서 설명이 된다. 따라서 손실이 발생하면 잘못 투자했음을 인정하면서 시세가 떨어진 주식의 매도를 뒤로 미룬다. 손실 시점에서 거래하는 대신 시세가 다시 회복되기를 기대하는 것이다.

이때 심리학에서는 이를 보유효과에 근거를 둔 손실회피 또는 손실불안 성향이라고 말한다. 게다가 대개는 같은 크기의 이익보다 손실을 더 크게 받아들이고 손실에 더 비중을 두기도 한다. 그러므로 결정을 내릴 때 발생했거나 발생이 임박한 손실은 같은 크기의 이익보다 더 큰 영향을 준다.

심리학과 신경과학의 연구 결과가 보여주듯이, 자산에 대한 인간의 생각은 신경계를 거쳐 뇌에 전달되고 거기서 경험으로 바뀌는 방식을 토대로 하는 것이 분명하다. 런던에 있는 웰컴트러스트 뇌영상센터의 신경학자 벤 시무어는 손실과 고통의 체험이 똑같은 대뇌반구에서 처리되고 정서적으로 평가된다는 사실을 입증했다.

그리고 이와 비슷하게 투자 결정에 영향을 미치는 또 다른 효과로 이른바 '현상유지 편향'이란 것도 있다. 이것은 변화보다 현재 상태를 선호하는 경향을 말한다. 이 현상은 1988년 윌리엄 새뮤얼슨William Samuelson과 리처드 제크하우저Richard Zeckhauser의 실험에서 분명히 드러났다. 이 실험에서 조사한 현상유지 편향은 다음에 소개하겠지만 이후의 연구자들은 보유효과의 일환으로 해석하기도 했다.

실험 참가자들이 현금 또는 유가증권의 유산 상속을 받은 것을 가정한 실험이었다. 이어 자산을 새로 투자할 기회를 주고 투자 형식은 상속자 본인의 생각과 바람에 따라 자유에 맡겼다. 이 실험에서는 각각 선택한 재산 구성의 내용에 큰 차이가 있다는 것이 드러났다. 이미 보유한 유가증권에는 별 변화가 없는 반면, 새로 구성한 자산형식에는 대대적인 변화가 생겼고 동시에 수익률과 리스크에 대한 관계도 완전히 달라진 것이다.

계좌에 잠겨 있는 순수한 현금은 보유효과의 영향을 덜 받는 것이 분명했다. 현금은 객관적인 가치가 명백하기 때문이다. 하지만 현금이 재산이나 투자로 전환되고 개인재산으로 인식되면 곧 재산의 구성형식은 다양하게 변한다. 새로운 재산이 생기면 편견에 따른 평가가 불가피해지는 것이다.

보유효과

함정 ┃ 보유효과란 소유하게 되면 즉각 나타나는 무의식적인 효과로, 경제적 지식 유무에 상관없이 지속적인 소유상태를 강화시켜준다.

위험성 ┃ 특히 내림세일 때, 매각 의사가 있는 유가증권의 보유자는 시장 가격에 맞추려고 하지 않는다. 보유자의 가치평가가 매수자의 가격보다 더 높기 때문이다. 매도자가 기대하는 가격과 매수자가 원하는 가격 차이는 시세 회복이 빠를수록 더 벌어진다. 따라서 보유자가 생각을 바꾸기 이전에 시세 차손이 오랫동안 형성되는 일이 일어날 수 있다.

해결책 ┃ 증권이 누구의 소유인지, 어떤 시세에서 매입했는지에 얽매여 시장가격을 판단해서는 안 된다. 일정한 시세에 미달하면 매각할 생각으로 보유효과를 차단하라. 유가증권을 매입할 때, 즉 효과가 발생하기 이전에 이런 가격의 상한선을 정해두는 것이 가장 좋은 방법이다.

─루츠 요하닝/막시밀리안 트로스바흐

처음처럼 지금도,
그리고 앞으로도 영원히

'미국 최고의 주부'로 불리는 그녀에 관한 이야기가 온통 화젯거리가 되고 있다. 요리법과 가정관리에 대한 조언으로 미국 텔레비전에서 우상과 같은 존재가 된 마사 스튜어트Martha Stewart에게는 크리스마스 햄의 양쪽 끝을 잘라내는 습관이 있었다. 어머니가 그렇게 하는 걸 보고 배웠기 때문이다. 어느 날 마사의 딸은 엄마에게 왜 그렇게 하는지를 물었다. 의식을 치르듯 양쪽 끝을 자르는 데 어떤 의미가 담겨 있느냐는 물음이었다. 그러면서 딸은 먹음직스러워 보이려면 햄이 온전해야 하고 끝을 잘라낼 이유가 없지 않겠느냐고 했다.

딸의 날카로운 지적에 당황한 마사는 어머니에게 전화를 걸어 늘 햄의 끝을 잘랐던 이유를 물었다. 마사의 어머니가 들려준 대답도 당혹스럽기는 마찬가지였다. 마사가 아주 어렸을 때는 집에 있는 프라이팬이 너무 작아서 크리스마스에 먹는 햄이 다 들어가지 않았다는 것이다. 그래서 양끝을 잘라낼 수밖에 없었다는 설명이었다. 하지만 이 미국 최고의 주부는 오래전부터 어머니가 쓰던 것과는 전혀 다른 프라이팬을 사용하고 있었으므로 끝을 잘라낼 필요가 전혀 없었다.

심리학에서는 이미 오래전부터 이런 행동에 대해 '현상유지 편향'이라는 표현을 써왔다. 아주 간단히 풀이하면 '이대로 있고 싶다'는 뜻이다. 사람에게는 굳이 의미를 따지지 않고 습관처럼 하는 행동이 많다. 현재의 상태와 변화 사이에서 선택할 때 사람들은 흔히 현재 상태를 선호한다. 그런 예를 들자면 끝이 없다. 독일인은 이동통신사, 은행, 수도나 전기 회사를 바꾸는 경우가 별로 없으며 출퇴근할 때도 늘 다니던 길을 이용한다. 또 식당에 가서도 늘 단골메뉴가 정해져 있고 여가시간을 보내는 방법도, 직업도 거의 바꾸지 않는다. 사람은 습관의 동물이다. 있는 그대로의 상태를 좋아한다. 마사 스튜어트처럼 우리는 이런 습관의 의미를 캐묻지 않는다.

재산관리에도 똑같이 습관이 작용한다. 부유한 삼촌이 상당한 재산을 물려주었다면 당신은 어찌 하겠는가? 투자를 한다면 주식이나 국채, 부동산 중 어디에 하겠는가? 가상의 유산 상속을 전제한 실험에서 사람들은 부유한 삼촌이 물려준 재산과 같은 형태로 투자하는 경향을 보여준다. 주식을 상속받았다면 주식에 투자하고 국채를 상속받았을 때는 국채에 투자한다. 투자할 때에도 습관의 노예임이 드러나는 것이다. 지갑을 예로 들어도 똑같은 결과가 나온다. 늘 구입했다는 이유로 비싼 제품을 산다. 그리고 투자를 할 때도 늘 같은 실수를 반복한다.

기업도 습관의 함정에 빠진다. 한번 결정을 잘못 내리면 거기서 헤어나지 못하며 과거에 정해놓은 경영방침에 맞추려고 애를 쓴다. 실험 참가자들에게 가상의 기업 경영을 맡긴 결과, 투자 결정에 있어 전년도의 시행 방침에 큰 영향을 받는 것으로 드러났다. 또는 "우리는 늘 이렇게 해왔다"라고 말하는 사장의 행동과 같았다고 할 수 있다.

왜 이런 판단을 내리는가에 대해서는 논란이 분분하다. 여러 가지로 설명이 가능하기 때문인데, 그중 하나가 손실에 대한 두려움이라고 할 수 있겠다. 뭔가 새로운 것으로 바꾸려 할 때 현재는 잃을지도 모를 자산으로 느껴지는 것이다. 그러므로 사람들은 과거를 지키려고 한다. 현상유지 편향의 형$_{兄}$이 곧 보유효과라고 말하는 데는 이유가 없지 않다. 사람들은 현재 갖고 있는 것에 실제 이상의 가치를 부여한다는 말이다. 예를 들어 자동차 운전자는 그 차가 자기 소유일 때 더 높게 평가한다. 이런 심리 때문에 그 차를 팔거나 다른 차로 바꾸는 것이 쉽지 않다.

후회에 대한 두려움도 또 다른 원인으로 설명할 수 있다. 어떤 결정을 내릴 때 사람들은 그 결정이 잘못된 것으로 드러날 때의 후회 가능성을 따져본다. 그리고 후회에 대한 두려움은 차라리 안 하는 것이 낫다는 결심으로 이어진다. 이런 설명은 적극적인 행동이 요구될 때, 결정하고 나면 후회할 것이라는 생각과 밀접한 관련이 있다. 아무것도 하지 않으면 나쁜 결과도 생기지 않을 것이라는 환상이다. 뭔가를 하고 나면 그 결과를 책임져야 하기 때문이다. 주식을 매도하지 않아서 2000유로를 벌 수 있는 기회를 날린 사람은 주식을 매수하지 않아 2000유로를 벌 기회를 날린 사람보다는 덜 후회한다. 이런 사실도 이미 실험을 통해 입증됐다.

하지만 현재 상태에 머무르고 싶어 하는 심리에는 지혜로운 면도 있다. 연구 결과는 현상유지를 선호하는 심리가 결정을 앞둔 상황이 복잡할수록 더 크다는 것을 보여준다. 다시 말해 결정하기 어렵고 결과가 불분명할수록 현재 보유하고 있는 것에 애착을 갖는다는 뜻이다. 사람들은 흔히 일 잘하는 부서는 교체하지 말라고들 한다. 그리고 이런 말은 대개 옳다. 때로는 교체하는 데 비싼 대가가 따르며, 그 대가는 잘못 결정한 비용의 리스크만큼이나 비쌀 수도 있다. 현상유지 편향이 보존기능을 하는 한, 지금까지 간직한 것을 포기하거나 그것에 등을 돌릴 최소한의 동기도 찾지 못하는 결과로 이어진다. 현재 존재하는 것에 대한 우리의 선호가 아주 지나치지 않는 한, 인간이 습관의 동물이라는 사실은 근본적으로 잘못된 것이라고 할 수는 없다.

그러면 어떻게 습관의 굴레에서 벗어날 수 있을까? 어쩌면 변화 자체에 익숙해지는 것이 가장 간단한 방법인지도 모른다. 생활 속에서 하루하루 아주 작은 것부터 매일 바꿔 가는 사람은 언젠가는 큰 것을 바꾸는 일에도 익숙해질 것이다. 출근할 때 다른 길을 이용해보고 다른 일을 시도해보면서 늘 사용하던 제품이나 상표를 낯선 새것으로 바꿔보는 것이다. 새로운 경험으로 인해 어쩌면 새로우면서도 더 나은 습관이 생길지도 모르는 일이다.

현상유지 편향

함정 | 우리는 현재 상태에 머물고 싶어 하며 늘 하던 방식대로 하려는 경향이 있다. 우리는 과거에 좋던 것이 지금도 여전히 좋은지 시험해보지 않는다.

위험성 | 우리는 대가가 비싸고 무의미한 습관에 젖어 있을 때가 많으며, 가능한 변화를 외면함으로써 좀 더 새롭고 나은 선택의 기회를 저버린다.

해결책 | 변화에 적극적이어야 한다. 매일 뭔가 새로운 일을 시도해보고, 매일 생활 속의 사소한 부분에 변화를 주어본다. 뭔가를 감행해보는 것이다.

-하노 베크

머릿속의
계좌

소주는 소주고 맥주는 맥주라고, 아버지는 옛날 그렇게 말씀하셨다. 그때는 아버지의 말씀이 무슨 뜻인지 몰랐다. 아버지 말씀의 근본적인 뜻은 인생은 복잡하다는 것이었다. 사물을 대할 때는 서로 명확하게 떼어놓고 보는 것이 전체적인 시야를 확보하는 데 도움이 된다. 지금 나는 아버지보다 더 복잡한 삶을 살고 있으며 가능하면 소주와 맥주를 피하지만 사물을 구분해서 보는 습관은 갖고 있다.

내가 살면서 성공을 거두었다고 여기는 영역은 가정과 직업, 취미 생활이다. 나는 이 영역을 서로 구분하려고 애쓴다. 그래서 나는 여비서와 결혼하지 않았고 아내에게 비서 일을 시키지도 않았다. 이 때문에 두 영역에서 동시에 불쾌해지는 날은 거의 없다. 뿐만 아니라 취미 생활을 직업과 연관시키지 않기 때문에 중년에 들어서도 여전히 내 방식대로 사는 데 문제가 없다. 내 취미는 축구이고 축구는 여전히 나에게 큰 즐거움을 준다. 그리고 적당히 즐기기만 한다면 생활에 지장을 주지는 않는다.

시카고의 명문대 교수인 밥 탈러^{Bob Thaler}는 얼마 전 사람들은 돈을 투자할 때도 복잡한 금융권에서 전체를 보는 안목을 유지하기 위해 성공을 위한 영역을 따로 제한하고 — 그는 이것을 정신적인 계좌라고 불렀다— 이것을 별도로 이용한다는 것을 밝혀냈다. 이런 방식이 합리적으로 보이는가?

유감스럽게도 다음의 예가 보여주듯이 그렇지 못하다. 당신이 돈을 따거나 잃을 수 있는 두 가지 조합의 제비가 있다고 가정해보자. A와 B는 따는 제비고 C와 D는 잃는 제비라고 가정하고 이 중에서 각각 하나씩 고르는 것이다. 따든 잃든 당신이 선택한 제비의 조합으로 최종 액수가 결정된다. 1만 유로를 기준으로 전체적인 제비의 확률을 살펴보면,

제비 A: 확실하게 2400유로를 딸 수 있다.

제비 B: 1만 유로를 딸 확률이 25퍼센트다. 나머지 75퍼센트는 한 푼도 따지 못한다. 물론 잃을 일은 없다.

제비 C: 확실하게 7500유로를 잃는다.

제비 D: 1만 유로를 잃을 확률이 75퍼센트다. 나머지 25퍼센트는 한 푼도 잃지 않으며 물론 딸 일은 없다.

이 경우 흔히 택하는 방식을 살펴보자. 아마 B보다 A를 선호할 것이다. 확실하게 따는 A에 비해 B는 확률이 낮고 확률상의 기대값(2500유로)도 별로 많지 않기 때문이다. 100유로를 더 따기 위해 한 푼도 못 건질 위험을 무릅쓰지는 않을 것이다. 잃는 제비의 경우에는 C보다 D를 선호할 것이다. 두 가지 중에 확실하게 잃는

것보다 한 푼의 손해도 안 볼 가능성을 선호하기 때문이다.

정말 이런 선택이 옳을까? 유감스럽게도 그렇지 않다. 어쨌든 100유로라도 더 딴다면 생각이 바뀔 수도 있기 때문이다. A와 D를 뽑는다면 여러분은 7600유로를 잃을 확률이 75퍼센트가 되고 2400유로를 딸 확률은 25퍼센트가 된다. 이에 비해 B와 C를 뽑으면 7500유로를 잃을 확률이 75퍼센트가 되고 2500유로를 딸 확률이 25퍼센트가 된다.

그러면 어떻게 해서 이와 같은 사고의 오류가 생긴 걸까? 각 제비의 분명한 확률에 대한 설명을 들었으면서도 가능한 조합의 경우를 제대로 계산해보지 않기 때문이다(네 가지의 조합이 있다). 그리고 단순하게 제비를 따로 떼어놓고 생각하기 때문이다. 밥 탈러의 말을 빌리자면 여러분은 따는 제비를 위한 계좌와 잃는 제비를 위한 정신적인 계좌를 하나씩 이용하고 두 계좌 사이의 상호작용은 소홀히 한 것이다.

그런데 우리가 투자를 결정할 때도 이런 일이 자주 일어날까? 유감스럽게도 그렇다. 대부분 투자는 이익과 손실에 대한 정신적인 차이에서 결정이 이루어진다. 1만 유로의 손실은 1만 유로의 이익보다 보통 더 크게 느껴진다. 이 때문에 우리는 매혹적인 투자를 보고서도 멈칫거린다.

우리가 투자를 회피하는 또 다른 이유는 미묘한 차이를 보이는 손실의 두 가지 유형과 관계있다. 실제로 경험한 손실은 이른바 장부상의 손실(요즘에는 온라인상의 손실이라고 말하는 것이 더 적절할 것이다)보다 더 고통스럽게 느껴진다. 100유로에 매수한 주식이 지금 80유로밖에 안 나간다고 가정해보자. 이 경우에 투자자는 대개 20유로의 손실이 아직 장부상에는 잡히지 않았다는 계산을 하며 주식을 계속 보유한다. 그러면서 시세가 회복될 것이라고 기대한다. 하지만 시세가 120유로로 오를 경우 투자자는 대개 20유로의 이익을 현실화하는 경향이 아주 강하다. 이익이 손실보다 자주 현실화된다는 사실은 개인투자자 수만 명을 대상으로 조사한 캘리포니아의 테런스 오딘Terrance Odean 교수의 연구에서 밝혀졌다.

유감스럽게도 이렇게 투자 이익과 손실에 대해 불균형한 태도는 별로 수익성이 높지 않은 것으로 드러났다. 오딘의 연구에 따르면 어떤 주식을 팔 것인지 보유할 것인지 결정하는 방법으로 오히려 동전을 던지는 편이 더 나을 것이라고 한다. 이런 주장에는 분명한 근거가 있다. 사실 개인이 주식 하나로 따든 잃든, 이것은 앞으로 그 주식 시세와 관련해 아무 의미도 없는 것이다.

축구나 결혼, 또는 여비서를 고를 때처럼 실제로 복잡한 결정을 할 때는 확실한 차이를 두는 것이 바람직하다. 이와 달리 투자를 결정할 때의 효과는 비교적 계산상의 문제이므로 ─대개 확률의 문제이지만─ 정신적인 계좌가 없을 때 더 좋은 결정을 내린다.

정신적인 계좌

함정 | 우리는 예탁금 전체를 꼼꼼히 관리한다고 하지만 막상 투자할 때는 따로따로 구분해서 생각한다.

위험성 | 우리는 주식 하나하나의 단기적 손실에 지나치게 영향을 받는 한편, 리스크가 있지만 수지맞는 투자에 대해서는 지나치게 불안해한다.

해결책 | 당신이 매수한 주식 하나하나의 시세는 잊어라. 차라리 전체 예탁금의 추이를 주목하라. 이것이 정신적으로도 좋으며 좀 더 나은 투자에 도움이 될 것이다.

－토르스텐 헨스

작은 리스크에 대한
지나친 걱정

당신 얘기가 아니라 해도 주변에 이런 사람들이 많이 있을 것이다. 저축통장이나 자유입출금 보통예금에만 돈을 맡기는 사람들이 있다. 이런 계좌에 맡긴 돈은 안전하다고 배웠다. 언제든 한 푼의 손실도 없이 되찾을 수 있으며 설사 은행이 파산해도 이런 예금은 안전하다.

이런 사람들에게 작은 리스크도 때로는 감수할 만한 가치가 있음을 설득하기란 꽤나 어렵다. 가진 돈의 극히 일부만 주식에 투자해도 전체적인 이자를 헤아려보면 그 액수가 만만치 않다. 물론 주식은 위험하다. 주식에 투자한 돈의 일부가 날아가는 일이 흔해서인지 사람들은 이것을 좋아하지 않는다. 아주 작은 리스크조차도 이들에게는 매우 크게 느껴질 때가 많다. 사람들은 전혀 리스크가 없을 때 만족한다. 비단 돈뿐만 아니라 삶의 다른 부분에 관해서도 마찬가지다.

긴강과 관련한 예에서도 비슷한 현상을 볼 수 있다. 이 사실은 일반적으로 리스크에 유난히 초연하다는 말을 듣는 미국에서 실시한 실험이 보여준다. 연구팀은 노스캐롤라이나 중부의 그린즈 버러라는 도시의 쇼핑센터로 들어가 가정관리용품 코너에서 나오는 고객들에게 말을 걸었다. 그리고 화장실 세제를 자주 구입하는지를 물었다. 연구팀은 고객들에게 병 하나를 보여주며 거짓으로 위험성이 있다는 말을 들려주었다. 1000명 중에 15명이 유독가스에 중독되었으며 또 15명은 세제가 눈에 들어가는 바람에 눈을 상했다고 말했다.

이어 연구팀은 더 안전한 세제가 있다면 돈을 쓸 생각이 있는지, 있다면 얼마나 더 쓸 것인지를 물었다. 결국 노스웨스턴 대학교의 킵 비스쿠시^{Kip Viscusi}와 두 명의 동료는 분명한 결과를 얻어냈다. 고객들은 부상 가능성이 1000명 중에 10명으로 줄어든다면 돈을 더 쓰겠다고 대답했다. 5퍼밀^{permill}(천분율을 나타내는 단위)이 줄어들 때는 65센트를, 다시 5퍼밀이 줄어들 때는 19센트를 더 쓰겠다는 것이었다. 하지만 마지막 5퍼밀마저도 위험성이 전혀 없다면 고객들은 83센트를 더 쓰겠다고 응답했다.

연구팀은 이와 같은 태도를 '제로 리스크 편향'이라고 부른다. 이런 경향을 보이는 데는 적어도 두 가지 이유가 있다. 하나는 잘 알려진 것으로, 뒤떨어지는 계산 능력 때문이다. 낮은 확률에 대해서는 평가 능력이 떨어진다. 확률이 3분의 1이라면 누구나 이해한다. 이는 누구나 경험상 알고 있기에 자세한 계산이 필요 없다. 깊이 생각하지 않고도 모든 것을 이해한다. 하지만 자주 접하는 '1000명 중에 15명'은 어떨까? 15퍼밀, 1.5퍼센트라면 이것을 제대로 판단하는 사람은 없다.

제로 리스크 편향을 보이는 또 다른 이유는 사람의 사고력이 제한되었다는 것과 관계가 있다. 여전히 리스크가 남아 있는 한, 인간은 이 문제에서 자유롭지 못하다. 이때는 시간과 노력이 들어간다. 실제로 더 이상 리스크가 남지 않았을 때에서야 비로소 마음속 위험이 사라지거나 걱정에서 놓여난다고 심리학자들은 말한다. 이 때문에 사람들은 "리스크는 전혀 없다"는 말을 듣고 싶어 하는 것이다.

문제는 사실 리스크가 전혀 없는 경우는 실생활에서 거의 발생하지 않는다는 것이다. 의사나 장사꾼, 컨설턴트 같은 사람들은 이구동성으로 "실제로 리스크가 없다"고 말한다.

사람들은 결국 '잔존위험'을 붙들고 늘어진다. 후쿠시마 원전 사고가 났을 때 사람들은 잔존위험에서 벗어나려고 애를 썼다. 그리고 일단 잔존위험이 드러나면 곧 최악의 경우가 들이닥칠 것으로 생각한다. 희귀한 경우를 올바로 평가할 수 있는 사람은 아무도 없기 때문이다.

투자은행 리먼브라더스의 위험한 증권이 이런 경우였다. 이 투자증권을 매수한 사람들은 처음에 "실제로"라는 말은 흘려듣고 "리스크가 없다"는 계산만 했다. 투자자들은 리먼브라더스가 파산하고 투자증권 상환 능력을 상실했을 때가 되어서야 이 "없다"는 말의 의미를 곱씹어보게 됐다. 이들은 하룻밤 새에 생각을 바꾸고 위험한 투기를 한 것으로 판단했다.

'중용지도'를 알고 행하는 사람은 돈을 포함해 매사에 작은 리스크를 안고 산다. 작은 리스크는 대개 큰 보상을 가져다 줄 때가 많다. 하지만 작은 리스크를 떠안으려는 사람은 드물다.

제로 리스크 편향

함정 | 사람들은 사소한 잔존위험에 노출되는 것을 견디지 못한다. 작은 리스크의 가치를 이해하지 못하고 지나치게 걱정하는 것이다. 그리고 리스크가 전혀 없는 경우를 훨씬 선호한다.

위험성 | 작은 잔존위험을 제거하려고 너무 많은 돈을 쓴다. 예를 들어 투자할 때 단 한 푼도 새나가지 않게 하려고 상당한 수익을 포기한다. 이럴수록 위험은 더 커진다. "리스크가 없다"는 사기꾼의 말을 곧이듣기 때문이다. 실생활에서 리스크가 없는 일은 거의 없다. 그리고 정직한 컨설턴트가 "실제로 안전하다"라고 말할 때조차, 사람들은 "작은 리스크가 존재한다"는 사실을 쉽게 잊어버린다.

해결책 | 제로 리스크 편향을 피하기 위한 방법 중에 검증된 것은 아직 없다. 어쨌든 완벽한 안전이란 없다는 사실을 분명히 알아야 한다. 이 말을 가슴에 새기면 제로 리스크를 위해 애쓰는 것은 무의미함을 알게 될 것이다. 아무튼 그런 것은 존재하지 않기 때문이다.

–파트릭 베르나우

안전한 것이 생각처럼
안전한 것은 아니다

사람은 자기감정에 이끌리게 마련이다. 경제적으로 잔뜩 긴장된 시기에 투자자는 유난히 안전성에 골몰한다. 이런 현상은 유로사용지역Eurozone이 논란에 휩싸였을 때도 일어났다. 자본손실은 있을 수 없다는 말이 구호처럼 나돌았다. '안전한 항구'를 찾기 위해 투자자들은 금융채권이나 금리연동제 투자신탁, 국채로 몰려들었다. 하지만 이들 중 자신과 재산이 어떤 리스크에 노출되었는지 제대로 파악한 사람은 아무도 없었다.

고정금리가 붙는 투자라면 물론 안전하다는 장점이 있다. 가치변동의 강도, 즉 이른바 투자종목(포트폴리오)의 불안정성은 줄어든다는 말이다. 하지만 그런 유가증권은 바로 그 이유 때문에 장기적 측면에서는 안전하지 못하다. 이 얘기는 독일에서 가장 인기 있는 투자방식이라 할 저축예금에도 해당한다. 저축예금에 맡긴 돈을 걱정하는 사람은 거의 없다. 설사 은행이 파산하는 경우에도 법으로 예금의 안전한 상환을 보장하기 때문이다. 그래도 리스크는 여전히 존재하는데, 예컨대 유로사용지역이 혼란에 휩

쏠릴 수도 있을 것이라는 시나리오가 절대 불가능한 환상만은 아니기 때문이다. 화폐개혁이 일어나 각국이 자국통화로 회귀하는 경우, 저축예금에 잠긴 돈은 국가에서 일시적으로 동결할 것이고 유로화를 새로 생긴 통화로 교환해주는 원치 않는 경우가 발생할 수 있다. 유로화 체제의 붕괴를 막는다 해도 특히 국채나 정기예금에 돈을 맡긴 예금주는 재산의 가치보존이라는 투자의 주요 목표에 차질을 빚을 수 있다. 가치보존이란 통화가치의 변동에 좌우되기 때문이다.

발권은행의 통화가 팽창하는 사태가 일어나면 이후의 물가는 지금보다 오르고 동시에 이자소득은 구매력이 떨어질 것이다. 2013년에 시행중인 금리는 결코 이런 리스크를 보상해주지 못한다. 투자자가 위험성이 없는 금리를 기대하는 국채는 저금리의 리스크를 떠안은 유가증권으로 돌변했다.

인플레이션으로 인한 통화가치의 하락과 이에 따르는 예금자본의 가치하락은 절대 추상적인 리스크가 아니다. 지금까지 발권은행들은 지나치게 결산을 부풀려왔다. 이런 방법으로 물가폭등의 온상이 되었으며, 이 와중에 각국 정부는 통제를 벗어난 부채의 늪에서 벗어나기를 바라고 있다. 인플레이션의 흐름 속에서 예금 잔고는 가치를 상실할 뿐 아니라 동시에 채무자가 변제해야 할 금리와 원금상환의 부담도 줄어들기 때문이다. 인플레이션의 씨는 이미 뿌려졌다.

공식적인 물가통계에서는 아직 이런 흔적이 감지되지 않고 있다. 경기전망이 불투명한 상태에서 이 같은 현상은 놀랄 일이 아니다. 그렇다 해서 이런 표면적인 안정에 속아 넘어가는 것은 위험하다. 비교적 잠잠한 가운데 진행 중인 예금자산의 가치하락은 2012년 초에 이미 본격화되었다. 인플레이션 비율이 금리상품의 이자율보다 높기에 서방 주요국가의 국민경제에서 이런 투자상품의 실질 금리는 문제가 있다.

독일도 이런 경우에 해당한다. 다시 말해 예금자산이 있거나 연방공채를 매입한 투자자는 투자자본의 일부를 날리고 있는 꼴이다. 지난 몇 년 동안 각국 정부는 비교적 눈에 띄지 않는 인플레이션율 덕분에 복지국가 입장에서 매우 불편한 정책을 실시하지 않고도 국가부채를 줄이는 데 성공했다.

이 같은 흐름에서라면 이자소득에 민감한 선의의 예금주, 정기예금자, 연금수급자는 최대의 피해자가 될 것이다. 최대의 피해자는 진정한 의미에서 평생 일군 것을 날리는 사람이 될 것이다. 따라서 투자 리스크를 불안정성에서만 바라보는 것은 값비싼 대가를 치르는 사고의 오류라고 할 수 있다. 변동 폭이 약한 투자형태는 엄청난 손실 리스크가 있을 수 있는 것이다.

하지만 반가운 소식도 있다. 은연중에 진행되는 저축의 가치손실을 막을 방법 또한 있기 때문이다. 자기자본의 구매력을 유지하고 싶은 사람은 의도적으로 리스크를 감수해야 한다. 예를 들면 우량기업의 주식을 매입하는 것이다. 말하자면 주식에서 통상 발생하는 시세 변동을 견뎌내야 한다. 이런 의미에서 시세하락에 불안해하는 많은 독일인들에게는 획기적인 발상의 전환이 필요하다. 이와 달리 이자를 낳는 투자상품에 의존하는 사람들은 하필이면 자산의 구매력에 엄청난 리스크가 노사리고 있는 곳에서 안전책을 찾고 있는 꼴이나 다름없다.

투자의 방향 전환이나 시세 리스크를 감수하지 않으면서 현실적인 자산 가치를 유지할 수는 없는 노릇이다. 무엇보다 주식을 통해 국민경제의 생산자산을 형성하는 기업에 참여하지 않을 이유가 없다. 물론 많은 투자자는 각 기업의 주식 시세가 하루가 다르게 요동치는 것을 보고 놀랄 수 있다. 하지만 그것이 그렇게 나쁜 일인가? 오히려 증시가 우리 투자에 대한 시장가치를 보여주며 잣대 역할을 한다면 기뻐해야 할 일이 아닌가?

부동산 같은 특정자산의 시세가 매일매일 확정되지 않는다고 해서 이런 투자상품의 가치가 똑같이 급락을 거듭하지 않는 것은 결코 아니다. 오히려 그 반대다. 활발히 거래되면서도 시장에서 드러나지 않는 자산의 가치에는 엄청난 손실 리스크가 숨어 있을 수 있다. 가령 투자 자본으로 볼프스부르크에 단독주택을 구입한 사람은 인근의 주요기업인 폴크스바겐의 영업이 지지부진한 것을 이내 알게 된다. 프랑크푸르트나 베를린 근교에 집을 산 사람은 새 비행항로가 자신의 정원 상공을 지난다는 것을 매입 직후에 깨닫는다.

물론 주식시장에서는 강력한 시세 반전이 나타날 수도 있다. 유난히 안정적인 우량기업을 주목하는 사람은 시세 하락의 리스크를 엄격하게 제한할 수 있다. 지속적인 사업모델과 탄탄한 재무구조, 대대적인 가격책정 능력을 갖춘 기업들이 이에 해당한다. 네슬레나 코카콜라 같은 일류 기업은 인플레이션에 대한 시장의 지배적 지위 덕분에 이익을 남긴다. 더 높은 가격을 관철할 수 있기 때문이다.

이런 기업은 경제가 어려운 시기에도 필요한 일상용품을 생산하기 때문에 경기불황에도 별 타격을 입지 않는다. 그러므로 장기적인 시각에서 우량기업에 참여하는 것은 아주 매혹적인 투자라고 할 수 있다. 안전하다고 하는 이자의존상품보다 언제나 '더 안전한 것'이 바로 우량기업에 대한 투자다.

가치변동과 리스크에 대한 혼동

오류 | 경제가 불안정할 때, 투자자는 국채나 안전하다고 하는 이자의존상품으로 몰려든다. 이런 상품은 시세 변동(불안정)의 위험을 피할 수 있기 때문이다. 이때 투자자는 '화폐환상'에 빠지게 되는데, 즉 전반적인 물가상승 속에서 자기 돈이 가치나 구매력을 상실하는 상황을 소홀히 한다는 것이다.

위험성 | 투자 상환은 생각처럼 안전한 것이 아니다. 그리고 인플레이션이 이자를 갉아먹는다.

해결책 | 자기자본의 구매력을 유지하고 싶은 사람은 의도적으로 주식처럼 리스크가 있는 유가물에 투자하고 시세 변동을 감수해야 한다.

-디르크 슈미트

불안은
전염된다

투자할 때는 감정이 문제다. 흔히 증권거래에서 감정은 금물이라고 말한다. 주식의 가치는 앞으로 기대되는, 그리고 모든 지분 소유자에게 분배될 기업의 이익으로 결정된다.

지극히 합리적인 구조가 아닌가? 하지만 현실에서는 이와 반대되는 일이 빈번히 일어난다. 개인투자자는 유난히 시장에 낙관적인 분위기가 만연하고 시세가 오를 때 주식을 매입하곤 한다. 반대로 분위기가 냉랭하고 시세가 하락할 때는 주식을 매도한다.

이는 불리한 선택이다. 이런 방식으로는 비싸게 매입하고 싸게 매도하는 일을 되풀이할 수밖에 없기 때문이다. 이런 습관은 일종의 전염성을 지닌다. 사람들은 다른 사람들의 감정에 함께 휩쓸리는 경향이 있다. 감정의 전염이란 개념은 이미 1923년에 철학자이자 사회학자인 막스 셸러 Max Scheler가 사용한 말이다. 이 개념은 미국의 심리학자 일레인 햇필드 Elaine Hatfield가 1994년에 영어로 번역한 '감정적 전염 Emotional Contagion'이란 용어를 책 제목으로 삼은 이후로 더 자주 사용되고 있다.

이 말은 무슨 뜻일까? 심리학자들은 한 사람의 감정이 다른 사람에게 전해지는 길은 여러 가지가 있다고 생각하는데, 무엇보다 그 전달과정이 얼마나 직접적이고 결정적인가에 따라 가능성에서 차이가 난다. 햇필드는 어린아이들을 대상으로 이 문제를 조사했다. 태어난 지 몇 시간 되지 않은 젖먹이도 상대의 얼굴표정을 흉내 낸다. '미소를 지어 보이면 아기도 따라서 미소를 짓는다'는 것이다.

햇필드에 따르면 이 같은 감정의 전염은 다른 연령대에게서도 다른 형태로 존재한다. 상대의 미소를 본 사람은 대개 덩달아 미소를 보낸다. 표정만 흉내 내는 것이 아니라 기분도 변하면서 밝아진다. 이와 달리 누군가 내게 화난 표정을 지으면 내 표정도 덩달아 어두워지면서 언짢아진다. 이런 감정의 전염은 종종 자신도 모르게 무의식적으로 일어난다. 자기 생각을 불어넣어 상대와 서로 통하게 되는 감정이입과는 정반대라 할 수 있다. 뇌과학자들은 심지어 원숭이에 대한 연구를 토대로 이른바 머릿속의 거울뉴런을 매개로 이런 기능이 일어날 수 있음을 보여주었다. 하지만 이런 주장에 논란이 없는 것은 아니다.

과학자들은 운동장이나 음악회에 모인 사람들이 갖는 군중심리에서도 감정 전염이 가능하다는 것을 알고 있다. 온갖 감정이 군중 속으로 퍼져나갈 수 있다는 말이다. 매혹적인 콘서트나 짜릿한 축구경기는 연대감의 원인이 될 수 있는 반면, 다른 측면에서 가령 화재가 나거나 흥분해서 자제력을 잃을 때는 집단 공포심이 발생하기도 한다.

또 개개인이 감정 전염을 당할 사람들과 직접 접촉하지 않는 증시에서도 공공연하게 감정이 전염되는 순간이 있다. 물론 주식 중개인들이 증권거래소에서 함께 서서 제스처로 신호를 보내던 과거에는 공포심이 직접 전파될 수도 있었다. 요즘은 좀 더 우회적인 경로로, 즉 미디어를 통해서 또는 투자자와 얘기를 나누며 함께 정서적으로 휩쓸리는 동료와 친구들을 매개로 이런 일이 일어난다.

로버트 쉴러 Robert Shiller 와 조지 애커로프 George Akerlof 는 2009년에 발표한 저서 《동물적 감각》에서 이런 현상을 설명했다. 두 사람은 경제학자 존 메이너드 케인스 John Maynard Keynes 가 1936년에 발표했으나 별 주목을 받지 못했던 명제에 관심을 기울였다. 케인즈는 이른바 합리적인 '호모 에코노미쿠스 Homo economicus', 즉 냉정한 계산이 뒷받침된 이성적 인간만 경제 사건을 일으키는 것이 아니라고 강조했다. 이 밖에 내면 깊이 자리 잡고 있는 본능도 중요한 역할을 한다는 것이다. 본능은 얼마간 쾌감과 침울 사이에서 갑자기 기분이 뒤바뀌도록 할 수 있다. 결국 증시에서 문제는 미래에 대한 평가다. 그리고 때로 충분한 정보 없이 점치듯 판단하는 경우도 있다. 이성적 판단이 미치지 못하는 경우, 비관적인 시기에는 불안이, 낙관적인 시기에는 쾌감이 번져 나간다. 그러면 본능적으로 결정을 내리거나 그저 단순하게 다른 사람들을 따라간다. 이런 점에서 사람들은 동물의 무리와 비슷하게 행동한다. 이때 이른바 비대칭적인 정보, 즉 균등하지 못한 정보가 중요한 역할을 한다. 사람들이 어떤 주식에서 일제히 발 빼는 것을 본 개인투자자는 이들이 자신보다 더 우수한 정보를 갖고 있다고 판단해 그들을 따라 하는 것이 현명하다고 결론을 내린다. 그리고 덩달아 주식을 재빨리 매도한다.

이뿐만 아니라 때로 예측은 누구나 그 예측을 믿기 때문에 발생하는 경우도 있다. 투자자들이 공포에 휩싸여 어떤 판단도 할 수 없어서 최대한 빨리 팔아치울 때는 누구도 이 흐름에 뒤처지고 싶어 하지 않는다. 최후에 남은 사람에게는 아무런 선택의 여지도 없을 것이라고 생각해서다. '개는 맨 마지막 사람을 문다'는 말처럼, 결국 끝에 남은 사람만 불이익을 당한다는 판단이다. 이 때문에 어쩌면 매도 시기가 아닐지도 모른다고 생각한 사람도 모두가 팔려 하는 그 분위기에 휩쓸리게 마련이다.

비슷한 현상으로 가장 파괴적인 전염 형태는 고객들이 은행으로 몰려드는 뱅크 런이다. 고객들은 빨리 예금을 인출하지 않으면 돈을 날릴지도 모른다고 생각해 은행창구로 몰려든다. 설사 그럴 만한 이유가 없을지라도 모든 고객이 예금을 인출하려고 덤비면 살아남을 은행이 없다. 은행이 곧 지불능력을 상실할 것이라는 소문은 망상에 사로잡힌 사람들의 입을 거쳐 저절로 확산된다. 그 소식에 장사진을 친 이들의 꽁무니에 설 생각이 없는 고객들은 누구나 공포에 사로잡혀 전전긍긍한다.

금융위기에는 전염의 위험이 막강한 역할을 한다. 낙관적 분위기의 전염은 금융거품으로 이어지고 불안의 전염은 이 거품을 끄는 기능을 한다.

유로화의 위기 때 끊임없이 되풀이해서 제기된 의문은, '유로 사용지역의 한 국가가, 이를 테면 그리스가 파산하면 무슨 일이 일어날 것인가? 스페인이나 이탈리아 같은 나라에도 전염될까?

복잡하게 뒤얽힌 이들 국가의 다양한 금융상황은 이쪽으로 치달을 것인가?'와 같은 것들이었다. 이들 국가에서 일종의 쏠림현상 같은 것이 발생할 수 있다는 징후가 보였던 것이다. 예컨대 그리스 국채 보유자가 많은 돈을 날릴 것을 스페인 국채 보유자가 알게 된다면, 그리고 자신에게도 똑같은 일이 발생할지 몰라 두려워지면, 보유한 국채를 재빨리 매각할 충분한 동기가 될 수 있을 것이다. 그러면 스페인 국채 보유자들은 은행창구로 몰려드는 고객과 다를 바 없는 상황에 놓이게 된다. 상황을 얼마나 심각하게 판단했든, 어떤 경우에도 대열의 꽁무니에 설 생각은 없을 것이다. 이런 상황에서 재난에 대한 불안은 전염 과정을 거쳐 재난 자체를 만들어낼 수 있다.

전염효과

함정 | 사람은 다른 사람들의 감정에 전염된다. 증시 분위기가 낙관적일 때 개인투자자의 기분도 낙관적으로 변한다. 증시에 불안이 확산되면 투자자도 불안해진다. 이런 행동에 타당한 근거가 있고 없고는 상관없다.

위험성 | 개인투자자의 위험은 잘못된 시점에 주식을 매도하거나 매수하는 흐름에 휩쓸린다는 것이다. 전체 경제로 볼 때는 한층 더 위험하다. 많은 사람들이 낙관적인 분위기에 전염되면 가격이나 시세에 거품이 형성되기 때문이다. 반대로 사람들이 불안에 휩싸이면 폭락사태가 빚어질 수도 있다.

해결책 | 기본적으로 그때그때의 태도에 근거가 있는지를 침착하고 냉정하게 검증하는 것이 도움이 된다. 하지만 분위기의 변화에서 자유롭기란 언제나 쉬운 일은 아니다.

－크리스티안 지덴비델

04

자기중심적
사고가 저지른
오류

누구나 자신을
평균 이상이라고 생각한다

"나는 이상해요. 할 수 있는 게 많아요. 생각해보면 못하는 것이 없거든요." 이것은 아스트리드 린드그렌Astrid Lindgren의 동화에 나오는 꼬마 로타가 하는 말이다. 자신에 대한 과대평가를 보여주는 또 다른 예는 이스라엘 출신의 미국 행동경제학자인 대니얼 카너먼이 잘 보여준다. 노벨상 수상자 카너먼은 《빠른 사고와 느린 사고》에서, 이스라엘에서 군복무를 할 때 심리평가부서에서 했던 일을 들려준다. 카너먼은 병사들 중에서 장교 자격이 있고 전투에서도 능력을 발휘할 사관 후보 선발 임무를 맡았다.

카너먼은 이때 무엇보다 다음과 같은 훈련방식을 활용했다. 그는 군대 내의 다양한 계급에 대해 전혀 모르고 아무 정보도 없는 병사 8명을 골라 계급이 없는 집단을 편성했다. 이 병사들에게 나무줄기를 담 쪽으로 끌고 가 담장 위로 나무줄기를 넘기되 담에 닿지 않게 하라는 임무를 주었다.

카너먼의 생각은 이와 같이 복잡한 행동을 하는 과정에서 자연

스럽게 지휘자의 자질이 드러나리라는 것이었다. 그는 이런 방식으로 장교생활에 적응할 수 있는 후보를 찾을 수 있다고 생각했다. 카너먼과 동료들이 주시하는 가운데 병사들은 지시에 따라 이 과제 외에 다른 훈련까지 마쳤다. 마지막에 심리평가단원들은 명백하고 단호한 평가를 내렸다. 카너먼에 따르면 심리평가단은 '임무 완수 실패', '장군 자격이 있음', '평범한 능력을 지녔지만 자질 있음' 하는 식으로 이들의 능력을 판단했다.

하지만 카너먼과 동료들이 내린 판단은 전적으로 잘못되었는데, 이 같은 사실은 뒤에 사관학교 지도부와 나눈 대화에서 드러났다. 부정적 평가를 받은 병사는 뛰어난 자질이 있는 것으로 판명되었고, 장군이 되리라던 병사는 평범했거나 적응에 실패했기 때문이다. 당시를 회고하며 카너먼은 자신이 선발할 때 사용한 평가방식은 무작위로 사관 후보를 선발한 것보다 별로 나을 게 없었다고 기술했다.

만일 카너먼이 자기 판단이 현실과 다르다고 생각했다면 당혹스러워 했을 것이다. 하지만 카너먼은 자신의 평가방식을 설명하면서 물러서지 않았다. 오히려 그는 동요하지 않고 이 훈련을 옹호하면서 계속 분명하고 단호한 판단을 내릴 수 있다고 주장했다. 지휘자의 자질을 갖춘 후보를 예측하는 이 방식이 별로 효과적이지 않다는 것이 공공연히 드러나긴 했지만 이 서툰 생각이 병사들에게 부여된 훈련에 영향을 준 것은 아니었다. 어쨌든 이 때문에 판단력에 대한 카너먼의 자신감이 흔들리지는 않았다. 따라서 그는 후보 선발에 관한 자신의 능력을 과대평가했을 뿐만 아니라 자기 행동이 가져온 부정적 반응을 인정한다거나 방식을 바꾸기를 거부했다.

이런 자신감과 타성은 어디에서 비롯되는 것일까? 판단력에 대한 자신감은 근본적으로 현실을 토대로 다양한 평가의 측면을 고려하고 꼼꼼히 자기를 평가하는 과정에서 나온 것이 아니다. 또한 이런 과정이 꼭 바람직하다고도 할 수 없는 것이, 자신의 가능성을 현실적으로 평가하는 사람은 쉽게 낙담하고 우울해지기 때문이다.

낙관주의와 자신감은 사람을 움직이게 하는 원동력이다. 그렇다면 자신감은 어떻게 생기는가? 자신감은 자신의 말이 맞을 때 생긴다. 다시 말해, 카너먼처럼 자기 말을 쉽게 설명할 수 있고 두드러진 반발이 없을 때가 그러하다. 나무줄기를 담장 너머로 넘기는 복잡한 훈련에서 몇몇 병사가 자발적으로 중심 역할을 한다면 이들이 군사적인 대치상황이나 아니면 적어도 사관학교에서 능력을 발휘할 것이라는 생각은 자연스럽게 할 수 있다.

일정 상황에서 지휘자 자질을 입증해보인 사람이라면, 언제 어디서든 같은 능력을 발휘할 것이라고 예상할 수 있지 않을까? 하지만 현실은 인간의 머리로 판단하기 어려울 만큼, 그보다 훨씬 더 복잡하다. 인간은 세상을 실제보다 훨씬 정돈된 것으로 생각한다.

스스로 긍정적 성격과 능력을 갖췄다고 생각하는 사람은 대개 평균 이상의 지위를 차지한다는 것을 많은 실험 결과가 보여준다. 사람들은 대부분 자신이 평균 이상의 능력을 갖춘 운전자나 경영자, 투자자, 기업가라고 생각한다. 또 대학교수의 94퍼센트는 평균 이상의 능력을 가졌다고 확신한다. 자신의 능력을 신뢰하면 결과를 평가하는 방법도 다양해진다. 결과가 좋으면 자신이 능력 있어서라고 생각한다. 결과가 좋지 않으면 운이 나쁜 것으로 치부한다. 알다시피 이런 생각은 통제가 안 된다.

하지만 자신에 대한 과대평가가 그렇게 만연돼 있는 까닭은 무엇 때문일까? 최근의 연구를 보면 유난히 자신감이 넘치는 사람은 사회적으로 높은 지위에 오를 가능성이 더 많다는 것을 알 수 있다. 이런 사람은 자기선전을 잘하고 동시에 다른 사람보다 출세욕도 강하다. 자부심 강한 성격은 다른 사람보다 능력이 떨어지더라도 사회적인 명성을 얻는다. 또 존경받으면서 명성을 누리고 영향력을 행사한다. 간단히 말해 자신감은 지나쳐서는 안 되지만 그만한 가치가 있는 법이다.

때로 과대평가는 무엇보다 남성적 특징에 해당한다는 편견이 있다. 이런 사실은 캘리포니아에서 실시한 조사에서 뒷받침된다. 테런스 오딘과 브래드 바버Brad Barber는 증시에 뛰어든 개인투자자들의 태도를 조사했다. 여기서 조사팀은 시장에서 능력을 발휘할 수 있다는 확신 때문에 남성은 주식을 팔고 사는 빈도가 미혼 여성을 대상으로 한 비교집단에 비해 1.7배나 높다는 것을 밝혀냈다. 남성들의 성급한 행동 결과는 기대에 어긋나는 것이었다. 여성이 남성보다 증시에서 거둔 이익이 더 많았다.

또 다른 연구에 따르면 남성은 여성에 비해 개인 경쟁력에 대해 낙관적이라는 것이 드러났다. 연구 결과에 따르면 남성과 달리 여성은 경쟁상황에서 자신이 속한 팀의 성공을 예측할 때 지나치게 낙관적이었다. 이런 결과는 여성이 유난히 스스로 집단 적응력이 높다고 생각한다는 또 다른 연구와도 일치하는 것이다.

이 분야에 관한 연구는 아직도 진행 중이다.

자기 과대평가

오류 | 사람들은 대개 실제 이상으로 자신을 과신한다. 자기 능력을 과대평가하는 것이다.

결과 | 자기 과대평가는 기본적으로 오판을 낳는다. 예컨대 개인투자자들은 전체 투자자보다 더 영리하다고 착각한다. 그 결과 잘못된 증권을 매수하는 일이 빈번하고 매수와 매도 시점도 너무 이르거나 너무 늦을 때가 많다. 회사 간부진 또한 자신만만하고 공명심 있는 직원에게 휘둘려 성급한 결정을 내려 일을 그르치기도 한다.

해결책 | 자기 비판적인 시각을 유지해야 한다. 자기평가를 일단 의문시하고 다른 직원의 평가와 서로 대조하고 검토해야 한다.

-비난트 폰 페터스도르프

우리는 자신이 얼마나
어리석은지 전혀 모른다

　　　　　　열심히 자기 생각을 쏟아내지만 그 말이 얼마나 무의미하게 들리는지 전혀 모르는 사람들을, 누구나 적어도 몇 명쯤은 알고 있을 것이다. 그저 남의 일이라고 웃어넘길 일이 아닌 것이, 이런 사고의 오류는 생각 이상으로 널리 퍼져 있기 때문이다.

　미국이 이라크 침공을 준비하고 이라크가 얼마나 위험한 국가인지를 놓고 세계가 법석을 떨던 때를 돌이켜보자. 당시 미 국방장관이던 도널드 럼스펠드는 기자회견 중에 인상적인 언급을 했다. 인식에 관해서 '우리가 안다는 것을 아는 것'과 '우리가 모른다는 것을 아는 것' 그리고 '우리가 모른다는 것을 모르는 것' 등의 세 가지로 분류할 수 있다는 것이다.

　당시 많은 사람들은 럼스펠드와 그의 말을 비웃었다. 물론 이라크에 대한 럼스펠드의 판단은 매우 잘못된 것이었지만 지식과 무지에 대한 그의 이 같은 구분은 너무도 올바른 지적이었다. 이 말을 비웃는 동안 사람들은 자신이 사회 곳곳에 널리 퍼진 사고의 오류에 빠져 있다는 생각은 전혀 하지 못했다.

당시는 사고의 오류에 대해 학술적인 연구가 이루어지지 않던 시절이었다. 물론 공자나 셰익스피어를 연구하던 교수와 철학자들 사이에서는 인간이 자신의 어리석음을 보지 못한다는 것을 지적한 이들이 많았다. 하지만 '사고의 오류'라는 용어가 등장한 것은 1999년 미국 코넬 대학 교수인 저스틴 크루거Justin Kruger와 데이비드 더닝David Dunning, 이 두 심리학자가 포괄적인 연구를 하면서부터였다. 연구주제를 간단히 말하면 '사람들은 자신이 아무 것도 모른다는 사실을 모른다'는 것으로, 여기서 '더닝-크루거 효과'라는 말이 생겼다. 두 사람은 연구 과정에서 학생들을 대상으로 다양한 실험을 했는데, 이 중에는 예를 들어 유머감각이나 문법지식, 논리적 사고력에 관한 것들이 있었다. 이런 분야에서 자신의 능력을 스스로 얼마나 높게 평가하는지를 물었다. 학생들의 대답을 보면 자기평가와 실제 능력 사이에는 아무런 관계가 없음이 드러났다. 이뿐만이 아니었다. 최하위 성적을 받은 학생들은 유난히 자신을 과대평가했다.

더닝과 크루거는 수많은 다른 심리학 연구에서도 비슷한 사례를 발견했다. 물리학을 처음 공부하는 학생은 물리학이 얼마나 어려운지 잘 모른다. 테니스 초보자는 어떤 스트로크가 얼마의 성공률을 갖는지 모른다. 미숙한 독자는 자신이 읽고 있는 책의 내용을 제대로 이해하지 못한다는 사실을 깨닫지 못한다.

두 사람은 이런 인식의 공로로 2000년에 이그 노벨상Ig Nobel Prize(노벨상을 패러디하여 만들어진 상— 옮긴이)을 수상했다. '사람들에게 웃음을 안겨주면서 동시에 생각에 잠기게 만드는 믿을 수 없는 연구를 했다는 것이 수상 이유였다. 더닝과 크루거는 실험에 그치지 않고 이런 현상을 명확히 설명했기 때문이다.

외국어를 예로 들면 이해가 쉽다. 프랑스어로 된 논문을 교정할 수 있는 사람은 프랑스어에 능숙한 사람뿐이다. 프랑스어를 제대로 이해하지 못하는 사람은 오류를 수정할 능력이 없기 때문이다. 이런 이치는 다른 분야에서도 다를 것이 없다. 업적을 올바로 평가하려면 해당 분야의 기초와 평가 조건을 잘 알아야 한다. 두 사람은 논리적 사고에 대한 테스트로 이런 문제를 구체적으로 입증해 보였다. 앞에서 언급한 최하위 성적의 학생들에게 속성과정을 이수할 기회를 주자 학생들은 자신의 잘못을 재빨리 깨달았다.

더닝-크루거 효과는 이 책의 마지막에서 다룰 자기 과대평가의 경향과 관계있다. 이 효과는 여러 분야에서 작용하지만 그 양상은 꽤나 복잡하다.

특히 이 효과는 누구나 학교에서 겪는 경험으로 설명된다. 시험을 치르고 나면 학생들은 시험이 끝난 것을 기뻐한다. 다만 한두 명은 생각과 달리 유난히 많이 틀린 것에 화를 낸다. 그리고 바로 이렇게 짜증을 내는 학생들이 최하위 성적을 받는다.

더닝과 크루거는 또 다른 연구를 통해서도 이런 유형의 사람들이 있음을 알았다. 거듭 드러난 사실은 자신을 과소평가하는 학생들이 최고 성적을 받았다는 것이다. 이 학생들은 자신이 무엇을 틀렸는지는 알았지만 다른 학생들이 얼마나 틀렸는지는 몰랐다. 이 같은 상황에서 다른 학생들과 비교하며 자신을 과소평가했던 것이다.

성적이 우수한 학생들은 성적이 안 좋은 학생들의 결과를 반복해서 보는 동안 그들이 무엇을 틀렸는지 보며 차츰 자신감을 찾게 된다. 하지만 지식이 부족한 학생들은 자신의 열등한 실력을 전혀 몰랐고 우수한 학생들의 결과를 보면서도 자신의 잘못을 깨닫지 못했다. 결론은, 모르는 사람은 깨닫지도 못한다는 것이다.

공부에서 좀 더 분발해야 한다는 사실을 제대로 깨닫지 못하는 학생들의 문제는 많은 일반인에게도 똑같이 해당된다. 응급처치와 소생술 분야에서 자기 능력을 과대평가하는 간호사도 마찬가지다. 직접 실험을 거치지는 않았지만 아마 새로 텔레비전을 들여놓는다든가 좀 더 좋은 자동차, 더 넓은 주택을 구입할 때, 무엇이 내게 적합한지를 결정하는 상황에서 우리도 자신을 과대평가할 가능성은 얼마든지 있다.

그러면 어떻게 해야 하는가? 스스로가 자신의 판단을 그다지 믿을 수 없을 때 유용한 것은 오로지 한 가지, 자신을 돌아보며 성실한 피드백을 하는 것뿐이다. 문제 분야에서 다른 사람이 나보다 더 지식이 많을 때 스스로의 능력을 더 정확히 평가할 수 있기 때문이다.

고대 철학자가 말한, 아마 인류 역사에서 가장 지혜롭다고 할 유명한 문장을 늘 가슴에 새길 필요가 있다. 바로 소크라테스의 '나는 내가 아무것도 모른다는 것을 안다'라는 말이다.

'나는 내가 아무것도 모른다는 것을 안다'의 효과

오류 | 필요한 지식과 능력이 부족한 한 인간은 많은 분야에서 자신의 능력을 올바로 평가하지 못한다. 특히 지식이 부족한 사람이 자신을 과대평가하는 경향이 있다.

결과 | 사람은 어리석은 말을 하면서도 그것을 깨닫지 못한다. 모르는 사람이 자신을 과대평가하게 마련이다.

해결책 | 다른 사람들을 보며 성실한 피드백을 하라.

－파트릭 베르나우

나는 내가 자제력이
있는 줄 알았다

파티나 각종 모임에 가보면 "맛있게 드세요"라는 말을 할 때가 절정을 이룬다. 그러면서 뷔페식 식사가 이어진다. 벌겋게 상기된 얼굴로 고기를 써는 요리사의 모자 밑으로는 구슬땀이 맺히기 시작한다. 식사시간이 되면 상류사회의 세련된 사람들도 충동을 억제하기가 꽤나 어렵다는 것이 드러나기 때문이다. 서로 모르거나 겨우 안면만 있는 사람들이 갖가지 음식으로 몰려들어 남의 눈을 아랑곳하지 않는 태도를 보이거나 예의에 어긋나게 행동할 때면 종종 눈살이 찌푸려진다.

뷔페식 식사에서 정작 이상한 것은 초대받은 손님 중 나중에 정말 맛난 요리를 먹었다고 말하는 사람은 거의 없다는 것이다. 사실 뷔페식 식사에서 사람들은 일단 먹을 수 있는 것 이상으로 접시에 음식을 많이 담는다. 혼합하기 좋아하는 영국식 조리법이 무색할 만큼 이것저것 뒤섞게 마련이다. 생선에 고기, 감자 샐러드에 마카로니 하는 식이다. 먼저 가볍게 수프를 먹고 차례로 샐러드와 생선을 먹은 다음 소르베^{Sorbet}(반쯤 얼린 과일주스로 만든 청량

음료— 옮긴이) 한 잔이라면 위에 전혀 부담이 없을 것이다. 소화를 위해 비터스bitters(쓴맛을 내기 위해 약초와 향료를 배합한 술— 옮긴이)를 따로 마실 필요도 없을 것이다.

왜 사람은 충동을 억제하는 것이 그렇게 힘들까? 배고픔이나 성적 자극 또는 담배 한 대 피우고 싶은 욕구처럼 감정에 토대를 둔 행동의 통제가 어려운 것을 우리는 누구나 알고 있다. 이렇게 억제하기 어려운 자극에 대한 반사적 반응이 우리의 장기적 목표를 손상하지만 않는다면 그렇게 나쁠 것도 없다. 탐식이 체중을 줄이려는 목표를, 하룻밤의 외도가 평화로운 가정을 가꾼다는 목표를, 7잔째 마시는 맥주가 간을 해치지만 않는다면 나쁜 일도 아니라는 말이다. 충동의 억제가 없었다면 문명의 발상은 생각할 수 없었을 것이라는 프로이트의 말을 굳이 인용하지 않더라도 절제가 필요하다는 데에는 충분한 이유가 있다.

사실 누구나 자신의 절제력을 잘 알고 있다고 생각한다. 그리고 대개 자기 능력을 과대평가한다. 자신의 지식을 과대평가하고 자신의 자제심을 과대평가하는 사람이 많다. 바로 이런 사람들이 유혹에 노출되는 경향이 강하다. 자기가 유혹을 잘 견딘다고 생각하기 때문인데, 하지만 전혀 그렇지 않다.

미국 일리노이 주, 켈로그 경영대학원의 로란 노드그렌Loran Nordgren 연구팀이 네 차례에 걸쳐 실시한 실험 결과를 보면 사람들은 충동억제에 대한 자기 능력을 과대평가하는 경향이 있다. 이렇게 선입견에 사로잡힌 자기평가에는 그에 걸맞은 결과가 따르게 마련이어서, 자제력을 지나치게 낙관한 사람은 평균 이상으로 유혹에 노출되고 평균 이상으로 그 유혹에 넘어가는 모습을 보인다. 충동에 대한 자제력과 연관된 자의식을 보면 유혹에 넘어갈 가능성이 얼마나 되는지 판단할 수 있다.

이 연구팀의 첫 번째 실험에서는 실험에 참가한 학생들에게 기력이 떨어졌을 경우 그러한 상태가 주간계획을 세우는 데 얼마나 영향을 주는지를 질문했다. 연구팀은 학생들이 자신의 피로 회복 능력을 과대평가해 지나치게 의욕적인 주간계획을 세울 것이라고 예상했다. 뿐만 아니라 설문조사 시점에 피로를 느끼지 않는 학생은 유난히 비현실적인 계획을 세울 것이라고 예상하기도 했다. 실험 결과 연구팀의 판단이 옳았다는 것이 드러났다.

이 실험에서는 심리학에서 흔히 말하는 '감정의 간극'과 관련된 태도가 드러났다. 냉정–권태 단계에서 인간은 자신에 대한 감정이입 능력이 부족하다는 것이다. 이 단계에서 자신의 충동에 담긴 무게와 힘을 과소평가한다.

이 같은 사실은 학생들에게 카페에서 여러 가지 초콜릿 중에 하나를 고르게 하는 두 번째 실험에서 두드러지게 나타났다. 실험 조건은 일주일 후 초콜릿을 먹지 않은 채(포장지만이 아니라 알맹이까지) 다시 가져와야 한다는 것이었다. 이 실험을 통과한 학생은 해당 초콜릿과 함께 4달러를 받아갔다. 카페에서 음식을 잔뜩 먹은 학생들은 배고픔을 억제할 수 있을 것으로 확신했다. 이에 반해 먹지 않아 배가 고픈 학생들은 자기 자제력에 별로 낙관적이지 못했다. 흥미로운 것은 실험 참가자가 고른 초콜릿의 종류였다. 배고픈 학생들, 즉 비관적 생각을 한 사람은 평소에 좋아한 초콜릿을 고르지 않는 방법으로 먹고 싶은 충동을 약화시켰다. 그 결과 일주일 후 고스란히 초콜릿을 다시 가져온 사람 중에는 배고팠던 학생들이 더 많았다. 담배를 많이 피우는 사람들을 대상으로 한 실험 결과도 똑같았다. 담배의 유혹을 견딜 수 있다고 자신한 흡연자들이 유혹에 굴복하고 만 경우가 더 많았다. 이들은 유혹받는 상황에 유난히 자주 노출되었기 때문이다.

이런 실험 결과는 무엇을 말해주는가? 중독증 연구에서 흔히 제기되는 물음은 왜 사람들은 나쁜 줄 알면서 알코올이나 코카인 같은 흥분제에 손을 대기 시작하는가 하는 것이다. 자제력을 과대평가하기 때문인지도 모른다. 중독 증상을 이겨낼 만큼 자신이 강하다고 믿는 것이다. 오랫동안 중독에 빠진 사람도 같은 생각을 한다.

과학적으로 검증되지 않은 가정, 이를테면 긍정적인 사고가 힘을 준다는 가정도 의심스럽기는 마찬가지다. 긍정적으로 생각하는 사람이 언제나 긍정적인 결과를 얻는 것은 결코 아니다. 행동 트레이너의 훈련을 예로 들면 현실적으로 망설이며 비관적으로 생각하는 사람이 과정을 끝까지 마치는 경우가 더 많다는 것이다.

그러면 어떤 것이 올바른 생각인가? 오디세이의 꾀를 빌릴 수 있을 것이다. 그리스 신화에 나오는 오디세이는 뱃사람을 유혹하는 사이렌 요정들이 사는 섬을 지나갈 때 선원들에게 자기 몸을 돛대에 묶고 귀를 막으라고 지시했다. 그러면서 아무리 풀어달라고 소리치고 애원해도 배가 사이렌 섬을 빠져나올 때까지 돌아보지도 말라고 했다. 이런 명령은 현실적인 자기평가를 토대로 한 것이었다.

이 얘기를 현대의 보통사람들에게 적용하자면, 예를 들어 소비의 유혹을 피하고 싶은 사람은 쇼핑센터를 지나가지 않으면 된다. 술을 피하고 싶은 사람은 어떤 술이든 사지 않는 것이다.

무엇이든 자제할 수 있다?

오류 | 사람들은 배고픔이나 흡연의 욕구, 섹스에 대한 자제력을 과대평가한다. 바로 자기 능력을 과신하는 사람일수록 자주 유혹 상황에 노출되게 마련이다. 그리고 그만큼 유혹에 넘어가는 일이 많다.

위험성 | 자극적인 행동은 장기적인 목표와 갈등을 빚는다. 하룻밤의 바람은 부부 관계를, 탐식은 다이어트 계획을 망친다.

해결책 | 오디세이 전략은 간단하면서도 성공률이 높다. 사이렌 요정의 유혹을 피하기 위해 자기 몸을 묶어버리는 식이다. 쇼핑을 하고 싶지 않다면 쇼핑센터를 피해 돌아가면 된다.

−비난트 폰 페터스도르프

성공이 방심을
부른다

'상황을 주도한다'는 감각이 얼마나 믿을 수 없고 치명적인 결과를 낳는지는 2012년 10월 독일 축구국가대표팀이 스웨덴 대표팀을 상대로 벌인 경기에서 나온, 관중의 눈을 휘둥그렇게 만든 결과가 잘 보여준다.

경기 시작 56분이 지난 시점, 독일 대표팀이 스웨덴에게 압승을 거두리라는 것을 의심하는 사람은 아무도 없었다. 하지만 경기를 3분의 1쯤 남겨두었을 때 4대 0의 스코어는 예상치 못한 방향으로 흘러갔다. 독일팀이 범한 파울 하나가 스웨덴에게 놀라운 반격의 기회를 제공한 것이다. 이때부터 믿을 수 없는 반전의 드라마가 시작되었다. 빠른 공수전환, 치밀한 작전, 월등한 기술로 '쩔쩔매는 한 수 아래의 상대'를 압도하던 독일팀은 차츰 무너지기 시작했다. 뒤집을 수 없을 것 같던 4골의 점수 차는 거듭되는 실책과 '집단적 마비'에 걸린 듯한 무기력한 경기 내용으로 힘을 잃었다. 결국 스웨덴도 4골을 성공시키며 경기는 무승부로 끝나고 말았다.

독일팀은 계속 슈팅을 했지만 골대를 맞히거나 옆으로 비켜간 반면, 스웨덴팀이 쏜 네 차례의 슈팅은 모두 득점으로 연결되었다. 확실하게 경기를 주도하고 있다는 믿음은 환상이었음이 드러났다.

이 같은 심리 반응을 학술 용어로는 '통제력 환상'이라 부른다. 이 개념은 스포츠 분야에만 국한된 것이 아니라 거의 삶의 전반에 걸쳐 나타나고 있으며 자본 투자에서도 예외가 없다. 통제력 환상이란 흔히 객관적으로 영향을 줄 수 없는 것을 통제할 수 있다고 생각하는 확신을 가리키는 말이다. 사고의 오류라는 개념을 처음 선보인 하버드대의 엘렌 랭어 Ellen Langer의 획기적인 논문이 보여주듯, 통제력 환상은 복권의 경우 매우 해로운 작용을 한다. 복권의 숫자는 어느 것이든 똑같은 가능성이 있다고 봐야 한다. 그런데도 시간과 노력을 들여 자신이 숫자를 고르면 당첨 가능성이 높아진다고 믿는 사람이 많다. 그리고 직접 고를수록 자기 통제력을 더 믿는다. 선택이 아무런 의미가 없는데도 굳이 선택하는 것이다.

왜 사고의 오류가 생길까? 일부 심리학자는, 스스로 상황을 통제할 수 있다고 믿는 사람은 더 의욕적이고 더 오랫동안 일에 매달린다고 말한다. 아이섹 아젠 Icek Ajzen 같은 사람은 한 발 더 나아가 통제력 환상이 없는 사람은 여러 상황에서 처음부터 시도를 포기하며 아무것도 하지 않는다고 생각한다. 또 일부 심리학자는 이 현상을 근본적으로 불안한 환경에서 안정과 올바른 방향을 찾는 인간의 욕구라고 설명한다. 통제력 환상은 불안을 몰아내고 스스로 마음의 안정을 찾는 데 도움을 준다는 것이다.

동시에 통제력 환상이 인간의 태도에 불리한 영향을 미치는 증거를 찾는 연구도 있다. 우리가 의존하는 정보의 선택을 통제력 환상이 왜곡한다고 보기 때문이다. 자신에게 거의 영향력이 없음을 보여주는 정보를 우리는 은연중에 무시한다. 이 때문에 매우 리스크가 높은 상황에 놓일 수 있다.

특히 금융시장에서 활동하는 사람들이 이 현상에 취약한 것으로 보인다. 2003년과 2004년에 마크 펜톤-오크리비Mark Fenton-O'Creavy와 나이젤 니콜슨Nigel Nicholson, 엠마 소언Emma Soane, 폴 윌먼Paul Willman 등, 영국의 연구팀은 투자은행에 대한 실험을 실시했다. 이 실험에서 런던의 4대 투자은행에서 일하는 주식중개인들은 자신이 컴퓨터 작업으로 주가지수에 영향을 줄 수 있다고 믿는 것으로 드러났다. 하지만 실제로 주가지수는 중개인들의 활동과는 전혀 무관한 것으로 밝혀졌다.

그런데도 일부 중개인들은 자신이 주가지수를 별 무리 없이 통제했다고 말한다. 이 실험에서도 통제력 환상의 위험한 결과가 다시 드러난 것이다. 이들은 자신의 결정에 긍정적인 결과가 나온 과거의 예를 거론하는가 하면 이와 달리 부정적인 결과에 대해서는 일시적인 예외현상으로 치부하거나 갑작스런 외부 영향으로 적시에 올바로 대처하지 못했기 때문이라고 둘러댔다. 연구팀은 또 유난히 통제력 환상이 강한 중개인들은 리스크 분석과 통제력에서 상사에게 훨씬 더 낮은 평가를 받았다는 사실을 확인했다. 뿐만 아니라 이들은 자신의 영향력을 현실적으로 평가한 동료에 비해 고객에 대한 이익기여도가 훨씬 낮았다. 이것은 또 낮은 급여로 반영되어 나타났다.

개인투자자 역시 통제력 환상에 관한 한 전문 중개인들과 다를 것이 없다. 개인투자자도 실제 이상으로 스스로를 영리하고 노련하다고 생각하는 경향이 있다. 또 다른 사람보다 주식 시세를 잘 예측해 더 나은 결과를 가져올 수 있다고 믿는다. 하지만 능력이 특출하거나 운이 좋은 극소수의 투자자를 제외하면 실제로 이런 생각이 들어맞는 경우는 없다.

통제력 환상은 경고신호를 무시함으로써 뭔가 잘못되어 간다는 사실을 너무 뒤늦게 깨닫는 결과로 이어질 수도 있다. 그러므로 고착화된 투자전략을 바꾸는 것이 좋을 때가 많다. 앞에서 말한 독일축구팀도 스웨덴과의 경기에서 작전을 바꿨다면 도움이 되었을지도 모른다.

통제력 환상

함정 | 사람들은 앞으로의 일을 예측할 수 있다고 믿으며, 과거에 같은 분야에서 거둔 성공사례를 그 증거로 생각한다. 이 때문에 자기 나름대로 상황전개에 영향을 줄 수 있다고 생각하는 경향은 더 강해진다. 통제력 환상은 자기 과대평가와 섣부른 행동을 조장한다.

위험성 | 성공확률이 있는 종목과 그렇지 못한 종목을 구분할 수 있다고 믿는 투자자는 소수의 증권으로 선택 반경을 제한하며 이에 따라 전체적으로 리스크를 줄일 수 있는 기회를 포기하는 경향이 있다. 경고신호를 무시하기도 하고 일단 뿌리박힌 투자전략을 너무 늦게 바꾸거나 전혀 바꾸지 않는다.

해결책 | 투자에서 과오를 저지르는 최대의 요인은 자기 자신에 대한 인식과 평가와 감정이다. 이런 심리적 함정을 경계하고 자신의 영향력에 한계가 있음을 인정해야 한다. 이런 생각이 확실한 성공을 보장해주지는 않지만 투자에서 결정적 과오를 막아주는 것은 분명하다.

−루츠 요하닝/막시밀리안 트로스바흐

불확실한 것에 대한
잘못된 두려움

인간은 익숙한 길로 다니는 것을 좋아한다. 현재 쓰는 치약이나 즐겨 마시는 커피, 맥주를 갑자기 바꿀 의향이 있는가? 사람들은 돈을 투자할 때도 대개 '써봐야 안다'는 원칙에 따라 행동한다. 주거래 은행도 갑자기 예금금리를 낮출 때만 바꾼다. 둘 중 하나를 고르는 상황에서 그중에 하나만 성공 가능성이 있다는 것을 알면 사람들은 어떤 선택을 할까. 이른바 엘스버그 실험이 이를 보여준다. 전문가들은 '엘스버그 역설'이라고 부른다. 미국의 경제학자인 하버드대의 대니얼 엘스버그^{Daniel Ellsberg}가 실시한 실험은 그때까지 공인돼오던 의사결정이론에 모순되는 결과를 보여주었기 때문이다.

1961년에 엘스버그는 다음과 같은 실험을 했다. 단지에 총 90개의 구슬이 들어 있다. 이 중 30개는 빨간색이고 나머지는 노란색과 파란색인데 그 비율은 모른다. 실험 참가자는 첫 번째 실험에서 두 가지 내기방식 중 하나를 선택해야 한다. A 방식에서는 참가자가 빨간색 구슬을 집으면 100달러의 상금을 받는다. B는 파란색 구슬을 집을 때 100달러를 받는다. 참여자들은 대부분 A를 선택했다.

두 번째 실험에서는 선택 조건을 바꿨다. C 방식은 빨간색 구슬이나 노란색 구슬을 집으면 100달러를 받고, D는 이와 달리 노란색 구슬이나 파란색 구슬을 집으면 100달러를 받는 식이었다. 첫 번째 실험의 선택을 유지하려면(리스크를 피하려면) C밖에 없기 때문에 참가자들이 한 번 경험한 빨간색 구슬과 노란색 구슬의 조합 쪽을 선택하리라는 예상이 가능하다. 하지만 이렇게 고른 사람은 많지 않았다. 대신 D를 선택한 것이다. 하지만 왜 이들은 처음에는 빨간색을 골랐으면서도 두 번째는 빨간색과 노란색의 조합보다 파란색과 노란색의 조합이 상금 가능성이 높다고 평가한 것일까?

조건을 좀 더 자세히 들여다보면 새로운 색깔이 등장함으로써 처음에는 중요하지 않았던 정보가 의미를 획득한 것이다. 파란색 구슬과 노란색 구슬이 단지에 몇 개나 들었는지는 여전히 알 수 없지만 아무튼 참여자들은 이것이 모두 60개라는 것은 알고 있었다.

이렇게 알려진 노란색 구슬과 파란색 구슬을 D에서 집을 확률은 A와 C에서 빨간색 구슬을 집을 확률보다 높다. 두 차례의 실험에서 참가자들은 처음의 3대 1과 두 번째의 3대 2라는 확률을 각각 선택했다. 똑같이 알려진 리스크를 선택한 것이다.

엘스버그는 이 현상을 리스크와 불확실성의 차이라는 말로 설명한다. 리스크의 경우 발생 확률은 알려져 있고 생각할 수 있는 모든 경우를 통계로 측정할 수 있다. 이와 달리 불확실성은 확률을 계산할 수 없다는 특징이 있다. 불확실성은 정보가 부족하거나 선택 조건이 매우 복잡해 전체를 파악할 수 없는 상황에서 나온다. 이런 조건에서 선택하는 사람들을 보면 확실히 불확실성을 기피한다. 그 결과 가능성을 계산할 수 없는 리스크보다 계산할 수 있는 리스크를 선호하게 된다.

이런 경향은 금융시장에서 투자를 결정할 때도 나타난다. 케네스 프렌치 Kenneth French와 제임스 포터바 James Poterba 두 사람은 1991년에 개인투자자와 기관투자자의 투자방식을 연구한 학술논문을 발표했다. 여기서 밝혀진 사실은 두 집단 모두 외국의 유가증권보다 자국 기업의 주식을 선호한다는 것이다. 이를테면 독일 투자자는 미국 주식보다 독일 주식을 좋아하고 반대로 미국 투자자는 독일 주식보다 미국 주식을 선호한다.

아마 투자자의 애국심도 분명 영향을 줄 것이다. 하지만 독일과 미국의 주식 중에 어느 것이 더 이익인지는 금융 원리로 볼 때 수익률과 리스크의 비율에 달린 것이다. 즉 투자자의 국적과는 무관하다는 말이다. 그런데도 세계 곳곳 어디에서든 자국의 유가증권에 투자하는 경향이 유난히 강하다.

본질적으로 세 가지 이유를 근거로 제시할 수 있다. 첫째 자국 통화권에 대한 투자와 달리 외국에 대한 투자에는 불안정한 환율시세의 가능성이 리스크로 추가된다. 둘째 외국 증권의 매수와 매도에는 보통 더 높은 수수료를 지불한다. 무엇보다 중요한 것은 세 번째 이유다. 외국 투자는 보통 익숙지 않기 때문에 투자자들은 리스크를 더 높게 매긴다. 혹시 NTT 도코모에 근무하는 사람을 알고 있는가? 아무튼 NTT 도코모는 일본 증시에서 아주 높은 평가를 받는 기업 중 하나다. 당신은 러시아 주식시장이 연초에 개장 이래 어떤 흐름을 타는지 알고 있는가?

따라서 자국에서 비교 가능한 기업과 시장에 접근하기가 훨씬 쉬운 법이다. 독일인은 따로 조사할 필요 없이 독일 시장에 접근할 수 있다. 확실한 토대를 기반으로 앞으로 전개될 경제동향을 판단하고 투자를 결정하려면 이렇게 낯익은 환경이 훨씬 쉬울 수밖에 없다.

하지만 투자 리스크라는 측면에서 볼 때 이런 전략에도 유난히 두드러진 단점이 숨어 있다. 투자자산이 소수 또는 몇몇 종목의 주식으로 집중될 때는 자산에 도사리고 있는 리스크가 지나치게 크기 때문이다.

이와 달리 자산을 분산시키는 투자자는, 다시 말해 여러 종목의 투자처로 다변화하는 사람은 수익률 감소를 걱정할 필요 없이 전체 리스크를 줄이게 된다. 전문가들이 말하는 대로 투자자산을 다변화하는 것이 원칙적으로 유리하다. 흔히 펀드 투자의 경우 불확실성이 큰 것은 사실인데, 개별 투자자는 펀드의 구체적인 구성방식을 정확히 모르기 때문이다. 하지만 펀드는 고객의 돈을 다양하게 투자하기 때문에 예컨대 단독으로 자사 주식을 매입하는 것보다 리스크가 훨씬 줄어든다.

자본시장에서 불확실성의 의미는 금융위기에서 분명하게 드러났다. 개별 은행의 리스크 파악이 쉽지 않기 때문에 은행이 상호 거래를 할 때는 단기 투자로 몰린다. 각 은행은 서로 신용보증을 하지 않으며 대신 현금자산을 중앙은행에 맡긴다. 현금자산을 운용하는 경제를 투명화하고 금융시스템의 신뢰를 뒷받침하려면 정부가 개입해야만 한다.

하지만 국가재정을 지속적으로 건전하게 관리하는 정부의 의지도 불확실하기 때문에 자본시장에도 부담이 되고 있는 실정이다. 또 기관투자자든 개인투자자든 소극적일 수밖에 없다. 투자에 재미를 못 보기 때문에 나머지 경제 분야에도 부담을 주고 있다.

불확실성보다는 차라리 리스크를 - 엘스버그 역설

오류| 투자자는 대개 리스크를 가장 잘 예측할 수 있는 소수의 증권에 투자한다.

위험성| 소수의 투자처에 집중하면 전체 자산은 불필요하게 큰 리스크에 노출된다.

해결책| 투자를 다변화해야 한다. 개별종목을 고르고 싶다면 투자펀드나 수동적인 상장지수펀드(이른바 ETF), 또는 증시의 잣대로 가치변동을 알 수 있는 투자증권에 투자하라.

－루츠 요하닝/막시밀리안 트로스바흐

최고의 투자자는
원숭이

일간지 《시카고 선 타임즈》는 수년 동안 연초가 되면 원숭이에게 5개 종목의 주식을 골라 투자 리스트(포트폴리오)를 만드는 일을 시켰다. 애덤 몽크라고 불리는 이 원숭이가 《월 스트리트 저널》을 펼쳐 연필로 체크하거나 동그라미를 그린 주식을 매수하는 방식이었다.

이 일을 맡은 동안 애덤 몽크는 미국 증시의 가장 중요한 지수인 다우존스보다 대체로 더 정확했다. 이 때문에 애덤 몽크는 고액 연봉을 받는 증권 컨설턴트의 평균 실력을 능가한다는 평가를 받았다. 애덤 몽크와 비슷한 역할을 하는 원숭이는 미국뿐 아니라 세계 곳곳에 있다. 러시아에서는 루샤라는 침팬지가 완구용 벽돌로 바꿔놓은 30개 주식 종목 중에서 8개를 골랐다. 이렇게 구성된 포트폴리오는 이듬해에 가치가 3배로 올랐고 루샤는 러시아 전체 투자매니저 중에 상위 5퍼센트의 지위에 올랐다. 또 미국의 레이븐이라는 침팬지 암컷은 130개 인터넷 기업을 적은 목록에 화살을 던졌다. 이런 방식으로 작성된 투자자산은 첫 해

에 79퍼센트의 성장을 기록했고 2년째에는 성장률이 213퍼센트 까지 치솟았다. 이런 활동으로 레이븐은 2000년도에 손꼽히는 미국 투자매니저 수백 명 중에서 22위를 차지하기도 했다.

다른 동물도 이런 역할을 한다. 한국에서는 한때 앵무새가 이런 일을 했는데, 부리로 주식을 선택하는 이 앵무새는 10명의 전문 중개인들과 6주 동안 증권투자게임을 벌인 결과 3위를 차지했다.

그럼에도 불구하고 동물적 감각— 대경제학자 케인즈가 말한 animal spirits— 이 인간의 정신력을 능가할 수 없음은 물론이다. 이와 관련된 언론보도에서 다른 수많은 원숭이가 시장의 흐름을 좇아가지 못했다는 사실은 기사화되지 않았다. 또 애덤 몽크도 해마다 다우존스나 그 '형'이라고 할 S&P 500을 능가한 것은 아니었다. 2005년과 2007년에는 이보다 못했다(몽크는 2003년부터 2010년까지 활동했다. 이후 원숭이로서는 고령에 해당되는 나이 40이 가까운 시점에 이 역할에서 벗어났다).

어쨌든 투자자들이 보기에 이런 실험은 불안을 가중시킨다. 고액 연봉의 투자매니저와 비교해도 원숭이가 평균적으로 뒤지지 않기 때문이다. 돈을 침팬지에게 맡기든 금융투자를 전공한 하버드 출신의 전문가에게 맡기든 마찬가지라는 얘기가 아닌가. 한가지 차이가 있다면 원숭이는 비용이 싸게 든다는 것뿐이다.

이로써 주주가 경제를 더 잘 알고 기업이 투자에 유리한 주식을 정확히 알 것이라는 오래된 공식은 엉터리임이 드러났다. 투자는 다양한 곳으로 돈을 분산시키는 것으로 충분하다. 평범한 소액 투자자가 오래 생각하는 것은 시간낭비일 뿐이다. 평소에

시장에서는 알기 어려운 일을 내부자로서 경험하는 극소수를 제외한다면 소액 투자자에게 투자는 영화 한 편 보는 것만큼이나 가볍게 결정할 수 있는 일이다. 효율적인 관리를 요구하는 주식 시장에서도 다를 바가 없다. 원숭이 실험은 어쩌면 오히려 안심할 수 있는 원인을 제공한다.

자본시장이 효율적이라고 하는 것은 리스크가 내재된 주가가 앞으로 기대되는 소득으로 보상된다는 것을 말한다. 예를 들어 어떤 증권이 1년 후 100유로의 가치가 있음을 정확히 안다면, 금리 시세에 따라 다소 차이가 나기는 하지만 오늘 97유로를 주고 그것을 살 것이다. 미래의 소득을 알지 못한다면 이른바 기대치는 자신의 판단에 맡길 수밖에 없다. 기대치는 다양한 가능성과 그때그때의 확률로 매겨지는 소득의 평균에서 나온다. 그리고 수학적 재능이 없는 투자자라도 기대치를 정확하게 산정하는 능력은 매우 뛰어나다.

이런 의미에서 어떤 주식이 너무 싸다면, 즉 미래의 소득을 위해 현재 시세가 내려간다면 갑자기 여기서 발생하는 차익을 노리는 매수자들이 생긴다. 그리고 시세가 빠른 시기에 다시 회복되기를 기대한다. 팔려는 사람 쪽에서 보면 반대로 주식이 고평가될 때 지나치게 비싼 주식을 처분하려고 한다. 그리고 똑같이 주가가 정상 수준으로 빠르게 회복되기를 기대한다.

이 때문에 거래가 빈번한 증권에 투자한 사람들은 비록 실제로 기업의 성공이 예측과 다르고 실제 시세로 반영되지 않는다고 해도 승산과 리스크에 대한 모든 지식은 결국 정확하게 시세 형성에 효과를 미친다는 판단에서 출발한다. 증권의 등락상황은 늘 있는 현상이고 오름세와 내림세를 확실하게 예측하는 투자자는 없다. 어떤 의미에서 증시 전문가는 성공한 경험의 희생자라고 할 수 있다. 이익에 대한 모든 가능성을 감지한다는 자신감 때문에 언젠가 모든 것을 잃을 가능성도 있는 것이다.

따라서 등락을 미리 알 수 있는 시스템이 없는 상황에서 전문가의 시세 예측은 실제 시세에서 벗어나기 일쑤다. 물론 전문가들의 판단 오류는 흔한 일이지만 명백히 입증될 만큼 체계적인 과오를 범하는 것은 아니다. 어쨌든 닥스^{DAX}(독일종합주가지수 — 옮긴이)를 지속적으로 능가하는 펀드매니저란 있을 수 없다.

물론 한동안 주가지수를 능가하는 투자자들은 언제든 나올 수 있고, 때로는 수년 동안 이런 능력을 입증하는 이도 있다. 이를테면 2010년 월드컵 축구경기에서 독일팀의 성적을 정확히 예측한 크라케 파울^{Krake Paul} 같은 사람이 그렇다. 하지만 이들의 성공은 순전히 우연일 뿐이다. 카지노에 오래 다니다 보면 언젠가는 10회나 연속해서 빨간색을 맞추는 일도 있는 법이다.

전문가들은 자산 구성을 제대로 하고 다양한 주식으로 포트폴리오를 구성하면서 성과를 올릴 수 있다. 어떤 주식의 시세차익과 다른 주식의 시세차손을 상쇄하는 방법으로 가능하면 최종 리스크를 줄이는 식이다. 하지만 이는 대수로운 것이 아니다. 소액 투자자라면 가능성 있는 투자에 대한 조언 따위는 휴지통에 버려도 상관없다. 그저 다양한 분야에 투자한다는 원칙만 주의한다면 충분하다. 아무리 잘나가는 주식에 투자한다고 해도 그것은 큰 의미가 없다. 그리고 직접 원숭이에게 맡기기가 여의치 않다면 인터넷 사이트 3gapps.de/stock-picking-monkey-usa에서 가상의 원숭이에게 일을 맡기는 아이폰 앱을 이용할 수 있다. 공급 업자에 따르면 누구나 휴대하기 간편한 전문가의 투자 종목 선정 프로그램이라고 한다. 하지만 조심해야 한다. 당신이 투자에 실패해도 이 앱을 개발한 사람은 책임지지 않을 것이므로.

정보 과잉

오류 | 주주는 개별 기업의 가능성과 리스크를 분석하는 데 너무 많은 시간을 들인다. 이때 노력한 만큼의 비용은 거의 보상을 받지 못한다. 가능성과 리스크를 평가하는 데 다른 투자자보다 나을 것이 없기 때문이다.

위험성 | 지나치게 신중히 종목을 선정하는 사람은 잘못된 종목을 골라 결국 원숭이보다 뒤떨어지는 결과로 이어질 위험이 있다.

해결책 | 투자할 때는 다양한 종목에 분산시킨다는 원칙을 중시할 필요가 있다. 개별 주식과 국채의 가능성, 리스크에 지나치게 집착하지 않고 원숭이가 하듯이 선택하면 충분하다.

-발터 크레머

05

도무지
믿을 수 없는
인간

오늘 말고 내일,
그리고 모레

이번 원고는 화요일 저녁에 이미 쓰기를 마쳤다. 마감 날짜보다 4일이나 빨랐다. 이런 식으로 원고를 너무 일찍 넘기는 것이 정상이 아니라는 것은 편집실에서도 안다. 사실 기자들도 마감시한이 임박해서야 기사를 끝내는 경우가 많은데, 이런 일은 비단 기자뿐 아니라 다른 직업이라고 다를 것이 없다. 할 일을 뒤로 미루는 것은 어디서나 흔한 경우다. 다만 전문가들은 이런 게으름에 대해 좀 더 고상한 표현으로 '연기한다'는 말을 쓴다. 연기는 인간의 아주 자연스러운 특징이며 즐겨 재치를 발휘하는 소재이기도 하다. 잘 생각해보면 누구나 일을 잠시 뒤로 미루고 이메일을 한 번 더 확인하곤 한다. 학생들의 경우, 시험공부를 해야 할 상황이 되면 유난히 방이 깨끗하다.

이런 문제는 모두 근본적으로는 매우 유용한 인간의 특징에 뿌리를 두고 있다. 간단히 말해 우리는 눈앞에 있는 것부터 가지려한다는 말이다. 나무에 사과가 매달린 것을 보면 손을 내민다. 굶주림을 방지하려는 자연스러운 동작이다. 다만 결정이 더 복잡할 때는 일이 불쾌해지는데, 이럴 때 우리는 너무 많은 돈을 낭비한 다는 사실이 연구 결과 드러났다.

실험 참가자에게 30일 후에 10유로를 받을 것인지, 31일 후에 11유로를 받을 것인지 물어보면 대부분 하루를 더 기다려 더 많은 돈을 받는 쪽을 택한다. 하지만 오늘 10유로를 받을래 내일 11유로를 받을래, 물었을 때는 하루를 기다리겠다는 사람은 거의 없다. 심리학에서는 이런 태도를 '과장된 할인'이라고 부른다. 이 책을 처음부터 읽었다면 이미 알고 있을 것이다.

시간 관리에서도, 특히 근무시간과 관련해 이런 태도가 보인 다. 메일을 보낼 일이 있으면 시간을 들여 마음에 드는 서식을 찾 아본다거나 적당한 양식을 찾느라 고민하는 대신 간편한 메일 프 로그램으로 손이 가게 마련이다.

인간은 자신의 약점이 어디에 있는지 잘 알기 때문에 대부분 약점을 감출 방법이 주어지기만 하면 그것을 적극 활용한다. 미 국의 심리학자 댄 애리얼리Dan Ariely와 동료인 독일 학자 클라우 스 베르텐브로흐Klaus Wertenbroch는 이런 사실을 학생들에게서 확 인했다.

두 사람은 학기 중에 학생들에게 세 가지 과제를 제출하도록 했다. 학생들은 과제의 제출 시기를 스스로 정해야 했다. 제출 기한을 넘기면 처벌을 받았다. 기한을 하루 넘길 때마다 성적을 1퍼센트씩 감점 받는 식이었다. 기일을 지킨 학생들은 아무런 불 이익도 받지 않았다.

생각해보면 영리한 학생이라면 누구나 여유 있게 세 가지 과제 의 제출 기일을 모두 학기 마지막 날로 정할 것이라고 생각할 수 있다. 하지만 그렇게 하지 않은 학생이 더 많았다. 학기말로 정한 학생은 실제로 3분의 1밖에 되지 않았다. 나머지는 세 가지 과제의 기한을 학기 전체에 골고루 배분했다.

골고루 배분한 방법은 결과가 좋았다. 결국 평소처럼 교수가 사전에 마감시한을 정한 학생들과 비교할 때 스스로 기한을 정한 학생들은 성과가 다소 부진했다. 좀 더 자세히 분석하면 기일을 뒤로 미룬 학생들일수록 감점을 받은 것으로 드러났다. 기한을 일찍 정한 학생들은 사전에 마감시한을 지정받은 학생들과 별 차이가 없었다.

학부과정을 마친 학생들은 교수들에게 한층 더 가혹한 훈련을 받는다. 한 독일 교수는 박사과정 학생들에게 두 달마다 학위논문을 한 장章씩 제출하는 규칙을 세웠다. 이 기한을 넘긴 학생은 교수와 함께하는 파티비용을 지불하고 정작 본인은 파티에 참석할 수 없다.

이런 식으로 도움을 주는 교수가 가까이에 없는 사람은 어떻게 할까? 미국에서는 한 창의적인 사업가가 할 일을 계속 미루는 사람을 도와주는 회사를 창업하기도 했다. 조깅이든 다락방의 벽 공사든 할 일을 뒤로 미루는 사람을 돕겠다는 것이다. 인터넷사이트 stickk.com에 들어가 과제의 진척을 점검해주는 친구를 찾으면 된다. 고객은 보증금을 입금해야 하며, 만일 고객이 목표를 달성하지 못하면 이 돈을 공익재단에 기부한다. 고객의 목표에 반反하는 이해집단이 개입하면 나쁜 결과로 이어질 수도 있다. 예를 들면 담배회사의 로비가 있을 수 있다.

당연히 이런 문제에 꼭 회사까지 필요한 것은 아니다. 좋은 친구 한 명만 있으면 충분하다. 여기서 문제는 단지 과제 시한을 짧게 잡을수록 과제에 대한 흥미가 줄어든다는 것이다. 댄과 클라우스는 이런 사실을 확인하기 위한 실험도 했다. 두 사람은 실험 참가자들에게 오류가 많은 글을 읽고 교정하는 과제를 주고 참가자들을 3개 집단으로 분류했다. 첫 번째 집단에게는 과제마다 각각 정확한 제출 기한을 정해주었다. 두 번째 집단은 제출 기한을 스스로 정하게 했고, 세 번째 집단은 모든 과제에 대해 최종적으로 가능한 시한을 지정해주었다.

여기서도 제출 기한을 정해준 실험 참가자들이 날짜를 가장 정확하게 지켰고 가장 믿음직한 결과를 보여주었다. 그리고 중간에 제출 기일이 없는 참가자는 결국 틀린 곳을 놓친 부분이 가장 많았고 날짜도 가장 늦었다. 제출 이후 연구팀은 참가자들에게 과제가 얼마나 재미있었는지를 물었다. 그 결과 부담이 많을수록 참가자의 의욕이 높지 않았음이 분명하게 드러났다.

재미가 없는 일은 한층 더 해롭다. 사람에게 규율이란 근육과 같은 기능을 하기 때문이다. 근육은 단련시킬 수 있지만 그만큼 쉬 피로해진다. 제때에 말(어휘)을 배우는 데 단련이 필요한 아이에게는 단것을 더 많이 준다. 유감스럽게도 이것을 막을 대책은 없다.

그런데 왜 이 원고는 화요일 저녁에 끝마쳤느냐고? 이유는 간단하다. 수요일에 여행을 떠나야 했기 때문이다. 이보다 더 좋은 마감 시한은 없을 것이다.

내일 처리할 수 있는 일은……

함정 ㅣ 우리는 내키지 않는 일은 뒤로 미룬다. 중간에 한눈을 팔며 눈길을 끄는 일거리를 찾는다.

위험성 ㅣ 일하는 데 충분한 시간이란 없는 법이다. 더 나쁜 것은, 잘 생각해보면 전혀 하지 않을 일에 무의미한 시간을 너무나 많이 소비한다는 것이다.

해결책 ㅣ 하지 않으면 처벌받을 일은 스스로 기한을 정하라. 이때 일의 진척을 점검해줄 친구가 도움을 줄 수도 있다. 하지만 조심할 것은 모든 기한은 나름대로 부작용이 따른다는 점이다. 힘들게 일하는 사람은 종종 그 일에 흥미를 잃는다.

-파트릭 베르나우

잘못된
예측

역사책을 보면 잘못된 예측이 수도 없이 등장한다. 예컨대 선거에서 승리한 해리 트루먼의 사진도 그중 하나다. 1948년 미국 대선에서 도전자인 토머스 듀이에게 승리를 거둔 뒤 트루먼이 기자들에게 웃으면서 《시카고 데일리 트리뷴》지를 건네주는 모습이다. 그 신문의 헤드라인은 '듀이가 트루먼을 누르다'였다. 끔직한 오보였다. 편집국장은 전날 밤 선거연구소의 예측을 믿었던 것이다. 그가 볼 때 이 예측은 확실해 보였으며 게다가 다른 연구소에서도 듀이의 승리를 점치고 있었다. 어리석게도 이들은 모두 전화로 설문조사를 하면서 민주당 지지자의 상당수가 아직 전화가 없다는 사실을 간과한 것이다.

신문의 오보는 근거 없는 예측을 쉽게 믿은 결과일 뿐 아니라 참으로 악의적인 의도이기도 했다. 개표 결과가 분명해지자 편집국장은 마치 물에 빠진 생쥐 꼴이 되었다. 이와 아주 비슷한 모습은 세계적으로 증권시장이 붕괴된 뒤의 거의 모든 주주들에게서도 볼 수 있다. 모두가 갑작스럽게 닥친 재앙과 맞닥트렸다. 이것은 정확히 몇 년 뒤 금융위기가 발생했을 때처럼 벤처 기업의 거품(인터넷 거품)이 꺼진 뒤에 나타난 현상이었다. 금융위기 발생 직전, 당시 악셀 베버 독일연방은행 총재 같은 전문가는 회의에서 "독일은 호황을 유지할 것이다. 다만 활기는 다소 둔화될 것이다"라고 말했다. 기업과 국가의 신용도를 발표하는 유명 신용평가회사나 각종 위원회의 전문가들도 또 은행 컨설턴트도 실태를 제대로 파악하지 못한 것은 마찬가지였다. 이런 예를 들자면 끝이 없다.

이런 일로 전문가의 예측을 믿었던 우리는 큰 충격을 받았지만 그래도 여전히 그들의 말에 귀를 기울인다. 수많은 분야에서 우리는 전문가에게 의존해야 한다고 생각한다. 이것이 비전문가인 우리의 딜레마다. 해당 분야에 대한 이해도가 떨어질수록 그만큼 전문가에게 종속된다. 자기 약점을 정확히 알고 또 전체 맥락을 이해하지 못한다는 것을 알고 있기에 우리는 애널리스트, 예금 컨설턴트, 경제학자 같은 전문가의 말을 그대로 믿는다. 또 전문가가 몇 마디만 해도 주눅이 든다. '현금창출'이 어떤 작용을 거치는 현상인지, 또 'Target-2- 잔고'(유럽연합 내 국가들이 실시간으로 지불 체계를 갖는 것 — 옮긴이)가 무엇이고 'E2'가 무엇을 의미하는지, 이 모든 것이 우리 돈과 무슨 관계가 있는지 정확히 아는 사람이 얼마나 되겠는가? 전문가들 또한 단편적으로밖에 모르지만 그 사실을 인정하는 사람은 없다. 정직한 이라면 이런 문제에 겸손한 태도를 보여야 마땅할 것이다. 의사라면 수백 가지의 질병 원인을 찾느라 평생 매달릴 수 있지만 경제학자는 연구 활동 기간에 고작 한두 차례의 경제위기를 경험할 뿐이다.

그런데도 우리는 돈 관리에서도 순한 양처럼 전문가의 말을 곧이듣는 어리석음을 범한다. 전문가가 지식 우위에 있는 것은 사실이지만 동시에 그들 자신의 이해관계를 따른다는 점에서 유난히 리스크가 따른다. 전문가는 야심이 크고 상사의 원칙에 충실하며 누구나 할 것 없이 돈을 벌고 싶어 한다. 이런 태도를 비난할 수는 없지만 우리는 종종 이런 사실을 접하면서도 이상하게 외면하려고 한다. 중립적인 위치에서 조언하는 전문가가 있다면 좋겠지만 이것은 어디까지나 우리 희망일 뿐이다.

신용평가회사의 전문가들도 경제학자와 마찬가지로 자신의 과오를 인정하는 데 인색하다. 이들은 단지 평가 결과만 내놓을 뿐이다. 은행 컨설턴트는 사실 컨설턴트가 아니라 금융상품 판매원에 불과하지만 고객은 예탁금을 날리거나 자신의 미숙한 결정을 확인하고 나서야 비로소 이 사실을 깨닫는다. 비단 대형은행의 컨설턴트뿐만이 아니다. 투자자에게 리먼 증권을 팔면서도 자신이 얼마나 이익배당을 받는지 말해주지 않는 친절한 은행 직원도 마찬가지다. 이들 역시 고객 편에서 일하는 것이 아니라는 점은 똑같다. 자동차 판매원이 자기 판매수당을 말해주지 않듯이 은행 컨설턴트도 다를 것이 없다. 다소 냉소적으로 들릴지 모르지만 분명한 사실이다. 투자자가 실상을 깨닫기까지, 얼마나 비싼 대가를 치르게 되던가!

처음에 돈벌이에는 무관심한 것처럼 보이는 경기 동향 전문가에게도 돈과 자만심은 막강한 역할을 한다. 그렇지 않고서야 그늘 자신도 믿지 않는 신난 결과를 발표하는 현상을 어찌 설명하겠는가? 베를린에 있는 독일경제연구소의 전직 소장인 클라우스

짐머만^{Klaus Zimmermann}은 2009년 경기예측이 크게 빗나가자 "경기전환점을 실제로 예측할 수는 없다"라고 솔직하게 인정한 적이 있다. 그럼 예측이란 것이 무슨 소용이 있는가? 금융학자인 슈테판 홈부르크^{Stefan Homburg}는 한 인터뷰에서 아주 냉정한 어조로 이렇게 말하기도 했다. "수요가 공급을 부르죠. 정치는 경기진단을 하려 합니다. 이 때문에 엄청난 돈을 쏟아붓습니다. 그것도 수십억씩 말이죠." 이것이 연구소가 경기진단 결과를 발표하는 이유라는 것이다. 하지만 이들의 관심은 본래 다른 데 있다.

그러므로 전문가를 언제나 믿을 것은 못 된다. 우리는 투자할 때 좀 더 자신감을 가질 필요가 있다. 시간을 들여가며 직접 정보를 찾아나서야 한다. 어차피 스스로 자신의 토대를 세워야 하고 이를 위해 먼 길을 돌아갈 필요가 없다. 자문을 받을 때도 마찬가지다. 투자를 결정할 때도 다른 사람에게 선택권을 맡길 필요가 없다. 자기가 관여하는 분야는 누구나 스스로 그 특성을 터득해야 한다. 이런 연후에라야 전문가의 의견을 제대로 평가할 수 있을 것이다.

관계 자료가 복잡할 수는 있지만 그렇다고 겁을 먹고 물러나서는 안 된다. 대강의 윤곽만 파악하면 모든 것을 지나치게 세부적으로 이해하지 않아도 된다. 돈과 관련된 문제는 세부적인 것을 알아야 한다고들 하지만 어차피 엔진의 작동원리를 제대로 모르면서도 자동차를 구입하지 않나. 휴대전화도 전자 구조를 완전히 이해하면서 사는 것은 아니다. 누구나 스스로 어느 정도 필요한 것만 아는 상태에서 결정을 내린다. 그리고 그 결과는 스스로 책임지는 것이다.

전문가에 대한 믿음

함정 | 우리는 자신이 아무것도 모른다는 것을 안다. 이것은 훌륭한 인식이기는 하지만 전문가의 말을 쉽게 믿는 결과를 낳을 수 있다.

위험성 | 우리는 자신보다 다른 사람을 더 신뢰한다. 그리고 어려운 문제에 부딪치면 겁을 낸다. 전문가는 지식의 우위에 설 때가 많지만 그들도 각자의 이해관계를 따른다는 사실을 우리는 종종 잊는다.

해결책 | 전문가의 진단을 비판적으로 검토하라. 그들도 자기 이해관계에 충실할 가능성이 있지 않겠는가? 돈과 관련된 문제에서는 상황을 정확히 파악하고 좀 더 성숙한 투자자와 소비자가 되어야 한다. 또 여러 컨설턴트가 권하는 말을 서로 비교해보는 것이 좋다.

-틸만 노이셸러

식품을 구입할 때와
그 밖의 속물적 행동

대개 사람들은 집에 여러 가지 식품을 사두고 먹는다. 잼을 예로 들어보면 보통 다양한 종류를 사놓고 하나씩 손을 대면서 아침식사에 곁들여 먹는다. 어설픈 국민경제학자를 흉내 내는 우리 세대의 마음속에는 다양한 상품을 이것저것 뒤섞어 놓은 것이 최상의 소비 세트라는 생각이 자리 잡고 있기 때문이다. 나무딸기잼 한 통을 먹고 나면 그 다음에는 별로 맛있다는 생각이 들지 않는다. 한동안 먹다 보면 물리게 마련이다.

보통 나무딸기잼을 제일 먼저 먹는 건 다들 그것을 가장 좋아하기 때문이다. 그 다음으로는 보통 딸기잼이나 체리잼을 먹는다. 그리고 끝에 가서 구스베리잼이나 대황잼만 남으면 장볼 때가 되었다는 의미다. 다양성이라는 이유 때문에 우리는 보통 이런 방식으로 아무도 좋아하지 않는 잼을 사는 데 돈을 쓴다.

장기적인 소비를 위해 장을 볼 때는 여러 품목을 사재기한다. 흔히 그 다음 주에 먹을 것, 또는 먹을 예상인 것을 한꺼번에 구입한다. 이런 묶음구매 방식은 어느 정도는 자동적으로 교체 욕구를 일깨운다. 행동학자들은 이런 현상에 대해 '시간수축'이라는 표현을 쓴다. 어제 나무딸기잼을 발라 빵을 먹었지만 오늘 역시도 나무딸기잼이 가장 좋아하는 품목이라는 사실을 과소평가한다는 말이다. 묶음구매 대신 낱개로 살 때는 중간중간에 조금씩 시간을 들인다. 이때 사람은 습관의 동물이라는 측면에서 결정을 내릴 때가 많다.

시간을 배분하는 방식과 묶음구매 방식의 차이를 행동경제학에서는 '변화 편향' 또는 '다각화 편향'이라는 말로 설명한다. 잼의 경우, 품목을 바꿔가며 하나씩 구입하는 경향은 여러 가지를 묶어 구입했을 때 잘못 살 경우를 염려하기 때문이다. 사실 아침식사에는 대개 나무딸기잼이 가장 맛있다.

투자할 때는 종목을 다변화하는 것, 즉 여러 투자 대상으로 돈을 분산하는 것이 매우 중요하다. 이때도 과오가 발생할 수 있는데, 이 과오는 자신도 모르는 가운데 생기는 교체 욕구에 책임이 있다.

분산의 경향을 연구하는 슐로모 베나르치와 리처드 탈러 연구팀은 묶음(패키지) 투자 결정을 할 때의 전형적인 상황을 조사했다. 개인연금저축 계약을 할 때 다양한 연금의 고객은 각각 여러 투자펀드에서 고를 수 있다. 이때 저축액은 가입자가 정한 분할 방식으로 불입된다. 연구에서 밝혀진 대로 가장 인기를 끄는 규칙은 이른바 N분의 1 법칙이다. 이때 투자 금액은 적용될 수 있는 모든 펀드에 골고루 분산된다. 이 말은 투자리스트에서 발생할 수익률과 리스크는 연금의 어떤 펀드가 적용되는가에 결정적으로 좌우된다는 의미이기도 하다. 주식펀드가 더 많이 적용되면 주식에 투자된 몫은 분명히 늘어나지만 이때 다양한 연금의 고객이 리스크의 가능성을 서로 체계적으로 구분하는 것은 아니다. 따라서 어떤 업체의 고객이 다른 업체보다 리스크가 큰 투자를 했다고 볼 이유는 없다.

특히 N분의 1법칙은 적용 가능한 투자종목이 서로 모순되는 관계가 생기게끔 조합될 때 특히 문제가 된다고 연구팀은 강조한다. 이것은 특정 투자자 그룹의 투자정책을 단 하나의 상품을 통해 적절한 수익률 및 리스크 관리가 되도록 잘 선정한다고 주장하는 펀드의 경우 전형적으로 나타나는 현상이다. 이런 펀드는 흔히 '안전'이나 '안정과 성장', 또는 '투기'라는 이름이 붙어 있다.

이와 같이 여러 펀드에 분산 투자하는 경향이 있거나 또는 '안전'한 펀드에 주식펀드를 추가하는 투자자는 — 어쩌면 뭐가 뭔지 제대로 이해하지 못한 상태에서— 투자 목표에 적합하지 않은 투자 리스크를 떠안는다. 따라서 분산은 그 자체로 투자의 만능해결책이 되지는 못한다. 노벨상 수상자인 해리 마코위츠^{Harry} ^{Markowitz}처럼 까다롭게 계산하는 방식조차도 다양한 투자 조합을 선택하도록 한다. 물론 이런 조합이 수익률과 리스크의 이상적인 관계를 형성하는 것은 사실이지만 어떤 방식이 개인적으로 적절한 포트폴리오인가와는 별개의 문제다.

하지만 앞에서 말한 시간수축 효과를 고려하는 측면에서 투자액을 결정할 때는 두드러진 장점이 따른다. 개인연금에 일정 몫을 투자할 때 다달이 새로운 결정을 해야 한다면 때로 저축을 미루기도 할 것이 분명하며 상황에 따라서는 심각한 결과로 이어질 수도 있다. 이렇게 위험한 자기기만을 피하려면 앞을 내다보는 저축 계획을 세우고 엄격한 규칙을 정하는 것이 큰 도움이 된다.

교체 경향

함정 | 다양한 것을 찾고 교체하고 싶은 자연스러운 욕구가 소비 활동 중에는 과대평가될 수 있다. 이런 일은 무엇보다 오늘 내린 결정의 결과가 나타날 시점에, 또는 그 결정과는 서로 무관한 상황에서 상호 연관되는 결정을 내릴 때 발생한다.

위험성 | 우리는 실제로 좋아하지 않는 물건에 돈을 쓰고 리스크 관리에 적합하지 않은 증권에 투자한다.

해결책 | 오늘 내린 결정의 결과가 드러나는 시점에 가서 혹시 다른 결정을 내리지는 않을지 자신에게 물어보라. 투자를 결정할 때는 끊임없이 투자 목적을 가슴에 새기는 것이 무엇보다 중요하다.

－막시밀리안 트로스바흐

왜 과속운전자는
조바심을 낼까?

2008년 5월 주간지 《슈테른》은 여러 교통기관의 안전성 평가에 대한 설문조사를 실시했다. 이 조사에서 응답자의 42퍼센트는 자동차를, 24퍼센트는 기차를 가장 안전한 교통수단으로 꼽았고 비행기라고 답한 사람은 16퍼센트에 지나지 않았다.

하지만 사고통계를 보면 전혀 다르다. 이동거리를 기준으로 10억 킬로미터당 자동차 사고로 목숨을 잃은 사람은 6명인데 비해 비행기 사고로 인한 사망률은 0.4명, 기차는 0.2명이었다. 따라서 자동차나 오토바이 같은 교통수단이 비행기보다 더 위험한 것은 분명하다.

왜 사람들은 통계적으로 측정 가능한 위험성을 이토록 잘못 생각하는 것일까?

이와 비슷하게 현금 투자에서도 실제 발생하는 리스크와 마음 속 리스크 사이의 모순을 이해하려면 먼저 리스크라는 개념을 분명히 알아야 하고 더불어 개개인이 리스크를 받아들이는 방식을 알아야 한다.

리스크는 앞으로 발생할 일에 대한 불확실성을 말한다. 예를 들어 투자자가 오늘 주식을 매수하고 1년간 보유하기로 계획을 세운다면 이 사람은 운이 좋으면 20퍼센트 또는 이보다 조금 많은 수익을 올릴 수 있다. 하지만 운이 나쁘면 ― 예컨대 자본시장의 위기 같은― 그만한 손실을 볼 수도 있다.

자본 투자를 할 때는 연말에 일정 손실이나 이익이 발생할 최소한의 확률을 따질 때가 많다. 자본 투자의 리스크가 적다고 할 때 이 말은 두 가지를 의미한다. 첫째, 앞으로의 손실은 평균적으로 적을 것이다. 둘째, 손실이 발생할 가능성이 적다.

하지만 투자자가 분명 알아야 할 것은 리스크의 가능성이 클수록 이익을 볼 가능성도 커진다는 사실이다. 그러므로 이 둘 사이에는 서로 비례관계가 성립한다고 할 수 있다. 리스크가 적으면 보통 이익을 볼 가능성도 적은 것이다.

과학적인 모델을 적용할 때도 리스크를 정확히 예측하기란 무척 어렵다. 그리고 미래를 진단할 때 그 시기가 멀수록 이 예측은 정확도가 떨어지게 마련이다. 1년 후의 예측은 2주 후의 예측보다 분명 정확도가 떨어진다. 또 리스크가 적은 상품의 경우에도 ― 확률은 적다 해도― 큰 손실을 볼 가능성이 있다는 사실을 염두에 두어야 한다. 2008년 리먼브라더스 투자은행의 파산이 그 좋은 예다. 이 은행을 믿고 투자한 사람들은 큰 손실을 보았다.

처음의 예로 돌아가보자. 사망률이 가장 높은데도 자동차를 가장 안전하다고 생각한 사람들의 평가는 잘못된 것일까? 교통통계를 주목하고서도 그랬다면 잘못이라고 할 수 있다. 비행기의 경우 사망 사고 가능성은 낮지만 일단 사고가 발생하면 엄청난 피해가 따른다. 따라서 평균적으로 비행기가 더 안전한 것은 분명하지만 당연히 더 정확한 구분을 할 필요가 있다. 자동차와 비행기 모두 더 안전한 경우와 덜 안전한 경우가 있기 때문이다.

자본 투자의 경우 상황이 늘 이렇게 명확하지는 않다. 리스크가 적은 것으로 분류된 두 개의 투자상품이 있다고 할 때 상품 1은 평균적으로 상품 2보다 손실 규모가 클 수 있는 반면 손실이 발생할 가능성은 낮다는 점에서 서로 구분된다. 따라서 투자상품은 손실 규모와 발생 가능성의 측면에서 구분되지만 토대가 튼튼한 자본시장의 기준에서 볼 때는 똑같은 리스크 등급으로 볼 수 있다. 가능성이 낮다고 해도 대규모의 손실 가능성을 피하고 싶은 투자자는 상품 1의 리스크 등급을 상품 2보다 높게 보게 마련이다. 무엇보다 손실 가능성 자체를 걱정하는 다른 투자자라면 이와 반대되는 생각을 할 수 있다. 이런 예는 리스크를 서로 달리 인식하고 각자 개인적인 판단을 따른다는 사실이 보여준다.

리스크를 받아들이는 데는 개인적 판단이나 시각에 영향을 주는 경험과 감각이 중요한 역할을 한다. 낙하산을 타고 뛰어내려 보지 않은 사람에게는 낙하산 점프의 불확실성이 매우 높다. 이런 사람은 리스크를 인식할 때 이른바 주변 환경의 불확실성을 염려한다. 반대로 낙하산을 많이 타본 노련한 경험자는 주식투자를 해본 적이 없고 이 분야의 지식과 경험이 없기 때문에 주식투자를 불확실한 것으로 인식한다. 이런 사람은 주식투자의 리스크를 평가할 때 불확실성에 대한 자신의 감각을 따를 것이다. 따라서 이 사람은 자기 나름대로 합리적인 결론을 내리고 정기예금에 돈을 맡길지도 모른다. 다시 말해 투자라는 문제에서는 겁쟁이일 수도 있다.

인간의 뇌 구조와 뇌의 기능방식을 연구하는 신경과학은 리스크를 인식하고 평가할 때 불안과 경악 같은 감정을 통제하는 뇌 영역이 활성화된다는 사실을 밝혀냈다. 리먼브라더스 투자은행의 파산이라든가 비행기 추락과 같은 극단적 시나리오는 언론에서 폭넓게 보도한다. 이런 보도는 불안감을 유발하고 사람들이 리스크를 받아들이는 방식에 지속적으로 영향을 줄 수 있다. 리먼 사태 이후 모든 증권은 일괄적으로 된서리를 맞았다. 그리고 추락사고 직후에는 비행기라는 교통수단의 리스크 등급을 더 높게 분류하게 된다. 하지만 증권과 비행기의 리스크란 한참 시간이 지난 뒤에 평가해도 눈에 띄게 달라지는 것이 아니다. 그런데도 낙관적 전망이 우세하고 작은 리스크를 무시하는 흐름에서는 증시가 지속적으로 호황을 띠기도 한다. 이처럼 리스크를 과소평가하면 시세에 인위적인 거품이 형성될 수 있다. 그러므로 리스크에 대한 인식은 의식적일 때뿐 아니라 고도로 무의식적인 상태에서도 생길 수 있으며 거품이 형성될 때는 그 자체가 리스크를 초래하기도 한다.

전체적으로 이 같은 생각은 리스크의 문제가 자본 투자의 경우에는 매우 복잡하다는 것을 말해준다. 그러므로 투자자는 기본적으로 리스크가 있는 투자상품을 피하면 안 된다. 리스크를 감수하지 않는 사람은 자본시장에서 재미를 볼 수 없기 때문이다.

리스크에 대한 왜곡된 인식

오류 | 사람들은 개개인의 경험과 감정에 따라서 통계적으로 측정한 리스크를 달리 받아들인다. 그러므로 리스크를 과대, 또는 과소평가하는 일이 생긴다. 요컨대 리스크를 왜곡해서 인식하는 것이다.

위험성 | 리스크를 왜곡하면 불합리한 투자를 결정할 수 있다.

해결책 | 투자 컨설턴트에게 리스크(손실 규모와 손실 발생의 가능성)와 이익의 가능성을 분명히 확인해야 한다. 동시에 스스로 이에 대한 정보를 모아야 한다. 투자가 어떤 결과를 낳을지 가능하면 확실히 파악하고 그 결과를 스스로 견뎌 낼 수 있을지 자문해야 한다. 주변 환경의 불확실성에 대한 평가와 자신의 감정을 구분하고 어림짐작을 피해야 한다.

-루츠 요하닝/막시밀리안 트로스바흐

너무도 아름답지
않았던가요?

2001년 쾰른 출신의 밴드 브링스는 '수퍼야
일레 지크 ^{Superjeile Zick} (환상적인 맛)'라는 곡을 발표했다. 이후로 이
노래는 사육제 기간뿐 아니라 각종 파티에 언제나 빠지지 않고
등장했다. 사람들은 쾰른 사투리로 부른 이 노래에 맞춰 춤을 추
었고 테이블에 조용히 앉아 있는 사람들, 여행담이나 부동산 시
세에 대해 수다를 떨던 사람들도 이 노래만 나오면 큰 소리로 따
라 불렀다.

네 바트 보르 닷 프뢰어 엔 수퍼야일레 지크,

밋 트레네 인 디어 아우게 로르 이히 만히몰 추뤼크.

(그때는 수시로 눈물을 흘리며 되돌아보는

너무도 멋진 시절이 아니던가요.)

과거에 즐거운 일이라곤 없던 사람들도 이 노래만 들으면 감동
에 사로잡힌다. 인간은 과거를 미화시키는 경향이 있다. 실제 이

상으로 과거를 긍정적으로 회상한다.

1990년대 중반 심리학자들은 이 현상의 원인을 추적했다. 이들은 사람들에게 유럽여행, 추수감사절 주말여행(미국에서 중요한 추수감사절을 전후한 여가시간), 3주간의 캘리포니아 자전거 일주 등, 휴가 여행에 대해 설문조사를 실시했다. 휴가를 다녀온 사람들은 여행 전과 여행 기간, 여행 이후 등, 3단계로 나누어 질문을 받았다. 설문조사 결과 보통 휴가에 대한 기대가 휴가 동안의 경험과 평가보다 더 높은 것으로 드러났다. 그리고 휴가가 끝난 뒤 그 시간을 되돌아볼 때는 다시 매력이 되살아나 여행 당시보다 훨씬 더 좋게 평가했다.

여행을 전후한 시점에선 모든 것이 낙관적이다. 다만 여행 자체 기간 동안만 그렇지 않을 뿐이다. 이에 대해서는 특별한 기억, 무엇보다 불쾌한 기억은 기억 속에서 희미해지기 때문이라는 것이 한 가지 이유가 될 수 있을 것이다. 좋은 일은 기억에 남는다. 예외적으로 충격적인 일이나 극단적으로 부담을 느낀 경험은 뇌 자체의 규칙에 따라 기억에 깊게 뿌리 내린다.

연구팀은 세 가지 휴가 형태에서 모두 일치된 결과를 얻었다. 그리고 이 밖에 지나간 일을 좀 더 긍정적으로 채색하는 현상은 휴가를 다녀온 뒤 며칠 지나지 않아서 발생한다는 사실도 확인했다.

이 현상은 전문용어로 '낙관적 견해 편향'이라고 부르며 이것은 다시 '낙관적 전망'과 '낙관적 회상' 등, 사실을 미화시키는 경향으로 구분된다. 사람들이 사소한 근심을 떨쳐버릴 수 있는 것은 평소 외부세계를 일단 긍정적으로 받아들이는 데 기여하는 뇌의 전두엽 기능 때문이다. 이런 기능 때문에 사람들은 자신이 평균 이상으로 노련한 운전자이고 영리한 사람이며 감수성 있는 시민이라고 믿게 된다. 이 같은 우월감은 과거에 대한 미화의식과 결합해 자신의 인생행로가 사실은 살아오는 과정에서 자신도 모르게 부딪힌 사건의 연속인데도 마치 스스로 꼼꼼히 계획을 세우고 저울질한 결과인 것처럼 바라보게 해준다.

이쯤에서 '그래서 어쨌다는 것이냐'라는 질문이 나올 수 있다. 사물을 긍정적으로 바라보는 것이 뭐가 나쁘냐고? 충분히 이의를 제기할 수 있는 문제다. 어쩌면 낙관적 견해는 단점보다 장점이 많은 몇 가지 안 되는 사고의 오류 중 하나일지도 모른다. 일단 좋은 추억과 기대감은 기분을 끌어올려주기 때문이다. 그리고 이러한 정서는 때로 힘들고 맥빠진 현실을 극복하는 데 도움이 된다.

문제는 낙관적인 생각이 지속적으로 옳지 못한 결정으로 이어지지 않을까 하는 점이다. 프랑스로 캠핑 여행을 다녀왔을 때, 실제로는 해충과 불친절한 산장 주인과 악천후 등, 좋지 못한 일만 가득했는데도 이 여행을 거듭 미화시키면서 그와 비슷한 부정적인 경험을 다시 무릅쓰게 될까? 그렇지는 않을 것이다. 아마 프랑스로 여행을 가도 다시 텐트를 이용하지는 않을 것이다. 게다가 많은 사람들은 점차 생각이 현실화되는 경험을 한다. 이탈리아로 멋진 어학연수를 다녀온 사람도 이듬해 똑같은 기회가 주어져 다시 다녀오게 되면 처음처럼 감동하지는 않는다. 돌아올 때 가방에 담아온 포도주조차도 집에 와 마셔보면 그때의 맛이 느껴지지 않는 법이다.

같은 일을 반복하지 않는다 해도 일단 현실을 미화하는 사고의 오류가 전적으로 무해한 것은 아니다. 당연히 기업들은 사람 마음에 혼란을 불러일으키는 향수의 위력을 안다. 라디오에서는 베이비붐 세대(1946~1964년에 태어난 사람들 — 옮긴이)를 대상으로 '그때의 느낌을 돌려줘요'라는 캠페인 광고를 내보낸다. 자동차회사에서는 폴크스바겐 케퍼(비틀)나 시트로엥 엔테(2CV) 같이 과거에 인기를 끌었던 모델을 내세운다. 과거를 미화시키는 성향을 이용하려는 수법임이 분명하다.

미국의 디자인 교수 댄 노먼Dan Norman은 흥미로운 현상을 주목했다. 사람들에게 특정 자동차나 스마트폰 또는 가구회사 이케아의 장단점을 자세하게 말해달라고 부탁했을 때 노먼은 놀랄 정도로 합리적이고 명쾌한 대답을 들었다. 사람들은 장점을 하나하나 열거했고 단점에 대해서도 말을 아끼지 않았다.

아주 유명한 브랜드에 대해서도 결점을 길게 늘어놓았다. 예를 들어 마음에 둔 이케아 가구를 사러 갈 때 모든 가구점을 지나야 하는 불편을 지적했다. 또 가구를 포장할 때 도와줄 사람을 찾기가 어려운 것에 대해서도 불만을 표했다. 집에 가서 가구를 조립할 때도 힘든 경우가 많았다. 옷장의 문이 꼭 맞지 않을 때마다 제조사가 제대로 하지 않았다고 생각한다.

그러면서도 기억에서는 이케아에 가기를 잘했다는 생각이 남는 것으로 보인다. 이 스웨덴 기업은 아름다운 추억을 불러일으키는 기술이 있는 것 같다. 실망하고 다시는 이용하지 않겠다고 다짐한 사람도 계속 다시 찾으니 말이다.

이런 현상에 책임 있다고 할 전두엽은 기억을 미화시키는 기능공 역할만 하는 게 아니다. 때로 그 밖의 기능도 하는데, 심리학자들은 오래전부터 이 현상을 알고 있다. 자주 인용되는 실험에서 실험 참가자들은 놀이공원 디즈니월드에서 유명한 토끼 캐릭터인 벅스 버니Bugs Bunny(디즈니의 경쟁사인 워너브라더스의 만화 캐릭터—옮긴이)를 본 가짜 기억을 뚜렷하게 간직했다. 사실 벅스 버니는 디즈니 사의 캐릭터가 아니므로 이 공원에선 볼 수가 없다. 왜 이 캐릭터가 기억에 남아 있는지에 대해서는 새삼 설명하지 않겠다. 분명한 것은 가짜 경험도 실제 경험만큼 기억에 남을 수 있다는 것이다.

과거 미화의 경향

오류 | 많은 사건은 충격적인 경험을 하지 않는 한, 회상할 때 더 높이 평가하게 된다.

위험성 | 기업들은 낙관적 회상의 경향을 이용하며, 냉정히 따져보면 마음에 없는 물건도 사도록 유혹한다.

해결책 | 구매를 결정할 때는 향수의 감미로운 냄새가 풍기는 상황을 확실히 파악해야 한다. 포기하지 않고 냉정히 생각해보면 상품 가격의 일부가 장밋빛 추억에 토대를 두고 있음을 깨달을 것이다.

—비난트 폰 페터스도르프

06

믿음이
불러온
오류

나도 모르는 사이
믿어버리는……

텔레비전에서 남자가 새로 나온 악취제거제 덕분에 아름다운 여자의 시선을 끌 때, 라디오에서 뮤즐리(옥수수나 귀리 등 곡물에 맞을 첨가한 과자를 우유에 타먹는 시리얼의 일종 — 옮긴이)를 광고하는 남자가 귀리의 구수한 맛이 느껴진다고 설명할 때, 전자시장 신문에서 그곳의 값이 저렴하다고 할 때, 또 인터넷에서 새로 나온 자동차가 멋진 모습을 뽐낼 때, 이때 지각 있는 시민이라면 '나는 그런 수법에 안 넘어간다'고 생각할 것이다. 하지만 그렇게 성급하게 결론 낼 일이 아니다. 이런 결론의 효과를 파악하는 데는 좀 더 시간이 걸리기 때문이다. 이에 관한 사실을 알려면 제2차 세계대전 기간에 미군에서 제작한 〈왜 우리는 싸우는가?〉라는 선전영화 시리즈가 도움이 될 것이다. 유명한 미국 심리학자 칼 호브랜드 Carl Hovland 와 동료 두 명은 미군 병사들에게 이 선전영화를 보여준 뒤 전쟁에 대한 생각을 물었다. 처음에는 영화가 별 효과를 발휘하지 못했다. 하지만 시간이 갈수록 병사들은 선전영화를 믿었고 거기서 주장하는 내용을 신뢰했다. 호브

랜드와 동료들은 이 역설적인 효과를 '수면자 효과sleeper effect'라고 불렀다. 거기서 말하는 내용이 훗날 기억 한 구석에서 되살아났기 때문이다.

이 이상한 현상에 대해 심리학자들도 처음에는 실험 결과를 믿지 않았다. 이런 효과가 실제로 존재하는지를 두고 수십 년간 논란이 일었다. 하지만 수면자 효과에 대한 수많은 실험이 이루어진 이제는 아무도 이 효과를 무시할 수 없게 되었다. 또 이런 현상이 일어나는 원인에 대한 설명도 있다.

믿을 수 없는 출처에서 나온 정보를 접할 때 그 정보는 별로 영향력을 발휘하지 못한다. 그 말을 믿기에는 정보의 출처가 미덥지 못하기 때문이다. 하지만 어리석게도 사람들은 일단 말한 사람보다 더 오랫동안 그 말을 기억한다. 시간이 흐르면서 말의 출처는 기억에서 사라지고 오로지 그 말만 남는다. 대신 말의 출처가 얼마나 믿을 수 있는지는 한참 생각해야 기억하거나 아니면 전혀 기억하지 못한다. 그리고 자신이 들은 말을 확신할 때도 있다. 이 밖에 수면자 효과는 반대효과를 일으키기도 하는데, 믿을 만한 출처에서 나온 정보는 오히려 시간이 지나면 기억이 흐릿해진다. 사람들은 이때도 출처의 신뢰성 여부에 대해서는 시간이 지나면서 기억하지 못한다. 물론 믿을 수 없는 정보가 믿을 수 있는 정보보다 기억에 더 강하게 남는다는 것을 보여주는 증거가 있는 건 아니다. 하지만 우리가 안심할 수 있는 것이라고는 이 증거가 없다는 사실밖에 없다. 시간이 지나면서 수면자 효과가 언제나 위력을 발휘하는 것은 아니지만 우리가 매우 안전하다고 믿는 상황에서 우리를 배신하는 경우가 있다는 사실이 드러났기 때문이다.

서툰 광고라면 수면자 효과는 무시해도 좋겠지만 그 밖의 경우 대체로 굉장한 위력을 발휘한다. 이것은 플로리다 대학의 심리학자 타칸 컴케일Tarcan Kumkale과 돌로레스 알바라신Dolores Albarracin이 24개 분야에서 다양하게 실시한 72차례의 실험 결과로 알 수 있다.

분명 수면자 효과는 정보의 출처를 추후에 알게 될 때 강한 위력을 발휘한다. 이때 처음에는 정보의 내용이 걸러지지 않은 채 기억에 자리 잡는다. 이런 정보를 처음부터 무시하기란 쉬운 일이 아니다. 정보의 신뢰도는 그 다음 문제다. 수면자 효과로서는 최적의 기회가 되는 셈이다. 해당 주제에 대한 관심이 클수록 이 메커니즘의 효과는 더 큰 힘을 발휘한다. 이때 뇌는 새로 들어온 주장을 유난히 잘 처리하지만 출처에 대한 관심은 사라진다. 적어도 잘 아는 주제라거나 기본 지식이 갖춰진 상태라면 도움이 될까? 그렇지 않다. 오히려 상태만 악화될 뿐이다. 이때도 적용되는 규칙은, 뇌가 새로 들은 주장을 잘 처리할수록 그만큼 정보의 출처도 중요하겠지만 출처 자체를 검증하지는 않는다는 것이다.

수면자 효과를 피하는 확실한 수단은 귀담아 듣지 않는 것밖에 없다. 한쪽 귀로 들은 것을 한쪽 귀로 흘리고 오늘이건 훗날이건 머리에 담아두지 않는 것이다. 광고라면 이런 방법이 통하겠지만 살면서 언제까지나 귀머거리인 체할 수는 없는 노릇이다. 쇼핑할 때 조언을 듣고 싶은 사람이 어떻게 다른 데로 정신을 돌릴 수 있겠는가.

그러면 어떻게 해야 할까? 이것은 수면자 효과 자체의 특징에서 찾을 수 있다. 머리가 깨어 있는 상태에서 거래를 하면 된다. 자신이 들은 정보와 그 출처를 기억하는 사람은 마음 놓고 쇼핑하러 갈 수 있다. 이와 달리 언제 어디서 그 말을 들었는지 모른다면 차라리 집에서 다시 한 번 정확한 정보를 확인하는 편이 낫다.

수면자 효과

오류 | 사람들은 믿을 수 없는 출처에서 나온 정보를 기억한다. 그리고 출처를 믿을 수 없다는 사실은 정보 자체보다 더 빨리 잊는다.

결과 | 시간이 지나면 사람들은, 평소라면 믿지 않을 것을 믿는다.

해결책 | 쇼핑할 때 조언이 필요하면 물건을 사기 직전에 그 말을 들어야 한다. 기본적으로 언제 어디선가 들은 말을 믿으면 안 된다.

─파트릭 베르나우

말馬도
계산을 한다

한스는 슈퍼스타였다. 한스는 계산을 하고 요일을 알아맞혔으며 시계도 볼 줄 알고 카드의 그림도 분간했다. 놀라운 일이 아닌가? 그렇다. 한스는 올로프 트로터 Orlov Trotter(군용, 농업용 말—옮긴이) 종이었기 때문이다. 한스의 주인은 빌헬름 폰 오스텐이라는 퇴직 수학교사로 실제로 말에게 수학과 요일을 가르치고 시계 보는 법과 카드의 그림을 가려내는 법을 가르치는 데 성공한 것으로 보였다. 이 때문에 말에게 영리한 한스라는 이름을 지어주었다. 1904년 한스가 실제로 영리한지 확인하기 위해 13인으로 구성된 과학위원회가 수수께끼를 풀어보기로 했다. 말이 정말 계산능력을 갖췄고 글자를 해독한다는 말인가?

이 수수께끼는 위원회가 아니라 한 학생의 지혜로 풀렸다. 질문을 하면 한스는 발굽으로 땅을 두드려 대답했다. 예컨대 3에다 2를 더하는 질문에는 발을 다섯 번 굴렀다. 영리한 한스의 계산기술 열쇠는 바로 여기에 있었다. 한스는 계산을 한 것이 아니라 질문자의 표정을 보고 몇 번 발을 굴러야 질문자가 기대하는 수에 도달하는지 알아차린 것이다. 처음 네 번 발을 굴렀을 때 질문자는 긴장한 얼굴로 몸을 앞으로 구부렸다. 그리고 다섯 번째 굴렀을 때 긴장을 풀며 몸을 다시 뒤로 젖혔다. 이 동작은 한스에게 멈추라는 표시였다. 이렇게 해서 한스는 정답을 맞힌 것처럼 보였다. 질문자는 자신도 모르게 답을 미리 알려주고 한스가 영리하다고 감탄한 것이다.

영리한 한스는 사람들이 정보를 처리하는 행동 몇 가지를 알려준다. 인간은 자기가 읽어내고자 하는 방향으로 정보를 해석하려는 경향이 있다. 이를테면 한스에게 어떤 특정한 결론을 기대한다는 말이다. 이 기대는 한스가 정확히 그 결론대로 발을 구르는 행동을 낳았다. 그리고 말에게 계산능력이 있다고 생각하고 감탄한 것이다. 이때 우리는 스스로 대답을 발굽에 전달했다는 사실을 간과한다. 이것을 '영리한 한스 효과'라고 부를 수도 있을 것이다. 편견에 치우치지 않는 일관된 방법으로 정보를 받아들이는 대신, 생각과 경험을 배경으로 자신이 읽어내려는 것을 정보에 투사해서 해석한다.

심리학에서는 이런 것을 '확증 편향'이라고 한다. 선입견을 갖고 사실과 정보를 해석하고 답을 찾는 경향이 있다는 말이다. 이런 현상을 분명히 보여주는 실험이 있다. 실험 참가자를 사형제도 반대론자와 찬성론자 두 집단으로 나눈 다음 참가자 모두에게 사형제도의 효과를 기술한 글을 읽게 했다. 모든 실험 참가자가 똑같은 글을 읽었는데도 찬성론자나 반대론자나 모두 글을 읽고 나서 자신의 입장을 더 굳혔다. 사형제도에 대한 실험 이전에 이들이 무슨 생각을 했었는지는 중요하지 않다. 어쨌든 같은 글을 읽고 나서도 이들의 견해는 각각 더 강화되었다. 영리한 한스에게서 드러난 것처럼 실험 참가자들은 자기가 읽어내고자 하는 것을 글 속에 투사해서 읽은 것이다.

영리한 한스 효과는 광범위하게 퍼져 있다. 현실에서 우리는 선호하는 생각으로 집중하는 경향이 있으며 자기 생각과 반대되는 주장은 외면한다. 내 견해를 뒷받침하는 사실에 더 큰 비중을 두려고 한다. 자신의 관점에 사로잡혀 사실을 명확히 재해석하려 하지 않는다. 간단히 말해 자기 생각에 의문을 표하는 대신 그 생각을 뒷받침하는 방향으로 정보를 처리하면서 기타 의견에 차단막을 친다.

게으른 증권전문가들도 영리한 한스 효과 방식으로 활동한다. 이들은 믿고 돈을 맡기는 고객에게 자기 생각을 주입하면서 예언자 행세를 한다. 이 예측이 얼마나 정확한지는 중요하지 않다. 이들의 말을 믿은 투자자는 전문가가 착각을 해도 확증 편향의 의미에서 예측 결과를 성공으로 해석한다.

영리한 한스 효과를 보여주는 또 다른 예로 이른바 '착각성 상관관계'라는 것이 있다. 일단 어떤 추정을 하면 그 추정을 아무 상관없는 곳에서도 통계적으로 연관 있는 것처럼 여기는 것을 말한다. 예컨대 증시의 시세 변동과 축구경기의 결과 사이에 상관관계가 있다고 믿고 싶은 사람은 갑자기 곳곳에서 이 믿음을 뒷받침하는 증거를 찾아낸다. 터무니없이 슈퍼볼 결과가 증시의 지수로 둔갑한다. 아메리카경기연맹(AFC)의 팀이 아니라 내셔널경기연맹(NFC)의 팀이 승리하면 늘 다우존스지수가 올라간다는 생각에 환호하는 것이다. 확증 편향을 보이는 투자전략은 이토록 터무니없는 예측에 광범위하게 의존한다. 터무니없이 내셔널연맹 팀의 성적을 다우존스와 연관시키는 것이다. 그야말로 미신과 예측의 경계가 모호해진다. 시세현황에서 파생된 기술적인 증권지수가 이와 똑같은 취급을 받기도 한다. 이것에 관해서는 뒤에서 다시 언급할 것이다. 이런 행동 중에 가장 어처구니없는 것은 시세를 알리는 모니터 옆에 행운의 토끼 발Hasenpfote(네잎 클로버처럼 서양에서 행운의 상징으로 해석하는 일종의 부적 — 옮긴이)을 놓거나 증시 점성술사를 찾아가는 것이다.

영리한 한스 효과가 낳는 또 다른 결과는 인간은 자신의 생각과 편견을 포기하지 않는다는 것이다. 포기하기는커녕 오히려 자기 생각을 뒷받침하는 정보를 찾아 나선다. 시세가 반드시 오를 것이라고 생각하면 그 생각에 집착하게 되고 서둘러 잘못된 방향으로 투자할 수도 있다. 최악의 경우 호의적인 충고마저도 외면한다. 현실과 동떨어진 전략에 기초한 생각을 버리지 않는다. 여기서 이른바 방법론적인 사고의 오류가 발생한다. 그 결과 자기 생각은 일종의 신앙이 되고 같은 생각을 공유하지 않는 사람을 무능력자로 보거나 심지어 음모를 꾸민다고 여긴다. 또 증권시세가 조작되고 세계의 발권은행이 금 카르텔과 손을 잡으며 은행들이 고객에게 음모를 꾸민다고 간주한다. 돈벌이에 눈멀어 의심이 가득한 사람에게는 음모론이 먹잇감이 된다. 이런 바탕에서 음모에 넘어가면 안 된다고 하면서 의심스러운 투자에 희생된다.

이렇게 치명적인 정보 처리 행위를 피하려면 어떻게 해야 할까? 전문가들은 분명한 대안을 제시하거나 선택의 여지가 있는 물음을 제기할 때 인간의 정보 행위는 개선된다는 것을 보여준다. 나와 다른 생각이 있음을 알게 되면 이내 확증 편향에서 벗어날 기회가 생긴다. 그러므로 늘 나와 다른 주장은 없는지 의문을 가져야 한다. 시세가 오른다는 생각과 다른 어떤 의견이 있을 수 있을까? 슈퍼볼 성적에 따르는 것과 다른 의견이 있을 수 있을까? 자기 견해를 검증하는 데 익숙해질수록 그만큼 균형 잡힌 판단에 이를 가능성이 높아진다. 그렇게 되면 말이 계산을 한다는 주장에 쉽게 속지 않을 것이다.

영리한 한스 효과

오류 | 인간은 사전에 생각해둔 추측과 판단의 관점에서 정보를 해석하거나 그런 생각을 뒷받침하는 정보를 찾는 경향이 있다.

위험성 | 그 결과 선입견을 갖게 되고 최악의 경우 미신에 사로잡힌다. 우리는 사전에 선입견에 집착하여 태도를 바꾸는 데 어려움을 겪는다.

해결책 | 반대 의견을 찾아보고 자신의 생각과 다른 무엇이 있는지 알아봐야 한다. 마음에 들지 않더라도 비판의 말에 귀를 기울여야 한다.

-하노 베크

틀에 대한
착각

우리가 정보를 어떻게 받아들이고 어떻게 해석하는가는 그 정보가 어떤 틀^{frame}에 들어 있는지와 매우 밀접한 관련이 있다. 가령 1월에 "내일 낮 기온은 15℃가 될 것이다"라는 말은 8월과 전혀 다른 의미로 전달된다. 겨울이라면 보기 드문 고온이지만 여름이라 한다면 이상 저온이기 때문이다. 그러므로 상황을 판단할 때는 우리가 정보를 어떻게 받아들이는가가 중요하다.

하지만 정보의 틀은 동시에 문제가 되기도 한다. 틀이란 우리의 선택을 왜곡할 수 있기 때문이다. 선택을 위한 틀 짜기 framework(구조화)가 어떤 영향을 주는가는 대니얼 카너먼과 아모스 트버스키가 실험으로 보여주었다.

이 실험에 참가한 사람들에게 지독한 독감에 전염될 위험이 높다는 상상을 하도록 했다. 적절한 조치를 취하지 않으면 참가자 600명이 목숨을 잃는다고 말하면서, 전염을 막기 위해 개발한 두 가지 프로그램을 선택하도록 했다. A프로그램은 정확히 200명을 구해준다. B프로그램은 600명 전원을 구할 가능성이 있지만 그 확률은 3분의 1이고, 나머지 3분의 2는 한 사람도 구하지 못한다. 응답자의 72퍼센트는 A프로그램을 선택했고(확실성이 있는 선택) B프로그램(불확실성의 선택)을 선택한 사람은 28퍼센트였다.

두 번째 단계에서 실험 참가자들에게 똑같은 상황에서 다시 두 가지 프로그램을 선택하게 했다. C프로그램은 확실하게 400명이 사망하는 것이고, D프로그램은 한 명도 사망하지 않을 확률이 3분의 1, 600명 전원이 사망할 확률이 3분의 2다. 여기서 응답자의 78퍼센트는 D프로그램이라고 답해, 첫 번째 단계와 달리 불확실성을 선택했다.

여기서 네 가지 선택사항을 서로 비교해보면 각각 A와 C, B와 D가 같은 결과를 낳는다는 것을 알 수 있다. A프로그램과 C프로그램에서는 각각 400명이 목숨을 잃고 200명이 살아남는다. B프로그램과 D프로그램은 결과는 불확실하지만 전체 600명이 사망할 확률이 3분의 2이다.

A와 C는 설명방식만 다를 뿐, 같은 내용이고 B와 D도 마찬가지다. A와 B가 언어적으로 긍정적인 결과(구원)를 보여준다면 C와 D는 그와는 대조적으로 부정적(사망)이다. 이것이 두 번째 단계에서 다른 선택을 한 이유일 수도 있다. 아마 C프로그램에 대한 명확한 표현이 — 확실하게 400명이 사망한다는 것 — 실험자 다수에게 견디기 어려웠는지도 모른다. 반면 같은 내용이라도 대조적으로 표현한 A프로그램 — 확실히 200명을 구한다 — 은 부담을 덜어주었을 수 있다. 따라서 선택의 틀을 바꾸면 근본적으로 선택 자체를 바꿀 수 있다. 카너먼과 트버스키의 실험은 이런

위험성을 단순명료하게 보여준다.

이런 현상은 과학적 결정에서도 엿볼 수 있다. 금융상품의 승산과 리스크 정보를 위해 과거 시세의 그래프를 이용할 때가 많다. 그래프 시세에서 원하는 시점에 가격이 올라간 상품이 매력적으로 보일 것은 분명하다.

투자 컨설팅에서 틀의 조건을 바꾸는 것도 중요한 역할을 할 수 있다. 자신의 컨설턴트에게 공감과 신뢰를 느끼는 은행고객은 컨설턴트를 건방진 젊은이라고 생각하는 고객보다 분명히 추천 상품을 매수하는 경향이 강하다. 고객과 투자 컨설턴트 관계에서 행동에 영향을 미치는 요인 중에는 은행 컨설팅에 대한 고객의 기본 태도도 포함된다. 컨설턴트를 의사와 비슷하게 독립적인 상담원으로 본다면 고객은 자문을 선선히 받아들이고 그의 권고를 더 자주 따를 것이다. 이와 달리 컨설턴트가 하는 말을 전자시장의 영업사원 말처럼 여기면 자문을 따르지 않는 경우가 많을 것이다.

컨설턴트에 대한 투자자의 신뢰를 촉진하는 틀 짜기는 투자 결정에 매우 긍정적인 영향을 미칠 수 있다. 그러나 리스크에 대한 전망을 가리는 틀 짜기는 무엇보다 위험하다. 이런 폐단을 예방하기 위해 2011년 유럽연합은 핵심 투자정보를 통일된 형식으로 마련할 것을 투자펀드에 의무화했다. 모든 펀드에 엄선된 지수와 수준 높은 자료를 제시하게 함으로써 투자자가 불필요한 노력을 들이지 않아도 다양한 펀드를 비교할 수 있도록 한 것이다. 이런 방법으로 각종 틀 짜기가 승산과 리스크에 대한 인식을 왜곡하는 현상은 막을 수 있을 것이다.

선택의 틀에 대한 무시

오류 | 상황을 어떻게 받아들이는가는 그 상황의 설명 방식에 좌우된다. 이 때문에 우리가 어떤 리스크를 견딜 수 있는지의 여부는 우리에게 그 리스크를 설명하는 방식이 결정한다.

위험성 | 투자 컨설턴트가 정보를 어떻게 해석하느냐는 리스크에 대한 인식과 투자 결정에 영향을 줄 수 있다. 그런 사정을 잘 모르면 잘못된 결정을 내릴 수도 있다.

해결책 | 되도록이면 객관적 관점에서 체계적으로 대안을 비교해야 한다. 그러려면 전반적인 비교를 위해 필요한 정보를 늘 찾아야 한다. 그리고 정보를 비판적으로 검토하고 자기 선택을 다각도로 조명해보는 습관을 들여야 한다. 자신의 판단이나 제3자의 권고를 맹신하지 말고 그 배경에 어떤 틀 짜기가 작용하는지 끊임없이 생각해야 한다.

-루츠 요하닝/막시밀리안 트로스바흐

우연은 제멋대로에
종잡을 수 없다

'바이오데이터 사, 에이즈 바이러스를 퇴치하는 신약 개발에 성공.' 2000년, 이 놀라운 뉴스가 보도되면서 주식 투기꾼들은 크게 동요했다. 연일 주가에 대한 기대로 시끄러운 가운데 독일 증시는 분위기가 고조되었다. 식을 줄 모르고 달아오르던 하이테크 주식에 대한 시장의 열기는 그러나 얼마 지나지 않아 마치 숙취현상과도 같은 환락 뒤의 뉘우침이 분위기를 반전시켰다.

나중에 투자자들이 분개한 것은 바이오데이터가 의약품이 아니라 IT(정보기술)-보안 분야를 개발하는 기업이었기 때문이다. 하지만 이러한 사실도 많은 투자자가 바이오데이터 사의 주식을 사들이는 것을 막지는 못했다. 회사 이름에 실버 바이오^{Silbe Bio}라는 말이 들어간 이 기업은 생물공학(바이오테크놀로지)과 뭔가 관계 있는 것이 분명해보였기 때문이다. 또 첨단기술을 발판으로 한 이 신흥기업은 당시 증시에서 꽤나 인기가 있었다.

투자자들이 잠시 분노한 것을 보고 웃음이 나올지는 모르지만 사실 우리는 어떤 사람이나 대상이나 사건을 분류할 때, 이런 방식으로 행동하는 경우가 흔하다. A라는 대상이 B집단의 다른 대상과 아주 비슷할 때, 우리는 A를 B집단의 일부로 생각한다는 말이다. 누군가가 회계원처럼 보이면 그는 분명히 회계원일 것이고 어떤 기업이 다른 생물공학 기업처럼 이름에 바이오라는 단어가 들어갔다면 생물공학 기업이 틀림없다고 생각한다는 얘기다.

심리학자인 아모스 트버스키와 대니얼 카너먼은 이러한 단축 사고에 '대표성 발견법'(하나의 대상이 그 대상을 포괄하는 범주에 얼마나 많이 속하는지를 판단해 그 특징을 대표할 가능성을 판단하는 전략—옮긴이)이라는 긴 이름을 붙였다. 사람이나 사건을 분류할 때 흔히 전형적으로 나타나는 특징을 따른다는 말이다. 은행원 복장을 했기 때문에 은행원처럼 보인다면, 그 사람은 은행원일 것이라고 판단하는 식의 사고전략은 근본적으로 영리한 것이고 시간을 절약해준다. 하지만 이런 사고는 잘못된 선택으로 이어질 수 있다. 특히 우연일 경우에 심하다. 문제는 사람이 우연한 일을 겪을 경우 바로 그 우연을 무질서한 것으로, 어수선하고 혼란스러운 것으로 생각한다는 것이다. 말하자면 무질서하지 않고 어수선하거나 혼란스럽지 않은 것은 모두 우연성을 반영할 수 없으니 우연일 수가 없다는 말이다. 우리는 우연이 표준이 될 수 있다고는 생각하지 않는다. 이 때문에 표준에 늘 의미를 부여한다. 그리고 그 표준은 우연히 발생했을 경우에도 다르지 않다.

이런 생각은 예컨대 금융권에서 도표분석으로 표시되는 것의 위력을 믿는 결과로 이어진다. 주식시세의 변동 추세에서 —얼마나 자주, 얼마나 많이 오르고 내리는지— 표준을 보는 사람은 이 표준에 의미를 부여한다. 표준은 우연히 발생할 수 없다고 확신하기 때문이다. 그러므로 더 광범위한 전체에서 개별적인 것에 결론을 내리는 대표성 발견법은 우연한 시세 변동에 의미를 부여해 힘을 실어주는 결과로 이어질 수 있다. 이 때문에 우리가 다음 장에서 논의하게 될 도표분석은 비판자의 눈에는 허황된 꿈으로 비칠 수밖에 없다. 이뿐만 아니라 대표성 발견법은 우리의 생각이 어디서든 우연히 반영될 것이라는 기대를 하게 만든다. 이 때문에 사람들은 '행운의 손'이라는 것을 믿는다.

행운의 손이란 발상은 연속적으로 발생하는 일은 비록 지속시간이 짧다 해도 우연일 수 없다는 생각에서 나온 것이다. 분석 결과가 수년간 맞아떨어지고 주식과 주가지수가 수개월째 계속 오른다면 우리는 분석가(애널리스트)가 추천한 주식에 행운의 손이 작용해 시세가 계속 이어질 것이라고 믿고 투자한다. 통계적으로 볼 때 이런 행동은 대담한 것이다. 그런 성공이 꼭 시세 반영이거나 애널리스트의 능력에 대한 증거라고 볼 수는 없기 때문이다. 오히려 그것은 전적으로 우연의 결과일 가능성이 더 크다. 하지만 이런 판단은 우연에 대한 우리 생각과 어긋난다.

최악의 경우에는 오래전 무의미한 성공을 거둔 개별 사례에 집착해 투자하게 된다. 그러므로 대표성 발견법은 한때 용한 재주를 부린 애널리스트가 증권가의 대부가 되고, 수차례 정확한 예측을 한 애널리스트를 행운의 손이라고 믿으며, 3년 연속 시장에서 히트한 펀드를 이른바 최선의 선택이라고 생각하는 결과를 낳는다. 우연한 결과를 접하고 추후에 그것에 의미를 부여하기 때문에 투자하는 것이다.

행운의 손에서는 모든 것이 지금까지처럼 진행될 것이라는 기대를 한다면, 이른바 '도박사의 오류'(서로 독립적으로 일어나는 확률적 사건이 서로 확률에 영향을 미친다는 착각에서 기인한 논리적 오류— 옮긴이)에서는 반대로 연속적인 사건이 반드시 끝날 것이라고 생각한다. 예를 들어 카지노의 룰렛 게임에서 구슬이 연속해서 4~5차례나 빨간색에서 멎는 것을 본 사람이 다음번에는 까만색에 멎을 것으로 예상하는 것을 말한다. '네 번 연속 빨간색'이라는 사건은 우연에 대한 우리 생각에 맞지 않기 때문이다. 도박사의 오류에 지배받는 사람은 따라서 형태만 다를 뿐 행운의 손을 믿는 사람과 같은 오류를 범하는 것이다. 다만 추세라는 것은 반드시 끝나게 돼 있다는 것이 우연에 대한 우리 생각에 맞기 때문에 지속적인 추세를 믿지 않을 따름이다. 도박사의 오류에 대해서는 이 책 후반부에 다시 자세히 언급하기로 한다.

이렇게 두 가지 사고는 너무 모순되면서도 동시에 현실과 잘 어우러진다. 연구에 따르면 개인투자자는 전년도에 값이 오른 미국의 주식은 다시 오를 것이라고 기대한다. 전문투자자의 생각은 이와 다르다. 도박사의 오류에 지배받는 이들은 호황의 해 다음에는 반드시 불황의 해가 이어진다고 믿기 때문이다. 하지만 이는 아무 상관도 없는 대상을 비교한 것에 지나지 않는다. 또 전년도의 이익은 올해의 상황을 설명하는 데 아무런 근거가 되지 못한다. 결국 전문가나 개인투자자 모두 유의미하다고 추정한 예에서 엉뚱한 결론을 내리는 셈이다.

우리는 우연한 사건을 접하고 여기에 의미를 부여해 투자를 결정하지만 이는 투자를 위한 최선의 근거가 되지 못한다. 우연은 이처럼 표준으로 자리 잡기에는 너무 제멋대로이고 종잡을 수 없다. 그리고 이런 일이 가능하다는 것을 깨닫지 못하면 우리는 우연의 노예가 될 것이다. 압축사고는 성공적인 투자를 위한 훌륭한 조건이 아니다. 바이오데이터 주식의 매수자들은 불과 2년도 지나지 않아 이 기업의 파산선고에 직면해야 했다.

겉으로 보이는 것이 모두 규칙을 따르는 것은 아니다

오류 | 뚜렷한 표준을 따르는 것처럼 보이는 흐름을 목격하면 우리는 이 흐름 뒤에 어떤 규칙이 작용한다고 추측한다. 이런 흐름이 어느 정도는 우연히 발생할 수도 있다는 것을 믿지 않는다. 우연에서 지속적인 것과 상반된 특징을 보기 때문에 우리는 판단에 방해를 받는다.

위험성 | 어떤 일이 우연에 대한 자기 생각과 맞지 않을 때 우리는 우연에 성급하게 의미를 부여한다. 이런 토대에서 비싼 대가를 치를 수도 있는 구매결정을 내린다.

해결책 | 동전을 몇 차례 던져 그때그때 나온 앞면과 뒷면의 수를 기록해보라. 아마 우연에서 비롯된 표준을 보게 될 것이다. 하지만 그 결과가 우연의 본질임을 잊어서는 안 된다.

−하노 베크

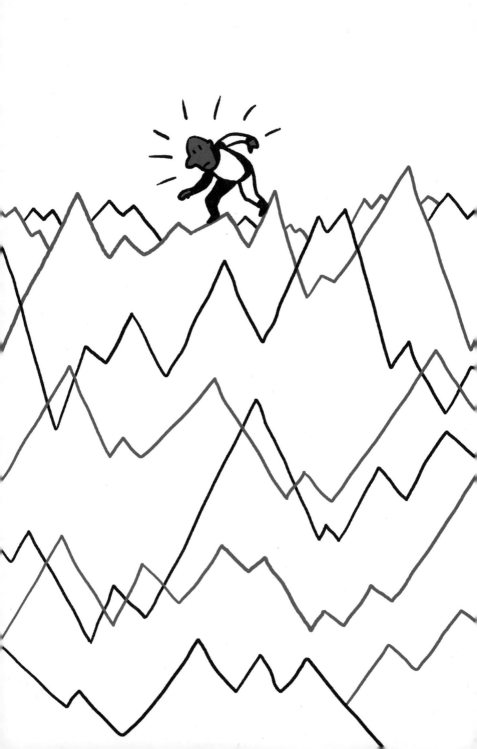

시세 표시의
기만적인 매력

주식시세는 호기심을 끌 수밖에 없다. 시세는 거의 초 단위로 바뀌며, 사람들은 한동안 그 흐름을 좇지만 처음에는 흐름의 표준을 거의 알아보지 못한다. 하지만 두 번째는 다르다. 인간의 뇌는 혼란스러운 흐름에서 질서를 발견할 때 가장 뛰어난 상상력을 발휘하기 때문이다. 질서가 없을 때는 억지로 꾸며서라도 질서를 만들어낸다. 세계적인 대종교는 모두 이렇게 발생한 것이다. 도표분석 또한 마찬가지다.

도표(차트)분석은 지나간 주가의 흐름을 토대로 앞으로의 주가 정보를 이끌어내는 온갖 방식을 종합한 표현이다. 예컨대 200일 선은 차트분석가들에게 중요한 신호를 제공한다. 이들은 어떤 주식의 가치가 지난 200 거래일의 평균시세 이하로 떨어질 때는 주의하라는 신호로 받아들인다. 그러면서 장밋빛 기대는 끝났으니 빨리 팔라고 충고한다.

유명한 머리 어깨 그래프 구조도 팔라는 신호다. 상승세가 잠깐 꺾였다가 다시 새로운 정점을 형성하고, 다시 조금 떨어졌다가 다시 조금 오르고 마침내 다시 떨어질 때 차트분석가들은 꽤 큰 시세반전이 임박한 것으로 본다. 이때 시세의 등락선이 마치 양 옆의 어깨 사이로 솟아오른 머리처럼 생겼다고 해서 붙여진 이름이다.

차트분석가들이 사용하는 기술은 또 추세선, 장기파동 또는 하루의 주가시세에서 발휘된다. 일일 시세의 범위 내에서 개장가(시가)와 폐장가(종가) 사이의 틈은 수직의 직사각형을 형성한다. 하루를 분석할 때, 이 사각형에서 위쪽으로 벗어나는 것을 위 꼬리라고 부르고 아래쪽으로 벗어나는 것을 아래 꼬리라고 부른다. 이렇게 해서 이른바 캔들차트(시가와 고가, 저가, 종가를 한 그림으로 표현하는 것으로 그 모양이 촛불과 같다는 의미에서 이렇게 부른다— 옮긴이)가 생겼다. 폐장가가 개장가보다 높으면 양초의 몸통은 속이 비게 된다. 반대의 경우에는 꽉 찬다. 캔들차트의 아이디어는 일본에서 나온 것으로, 18세기 일본의 미곡상인 혼마 무네히사本間宗久는 촛불표시로 일본 미전의 곡가를 연구했다. 그는 흰 촛불과 검은 촛불이 얼마나 서로 뒤를 잇는지, 위 꼬리(양봉)와 아래 꼬리(음봉)는 얼마나 긴지에 따라 다음 거래의 곡가를 어림잡았다.

다만 어리석은 것은 차트분석 기술을 현장에 적용할 때 전체의 절반은 운이 따르고 나머지 절반은 운이 나쁘다는 것이다. 적어도 지금까지 차트기술로 부자가 된 사람은 없다. 그리고 과거의 시세자료를 시험하는 사람도 언제나 똑같은 결과를 얻게 마련이다. 어떤 차트기술을 동원한다 해도 일반적인 주가지수보다 나은 성과를 올리는 것은 없다. 주식의 매수와 매도에 따르는 수수료를 감안한다면 때로는 차트기술을 활용하다 큰 손실을 보는 투자자도 생긴다.

차트기술이 별 성공을 가져다주지 못하는 것은 근본적인 구조의 오류에 원인이 있다. 거기에 사용하는 분석행위는 어느 것이든 과거의 정보를 적용하기 때문이다. 하지만 증권시장에서 과거는 아무런 변수가 못 된다. 합리적으로 생각하는 투자자는 오로지 '이 증권이 앞으로 내게 어떤 결과를 안겨줄 것인가?' 이 한 가지만 알려고 한다. 물론 이 의문에 대한 답은 불확실하지만 정답에 접근하는 근사방법은 있다. 이것은 적절한 양의 계산을 의미한다. 불확실한 미래의 소득 전체를 산출해내어 거기서 평균값, 이른바 기대치를 만드는 것이다. 이때 이자도 고려해야 한다. 1년 후의 100유로보다는 당장의 100유로가 더 가치 있다. 여기서 합리적 투자자가 주식에 할당하는 통계적 기대치 값이 형성된다.

비록 많은 주식투기꾼은 평균값과 기대치에 별 신경을 쓰지 않지만 그래도 이 방법은 통한다. 시장의 효율을 믿지 않고 종종 증시 루머에 기대는 이른바 뇌동 투자자Noise Trader(주관적 판단 없이 근거 없는 루머에 따라 뇌동매매에 곧잘 휩쓸리는 투자자 — 옮긴이)는 계속 실패한다. 이런 사람들은, 날마다 하는 일이라곤 앞으로의 시세나 평가하다가 지체 없이 매수와 매도 결정을 내리는 것이 고작인 전문가들에게 봉급만 지불할 뿐이다.

이렇게 미래에 집착하는 태도는 또한 주식이 생긴 이래 그래왔듯이 주가가 끊임없이 어지럽게 변동하는 원인이기도 하다. 불규칙한 시세 변동은 투기꾼의 정신이상 신호가 아니라 정확히 그 반대의 증거다. 실제 시세가 미래에 내해 이용 가능한 모든 정보를 담고 있다면 그 시세는 지금까지 알려지지 않은 뭔가 새로운 것이 등장할 때만 변할 수 있는 것이다. 그러므로 시세 변동을 예측할 수는 없다.

시장참여자가 어느 특정 시점에 투자액의 미래 이익에 대해 아는 정보는 모두 그날의 시세에 이미 반영된 것이다. 그러므로 시세 표시가 어지러운 그림을 그리지 않는다면 그것이 이상한 것이다. 이런 내용은 노벨경제학상 수상자인 폴 새뮤얼슨Paul Samuelson이 1973년에 발표한 유명한 논문에 가장 먼저 명료하게 정리해 놓았다. 이 논문은 차트분석에 대한 학술적 사망선고였다. 이후로 차트분석은 단지 좀비에 지나지 않게 되었다.

시세 표시에 대한 믿음

오류| 인간에게는 질서에 대한 기본욕구가 있다. 이 욕구 때문에 우리는 존재하지 않는 추세를 보려는 유혹을 받는다. 또 표준을 찾기 좋아하며 이 정보에 존재하지 않는 의미를 채워 넣는다. 이렇게 해서 우리의 환상과 현실 사이에 평행선이 그려진다. 그러면 주식시장에서 이루어지는 거래행위는 실제로 시세를 결정하는 요인과는 상관없어진다.

위험성| 우리는 의미가 있는, 실제로 중요한 정보를 지나친다. 그 결과 불필요한 시세차손을 보거나 이익을 놓친다. 뿐만 아니라 이 때문에 빈번한 매수, 매도의 신호가 발생해 지나친 증권거래 비용이 발생한다. 장기적 관점에서 오직 기술적인 시세예측에 기초한 거래전략은 시장에서 통하지 않는다. 오히려 많은 돈을 날릴 뿐이다.

해결책| 증시는 뒤를 돌아볼 것이 아니라 오로지 앞만 바라봐야 한다. 증시의 역사는 반복되지 않는다. 주식을 매수한 다음에는 오랫동안 신경 쓰지 말라는 옛 교훈을 가슴에 새겨야 한다. 성급한 매수와 매도를 피하라. 그것은 오로지 중개인과 은행만 부자로 만들 뿐이다.

-발터 크레머

왜 경험은 생각을
방해하는가?

어려운 질문을 하나 해보자. 앞으로 30개월 뒤 주식시세가 90퍼센트나 곤두박질 칠 확률은 얼마나 될까? 이 질문에 답하기 위해서는 올바른 전략을 세우고 그와 관련한 모든 찬반논의를 거쳐 냉정히 평가하고 경중을 가린 다음 균형 잡힌 판단을 내려야 할 것이다. 어쩌면 당신의 평가는 전혀 다른 요인, 이를테면 당신 자신이 그런 시세 폭락을 경험했는지 여부에 좌우 될는지도 모른다.

실상을 판단하기 위해 그 상황을 마음속에 떠올려보는 사고방식을 심리학자들은 '가용성 어림법'(어떤 사건이 자기 자신에게 얼마나 쉽게 회상되는가에 따라, 그 사건이 일어날 가능성이 높다고 믿는 것을 근거로 판단하는 것 ─ 옮긴이)이라고 부른다. 어떤 사건의 발생 확률 평가는 그 사건이 기억 속에서 얼마나 현재화되는지, 다시 말해 얼마나 기억으로 이용 가능한지에 좌우된다는 말이다. 이미 시세 폭락을 직접 겪어본 사람은 그것을 경험하지 못한 사람보나 앞으로 폭락의 발생 확률을 비교적 높게 잡는 경향이 있다. 현장에서 시세 폭락을 경험한 사람은 포트폴리오의 투자자산이 갑자기 줄어들 때의 느낌이 어떤지 알기 때문이다.

가용성 어림법에 따르면 기억에 남아 있는 사례를 활용할 수 있느냐의 여부가 확률과 빈도에 대한 평가를 결정한다. 기억에서 불러낼 수 있는 것이라면 현실적이고 가능성이 있다. 반대로 머릿속에 들어 있지 않은 것은 일어나지 않는, 비현실적인 것이다. 요컨대 우리가 쉽게 상상할 수 있는 것일수록 있을 법한 것으로 본다는 말이다.

이는 근본적으로 영리한 전략이다. 쉽게 기억나고 쉽게 상상할 수 있다면 그것은 그만큼 자주 발생한다는 것을 의미하기 때문이다. 그렇지 않다면 왜 그 일이 머릿속에 담겨 있단 말인가? 하지만 개별적으로 볼 때 이 전략에는 빈틈이 있다. 이용 가능성이 언제나 빈도를 의미하는 것은 아니기 때문이다. 때로 우리가 사물을 잘 인식하는 것은 그것이 명확하거나 특정 상황과 연관돼 있기 때문이고 또 개인적으로 유별난 관계가 있거나 주목할 만한 까닭이 있어서다. 일상은 우리의 관심 레이더에 포착되지 않지만 특별한 사건은 이와 달리 뇌리에 깊이 박힌다. 그러면 그것을 가능성 있고 현실적이며 일상적인 일로 여기고 가용성 어림법에 따라 아무리 이상한 것이라고 해도 그런 사건이 일어날 확률을 과대평가한다.

너무 학술적으로 들릴지 모르지만 이것은 일상적으로 겪는 현상이다. 이웃집에 불이 나면 우리는 갑자기 화재보험에 가입할 결심을 한다. 화재 위험성이 이제 현실의 문제로 머릿속에 깊은 인상을 남기기 때문이다. 또 다른 예로 홍수가 나면 홍수보험의 수요가 늘어나는 것을 들 수 있다. 시세 폭락에 공포를 느낀다면 이미 그 일을 경험했기 때문이며, 증시에 대해 별 걱정을 하지 않는다면 큰 손실을 본다는 게 실감나지 않기 때문이다. 이런 현상에서 판단착오가 발생하는 예를 들자면 한이 없다. 우리는 더 잘 기억난다는 이유로 그 일이 일어날 확률을 높게 잡지만 그렇다고 그것의 발생 빈도가 더 높아지는 것은 결코 아니다. 연구에 따르면, 리스크를 인식하는 태도에서 아마추어는 전문가와 전혀 다르다. 어쩌면 리스크를 평가할 때 전문가가 통계에 의존하는 데 비해 아마추어는 자신의 기억을 뒤지기 때문인지도 모른다.

예를 들어 사람들은 특정 사인死因의 위험성을 평가할 때, 언론에 자주 보도된 것일수록 발생 가능성을 더 높게 평가한다. 언론도 우리의 기억을 각인시키는 데 한몫을 한다. 언론은 높은 빈도가 아니라 관심을 끄는 사인을 보도하며 이에 따라 우리는 내 아이가 투견에 물릴 수도 있다는 가능성 때문에 불안해진다. 가장 심각한 것은 언론이 가용성 폭포(어떤 주장이 공공 담론에서 맞는 것으로 논의될수록 더 신뢰를 받는 현상—옮긴이) 같은 현상을 일으킬 때다. 언론이 위험하다고 여겨 빈번한 보도로 대중의 인식을 키우면 대중은 위험하다고 생각한다. 그리고 이런 대중의 판단이 다시 보도로 이어지면서 결국 리스크 측면에서 모기만 한 사건은 보도매체의 행위로 코끼리처럼 확대된다.

단적인 예는 주식시장에 대한 연구 결과가 보여준다. 자동차회사에 리콜 사태가 발생하면 해당 기업의 주식뿐만 아니라 경쟁기업의 주식도 몸살을 앓는다. 주주들은 갑자기 생산 과정의 실수가 부른 위험성을 알게 된다. 이 때문에 비록 리콜이 다른 기업에서 발생했다 해도 동종 주식의 리스크를 다시 평가하는 것이다.

또 투자시장의 흐름을 가용성 시각에 대한 변덕으로 설명할 수도 있다. 사람들은 자신이 주목한 종목에 투자를 늘린다. 특히 개인투자자는 실제로 유난히 눈에 띄는 주식을, 가령 극단적인 시세 폭락을 했거나 거래량이 많은 주식 또는 언론에 자주 보도돼 표가 나는 주식을 빈번하게 매수한다. 또 애널리스트도 호황기에는 가용성 어림법에 따라 장기적 이익을 낙관적으로 평가하는 것으로 보인다. 어디서든 경제가 잘 돌아간다고 생각하는 사람은 장기적 성장 전망을 과대평가하게 마련이다.

이 결과는 또 주식시장에서 자신의 승산을 오판하는 경우로 이어질 수도 있다. 언론 보도가 성공적인 투자 이야기로 가득 차면 증시의 성공이 뇌리에 깊이 박혀 결국 우리에게 찾아온 기회를 과대평가하게 된다. 반면 투자에 실패해 재산을 날린 많은 사람들의 이야기는 언론에 자주 등장하지 않는다. 이런 이야기는 잘 보도되지 않아 모르기 때문에 우리는 자신의 승산을 왜곡해 평가하게 된다. 신문마다 증시 사기꾼에 대한 이야기는 많아도 실제로 실패한 투자자에 대한 기사는 찾아보기 어렵다. 왜 우리는 투자에 성공하지 못할까? 우리는 이미 가용성 어림법에 속고 있는 것인지도 모른다.

모르는 게 약이다

오류 | 쉽게 상상할 수 있거나 기억에 잘 떠오르는 것은 가능성이 더 높거나 더 현실적인 것이라고 생각한다.

위험성 | 우리는 어떤 일을 쉽게 떠올릴 때 그 의미를 지나치게 강조하는 경향이 있다. 선명히 기억하는 까닭은 그 일이 자주 일어나서가 아니라 관심을 끌었기 때문이다. 반면 일상적인 일은 우리의 관심에서 벗어난다.

해결책 | 사건의 발생 확률을 평가하기 위해서는 한 가지 길밖에 없다. 통계를 확인하는 것이다. 숫자는 경험만큼 거짓말을 자주 하지 않는 법이다.

－하노 베크

군중심리에
휘말리지 마라

우리 인간은 때로 들판에서 풀을 뜯는 양떼나 그 옛날 서부 미개척지의 대초원을 누비는 아메리카 들소와 비슷하게 행동하지 않을까? 무리를 짓는 짐승과 같은 존재가 아닐까? 영어로 '허딩herding(짐승의 떼, 무리)'이라는 말이 있다. 경제학에서는 다른 사람들의 특정 행동을 보고 그 행동을 따라 할 때 이 말을 사용한다. 다른 사람들이 나보다 앞서 주식을 매수했다는 그 이유 하나 때문에 주식을 사들이는 것이 단적인 예에 해당한다. 그런 행동이 아메리카 들소가 떼를 지어 이동하는 형상을 닮았기 때문에 이런 표현이 나온 것이다. 무리 중의 일부가 본능을 따르거나 신선한 풀의 냄새를 좇아가면 나머지가 그 뒤를 따라가는 형상이다.

이런 상황은 길을 아는 선도자나 지도자가 있다는 사실과 관련이 있다. 그렇다고 꼭 지도자가 있어야 하는 것은 아니다. 무리는 이런저런 선도자를 따르며 주식시장에서도 다양한 참여자들이 앞서 나갈 수 있다. 이렇게 명백한 군중행동(쏠림현상)은 전체 또는 적어도 다수의 사람이 같은 일을 목격하고 그 바탕 위에서 똑같은 결론에 이르는 태도로 구분된다. 예컨대 X라는 기업이 연말 결산을 속였고 실제로는 흑자가 아니라 큰 적자를 기록했다는 소식이 증권가에 알려지면 어떤 일이 벌어질지는 자명하다. 누구나 X기업의 주식을 가능한 한 신속하게 처분하려고 할 것이다. 누구나 똑같은 행동을 하지만 그렇다고 이들이 짐승 떼와 같은 것은 아니다. 그보다는 모든 구성원이 어쩌면 매가 접근해오는 것을 본, 새 떼를 닮았다고 할 수 있다. 이때 위험 상황을 예민한 감각으로 식별하는 행동은 별 도움이 못 된다고도 할 수 있을 것이다. 짐승 떼든 새 떼든 무슨 차이가 있단 말인가?

경제학자들의 생각은 다르다. 경제학은 쏠림현상에서 합리적인 것과 불합리한 것을 구분한다. 가령 A기업의 주식이 좋은 투자대상인지 아닌지 정확히 모르는 사람들로 이루어진 큰 집단이 있다고 가정해보자. 각 개인은 누구나 A가 좋다거나(G) 나쁘다(S)는 것을 암시하는 정보를 얻는다. 이 밖에 다른 사람의 행동을 주시할 수도 있지만 다른 사람이 어떤 정보를 얻었는지는 모른다. 나머지 사람들과 상관없이 결정을 내린다면 누구나 자신의 정보를 따를 것이다. 즉 이 말은 G를 본 사람은 주식을 매수하고 S를 본 사람은 손을 뗀다는 뜻이다. 알베르트가 G를 보고 주식을 매수하고, 베르타는 알베르트가 매수한 것을 보았다고 가정해보자. 이때 베르타는 알베르트가 분명히 G를 봤을 것이라는 결론을 내릴 수 있다. 만약 베르타도 G를 본다면 똑같이 주식을 매수할 것이다. 이것을 본 세실리아는 베르타가 좋은 징조를 본 것이 틀림없다고 생각할 수 있다. 이때 세실리아는 확실하게 G가 두 번이나 관측되었다는 정보를 갖는다. 이 때문에 세실리아 본인은 S를 보더라도 똑같이 주식을 매수하는 결과로 이어질 수 있다. 두 개의 G와 하나의 S란, 합리적인 기대치로 본다면 언제나 이 주식은 좋은 것이라는 기대를 낳기 때문이다. 그럼 세실리아부터는 자신의 징표에 더 이상 주목할 필요가 없다. 어떤 경우에도 매수가 일어나는 것이다. 이른바 정보폭포라는 것이 생기고 도리스, 에크하르트, 파비안 등 다른 사람도 마치 군집생활을 하는 짐승처럼 지체 없이 다른 사람의 행동을 따르게 된다. 이때의 행동은 매우 합리적이라고 할 수 있다.

그렇다고 이들이 꼭 좋은 성과를 낸다는 말은 아니다. 정보폭포에서 자신이 본 것에 의존하는 것은 합리적이지만 정보폭포가 잘못된 방향으로 나갈 가능성은 얼마든지 있다. 합리적인 쏠림현상이 과오를 막아주는 것은 아니며 불합리한 경우는 더 말할 나위가 없다.

갈수록 이른바 피드백 현상이 주목받는 것은 무엇보다 행동경제학적인 금융시장 연구, 즉 이른바 '행태 금융론Behavioral Finance' 덕이다. 이 분야에서 탁월한 업적을 이룬 사람은 2000년에 인터넷 경제의 붕괴를, 2008년에 미국의 부동산 거품이 꺼질 것을 예견한 로버트 쉴러다. 모든 경제학자가 이런 사태를 예측하지 못한 것은 아니었다. 피드백 모형은 투기로 주식이나 부동산 가격이 치솟고 덩달아 가격이 계속 오를 것이라는 기대를 낳는 과정으로 투기 거품을 설명한다. 이런 피드백은 현실적으로 측정한 가치에서 가격이 한참 벗어나는 과정을 자체에 내포한다.

쉴러는 이 효과가 얼마나 큰 위력을 발휘하는지를 두 가지 예로 설명한다. 첫 번째 예는 1630년에 네덜란드에서 목격된 그 유명한 튤립 거품이다. 이때 상인들은 특정 종의 튤립 뿌리 가격이 폭등할 것이고 피드백 구조의 원리에 따라 이 뿌리의 값이 천문학적인 가격으로 치달을 것이라는 사실을 알고 큰돈을 벌었다. 이 거품이 꺼지고 튤립 뿌리 가격이 붕괴되면서 사람들은 비싼 대가를 치러야 했다.

두 번째 예는 닷컴 열풍이 불었을 때 쓰리콤(3Com) 사가 보유하고 있던 팜Palm 사의 주식 10퍼센트를 매각한 일이다(닷컴 열풍이 불 때 과대평가된 팜의 주식을 분리 매각해 결국 손해를 본 사건— 옮긴이). 이때 가격을 기초로 쓰리콤 사에 남아 있던 나머지 90퍼센트 팜 사의 주식을 평가하면 쓰리콤 사 자체 주식 가치에는 부정적인 효과를 가져왔다는 사실이 드러났다. 주식시장에서는 나머지 지분 90퍼센트가 쓰리콤 전체의 기업가치보다 더 높게 평가되었기 때문이다. 이때의 닷컴 열풍은 큰돈을 벌 기회로 보였다. 합리적인 투기꾼들도 팜 사에 대한 과대평가 흐름을 막지는 못했다.

이 두 가지 예는 오래전부터 알려진 것이고 그 배후에 담긴 불합리한 쏠림현상이 알려진 것도 이미 오래되었다. 그래도 아무 소용이 없었다. 미국의 부동산 거품과 이를 발판으로 발생한 금융위기를 막지는 못했기 때문이다.

군집 동물

오류 | 우리는 다른 사람이 하는 대로 따라 하고 경우에 따라 다른 사람의 잘못된 판단에 의존하기도 한다.

위험성 | 쏠림현상은 불확실성을 내포한 합리적 과정의 결과일 수 있다. 하지만 그렇다고 정보의 합리적인 처리가 우리의 오판을 막아준다는 뜻은 아니다.

해결책 | 무엇보다 중요한 것은 매출이나 이익의 변동 같은 기업 자료에 주목하는 것이다. 일반적인 생각이나 증권시세가 이런 자료와는 판이하게 움직인다면 분명히 뭔가 잘못된 것이다. 이럴 때는 혹시 잘못 판단해 '새로운 단계'나 이와 비슷한 것을 믿고 따르는 피드백 메커니즘이 작용한 것은 아닌지 검토해야 한다.

−요아힘 바이만

생각 없는 모방심리가
낳은 시대정신

1980년대 미국에서는 갑자기 사과가 건강에 아주 해롭다는 주장이 제기되면서 논란이 있었다. 문제의 발단은 많은 미국산 사과에서 식물생장 조절제로 쓰이는 에일라^{Alar}가 검출된 데 있었다. 에일라는 갑자기 발암물질로 간주되었다. 공개적인 캠페인이 벌어진 뒤 이 약물은 사용이 금지되었다. 하지만 캠페인은 엄청난 후유증을 낳았다.

이와 관련해 우리가 알아야 할 것은 에일라는 지나치게 많은 양을 섭취했을 때, 예컨대 매일 약 2만 리터의 사과주스를 마시게 되면 위험하다는 것이다. 하지만 에일라에 대한 우려의 목소리는 미국 전역에 울려 퍼졌고 미국 TV 매거진과 영화배우 메릴 스트립의 발언으로 에일라의 명성은 치명타를 입었다. 어떤 시민은 독극물 비상센터에 전화해 사과주스를 개수대에 버려도 되는지, 유독물 쓰레기 수거함에 따로 버려야 되는지 물을 정도였다. 많은 부모가 자녀들에게 사과를 먹이지 않게 되었고 이 때문에 사과를 섭취함으로써 생길지도 모를 해보다 아이들에게 더 해로운 결과를 가져왔다.

하지만 아무 생각 없는 불안심리의 모방에서 나온 논란 속에 합리적 생각은 들어설 공간이 없었다. 사실 모방심리가 나쁜 것은 아니지만 빈번한 사고의 오류, 즉 앞에서 언급한 가용성 어림법과 결합할 때는 위험한 생각이 된다.

아무 생각 없이 남의 말을 되풀이하는 것을 심리학에서는 정보폭포라고 부른다. 그동안 정보폭포에 대해서는 수많은 연구가 이루어졌다. 예를 들어 명문 매사추세츠 공과대학의 아비지트 바너지와 어바인 캘리포니아 대학의 데이비드 허시라이퍼 David Hirshleifer 교수의 연구가 있다. 역설적으로 정보폭포는 모든 참여자가 사실과 반대로 생각했을 때 발생한다.

이 배후에 작용하는 원리는 정말 단순하다. 모든 것을 알 수 있는 사람은 아무도 없으며 개인이 아는 것은 극히 일부에 지나지 않는다. 또 더 많이 알려고 하면 오히려 상황이 아주 복잡해질 뿐이다. 이런 사람은 사과 사건의 경우, 직접 암이나 적어도 가용성 이론에 관한 연구를 해야 하기 때문이다. 자신이 직접 이해하려면 전문가가 되는 수밖에 없으며 그러자면 너무 많은 시간이 소모된다. 이 때문에 대중이 알고 있는 정보는 단편적이거나 믿을 만한 것이 못 된다. 따라서 자신의 지식을 과신하지 말고 다른 사람의 말을 듣는 것이 좋다. 사과에 대해 흥분한 메릴 스트립은 관련정보를 수집했을 것이다. 사람들은 그렇게 믿었다. 이런 메커니즘에 대해서는 이미 앞에서 자세히 살펴보았다.

이런 정보폭포는 판단착오로 이어질 수 있다. 처음 정보를 접한 사람들이 속았다는 사실을 아무도 모른다면 ─ 당시 메릴 스트립처럼 — 사고의 오류는 빠른 속도로 자리 잡는다. 갈수록 많은 사람이 그 말을 확신하고 갈수록 많은 사람이 그 내용을 전할 것이며 이와 더불어 그 이야기에는 기만에 기초한 신뢰가 형성된다.

일부는 사과가 암을 유발한다는 소식을 처음 들었을 때 회의적인 반응을 보였을 수 있다. 하지만 회의적인 생각을 하는 사람도 여남은 명이 반대 의견을 말하는 것을 듣는다면 결국 그 말을 믿게 된다. 이렇게 해서 처음에는 단 한 사람의 관점이었더라도 시간이 가면서 널리 퍼지게 된다.

여기에 사회적 압력이 작용하면 한층 더 불리해진다. 이때 정보폭포에서 '명성의 폭포'가 생기기 때문이다. 지배적인 생각에 반대하는 사람은 눈 밖에 나게 되므로 반대 의견은 갈수록 줄어든다. 특히 정치인 입장에서 다수 의견에 반대하는 것은 좋지 못할 때가 많다. 그 정치인의 대중적 이미지에 부정적인 영향을 미치기 때문이다. 설사 그 정치인이 더 많은 것을 안다 해도 이런 사실에는 변함이 없다. 동시에 정치인은 보통 사람보다 자기 의견을 더 쉽게 전파할 수 있으며 그것이 판단착오라 해도 대중에게 더 빨리 전파되는 것은 마찬가지다.

앞에서 말한 사과의 예에서 본다면 어떤 시민도 잘못 생각하지 않았다. 단지 모두가 이성적인 숙고를 거쳐 그에 따른 행위만을 했을 뿐이다. 그럼에도 불구하고 이 이야기는 결말이 좋지 못했다. 사고의 오류가, 즉 앞서 언급한 이른바 가용성 어림법이 작용했기 때문이다. 그리고 가용성 어림법과 결합한 결과는 특별한 문제를 낳았다.

캘리포니아의 경제학자 티머 쿠란Timur Kuran과 시카고의 법학자 캐스 선스타인Cass Sunstein은 입법과정에 대한 분석에서 이 문제를 기술했다. 가용성 어림법은 우리가 모든 것을 빠르면서도 동시에 능숙하게 기억에서 불러낼 수는 없다는 사실과 직결된다. 가용성 어림법에 기초해 사람들은 빨리 기억하고 쉽게 상상이 되는 정보를 더 안전하고 더 믿을 수 있는 것으로 생각한다. 이 말은 또 우리가 자주 듣고 읽는 정보일수록 그만큼 더 신뢰하는 경향이 있다는 의미이기도 하다. 이런 생각은 정보폭포에 본격적인 추진력을 실어준다. 회의적 반응을 보이던 소수의 사람들도 거대해진 여론을 접하고 점차 자기 생각에 의구심을 품으며, 그 결과 갑자기 처음 판단에 등을 돌리면서 자신이 한때 회의적 반응을 보였다는 사실조차 기억하지 못하게 된다.

이런 과정을 거치며 숱한 분야에서 특정 견해를 지나치게 강조하고 다른 의견은 과소평가하는 시대정신이 탄생한다. 이런 시대정신이 탄생하는 과정은 수많은 우연에 달려 있다. 그리고 비슷한 문제에 직면한 국가가 똑같은 사안에 전혀 다른 시각을 보이는 일이 생길 수 있다. 원자력을 예로 들면 독일에서는 끔찍한 물질이자 환경오염물질로 간주하지만 미국에서는 생각이 다르다. 미국인들은 기후 보호 측면에서 앞으로 몇 년 후 원자력 에너지를 포기하는 것을 비윤리적이라고 생각한다.

특정 견해를 지나치게 강조하는 행위가 얼마나 비싼 대가를 치르게 되는지는 미국의 사과 거부 운동이 보여준다. 물론 1990년대에 유엔이 에일라가 해롭지 않다는 사실을 밝히기는 했지만 이때까지 워싱턴 주의 사과농장에서 입은 손실만 적어도 1억 2천

5백만 달러는 되었다. 또 미국 농무부도 사과 일부를 매입하기 위해 1천 5백만 달러를 지출했다.

그러면 어떻게 할 것인가? 전문가들은 어떤 조치를 취할지를 놓고 논란을 벌였다. 캐스 선스타인 같은 법학자들은 합리적 해결을 위해 의회에 사안별로 해당 정보를 책임지는 상설위원회를 설치하자는 조치를 제안한다. 또 폴 슬로빅Paul Slovic 같은 심리학자는 인간의 인식에 우선권을 둔다. 사과가 싫은 사람은 논란을 벌일 것이고 알아서 사과를 외면할 것이라는 말이다.

가용성의 폭포

오류 | 우리는 때로 자주 듣고 읽는 이야기일수록 더 진실한 것으로 생각한다. 이때 이야기의 사실 여부는 중요하지 않다. 다른 사람들도 똑같은 생각을 한다. 이렇게 해서 생각 없는 모방심리의 결과 시대정신이 형성된다.

위험성 | 어떤 시대정신이 생기는가는 거의 우연에 달려 있다. 처음에 틀린 생각이라면 위험성이 크다.

해결책 | 이 문제에 도움말이 필요한지 또는 시대정신이 잘못되어도 살아가는 데 아무 문제가 없는지는 불확실하다. 올바른 정보를 중요하게 생각한다면 때로 정보 원천자의 주장을 들어봐야 할 것이다.

—파트릭 베르나우

흥미진진한 이야기의
함정

보고의 기술이 엄청 유행하고 있다. 이것을 스토리텔링(이야기하기)이라고 부른다. 그 배후에는 기본적으로 세상 사람들에 대해 보고할 때는 모두 대단히 성공한, 절로 고개가 *끄떡여지는* 이야기만 들려주라는 요구가 숨어 있다. 논픽션 도서의 저자와 기자는 이 요구를 진지하게 받아들이고 있으며 기업경영자는 그 사이 스토리텔링의 교육을 받기에 이르렀다.

이런 기술을 사용하는 사람은 큰 이점을 얻는다. 스토리텔링은 지루하고 이해하기 어렵고 다의적이며 복잡한 요소를 필터처럼 걸러내 다루기 쉬운 이야기로 현실을 압축해, 듣는 이의 귀에 쏙 들어가 기억에 남기는 기능을 하기 때문이다.

청중의 이목을 집중시키려면 무엇보다 이 기술이 필요하다. 들은 이야기를 잘 기억하면 다른 사람에게 얼마든지 잘 들려줄 수 있는 것이다. 스토리텔링은 일정한 기준에 따른 정보가 제공되기 때문에 청중은 보다 쉽게 정보를 받아들인다. 일정 기준에 따른 정보가 제공되기 때문이다. 이는 주변세계의 복잡한 관계를 간단히 정리해 서로에게 미치는 영향력을 한눈에 알아보고 싶어 하는 사람들의 기호에 들어맞는다. 기본적으로 스토리텔링은 맛난 소스 같은 작용을 한다. 소스 덕분에 평소라면 결코 먹지 않을 뻣뻣한 고기도 소화할 수 있다. 게다가 인간은 천성적으로 다른 사람과 어울리기를 좋아한다. 이야기는 이런 특징에 부합한다. 이야기하는 사람과 청중을 묶어주기 때문이다. 전체적으로 볼 때 스토리텔링은 현실을 작은 꾸러미로 나누도록 도와주는 것 같다.

스토리텔링에 긍정적인 면만 있는 것은 아니다. 그것은 늘 똑같은 첨가물을 걸러내며, 현실에서 따온 이야기를 늘 똑같은 기준에 따라 똑같은 재료로 짜 맞춘 것만 남길 뿐이다. 스토리텔링 전문가는 사실 이야깃거리는 얼마 되지 않는다고 말한다. 대개 극심한 빈곤을 이기고 성공한 이야기, 떠났다가 돌아온 이야기, 희극, 비극, 영웅담이라는 것이다. 능숙한 이야기꾼(스토리텔러)은 이런 소재 중 하나를 골라 기준에 맞지 않는 요소를 모두 솎아낸다.

이 때문에 이야기가 단순화되는 경향이 있다. 선과 악의 대결은 언제나 좋은 소재가 되고, 자연스럽게 납득되지 않는 행동방식은 떨어져 나간다. 우리는 현실에 많은 선과 악이 공존한다는 것을 알고 있다. 또 때로는 악당이 등장해 여기저기서 선한 사람 행세를 하기도 한다. 하지만 실생활에서는 동화에서처럼 악이 전적으로 나쁘고 선이 꼭 좋은 것만도 아니다. 마찬가지로 훌륭한 정신의 기준에서 보는 것처럼 음모가 많은 것 같지도 않고 또한 그 음모가 강력하거나 결정적인 힘을 발휘하는 것도 아니며 별로 전략적이지도 못한 것으로 보인다.

스토리텔링이 처음부터 비난받을 만하거나 잘못된 결론을 내리는 것은 아니다. 문제는 이야기꾼이 이야기를 멋지게 꾸미기 위해 사실을 왜곡하거나 이야기를 사실에 맞추려고 하는가에 달려 있다.

실망을 느낄 때도 많다. 금융위기나 유로위기는 아무리 똑똑한 사람이라도 명확한 해석과 원인 규명이 어려운 사건이다. 정치, 부적절한 리스크 성향(허용범위), 은행과 신용평가사에 대한 잘못된 인센티브, 열악한 리스크 관리, 잘못된 통화정책, 국고부담금, 이런 주제는 많은 생각을 요하는 것들이다.

그 대신 탐욕스러운 경영자나 악의적 헤지펀드에 책임이 있다거나, 형편없는 투자은행에 모든 책임이 있다거나, 골드만삭스가 전적으로 책임을 져야 한다는 식으로 음모를 거론하면 쉽게 이목을 끈다. 물론 은행장들은 모두 책임이 있다. 유로위기가 절정에 달했을 때 지중해 연안 국가에서는 메르켈 총리가 이끄는 독일이 나머지 유럽 국가를 손아귀에 쥐고 곤경으로 몰고 가려 한다는 이야기가 퍼져 있었다. 이런 이야기는 아주 냉정한 현실 요인이 들어설 자리를 허용하지 않으며 앞에서 확인했듯이 어쩔 수 없이 믿게 되는 우연의 요소만 활개를 칠 뿐이다. 이런 시기에 눈에 띄는 현상은 조연급 인물들의 성공이다. 예컨대 경제학 시험을 치른다면 예외 없이 낙제점을 받을 전직 주식중개인들이 근거가 빈약한 이야기를 퍼트리는 경우가 여기에 해당한다. 위기의 시대에는 스토리텔링에 재주가 있는 협잡꾼들 주위로 청중이 모인다.

스토리텔링은 효과를 발휘한다. 이를테면 공론의 장에 불을 지핀다. 반反-헤지펀드 캠페인이 좋은 예다. 헤지펀드(국제 증권 및 외환 시장에 투자해 단기 이익을 올리는 자금— 옮긴이) 중에 금융위기와 경제위기 때 국가의 구제를 받은 곳은 한 군데도 없으며 아무도 거들떠보지 않을 때도 그리스의 국채를 매수했다. 이들에게 차입 유가증권의 매각 같은 비즈니스 모델은 금지되었다. 헤지펀드는 결국 악의적인 투기꾼으로 간주되었다. 정치인들이 은행 임원의 급여를 제한하는 일은 쉽지만 정치인도 결국 책임에서 벗어날 수 없다. 이 같은 조치는 여론의 환영을 받는다. 정치인은 사회정의를 따르는 듯 보이지만 원인을 제거하기 위해 싸우지는 않는다. 동시에 논란을 일으키고 복잡한 문제는 외면한다.

경제학자인 타일러 코웬Tyler Cowen은, 아무 생각 없이 선악을 주제로 한 이야기를 계속 늘어놓는 사람은 누구든 지능지수에서 10점을 감점하자고 제안한 적이 있다. 권선징악의 할리우드 영화에 딱 어울리는 이야기라는 생각이 들면, 그때가 곧 이야기의 신뢰성이 의심스러운 시점이라고 생각하면 된다.

이야기에 대한 이해

오류 | 우리는 일정한 기준을 따르는 현실의 이야기를 그대로 믿는다.

결과 | 우리는 이 세계를 실제 이상으로 단순하게 본다. 이 때문에 위기가 닥쳐도 제대로 대처하지 못한다.

해결책 | 유난히 극적인 이야기를 들을 때는 절대 아무 생각 없이 그대로 믿어서는 안 된다.

－비난트 폰 페터스도르프

07

인간은
쉽게 극단으로
치닫는다

성공이 바보를
낳는다

1986년 4월 26일, 체르노빌에 있는 원자력 발전소의 4호 원자로가 폭발했다. 온 유럽은 여기서 방출된 방사능 먼지에 오염되었다.

이 재앙을 해결하기 위해 많은 사람이 모였다. 여기서는 인재의 측면에 집중하기 위해 영국의 심리학 교수 제임스 리즌James Reason의 설명에 따르기로 한다. 우크라이나의 '원자로 가동 담당자'들은 초보자가 아니라 유명한 전문가로 구성된 호흡이 잘 맞는 팀이었다. 이들은 사고 발생 전 오랫동안 원자로 조종에 있어 뛰어난 능력을 입증한 사람들이었다. 리즌의 말마따나 자신감이 매우 충만한 팀이었다. 원자로는 관측값이 아니라 어느 정도는 내부의 소리를 기초로 조종한다고 한다. 리즌은 이 팀이 '우스꽝스러운 안전규정'을 염두에 두지 않았다는 결론을 내린다. 이 규정은 '어린애들'이 원자로를 조작할 때 지키라고 만든 것이지 노련한 전문가들에게 해당되는 것은 아니라고 생각했다는 얘기다.

이 팀이 자신감만 믿고 소수의견을 억누르는 집단 사고를 키웠다는 것만 문제가 아니다. 한층 더 심각한 문제는 이들의 조종법에 있는 것처럼 보였다. 이 원자로 팀은 완전히 의도적으로 안전덮개를 손상시켰다. 그 이유는 단순하면서도 동시에 끔찍한 것이었는데, 과거에 안전덮개가 손상되었어도 작동엔 전혀 문제가 없었다는 것이다. 어느 면에서는 규정에 고분고분 따르지 않는 운전방식이 이 팀의 단골수법이 되었다. 계속 그렇게 해왔어도 문제가 발생하지 않았기 때문이다. 이 팀이 허용한계를 벗어난 것은 악의에서가 아니라 그렇게 하는 게 더 편했기 때문이다.

풍부한 경험은 사고의 가장 큰 적이 된다. 경험은 조건이 바뀌었을 때도 입증된 방법을 적용하도록 유혹한다. 문제는 그러한 관행이 거듭 성공할 경우 자신이 선택한 행위의 의미와 결과를 생각할 필요가 없다고 속삭인다는 것이다. 이것은 위험하다. 훗날의 실패를 부르기 때문이다. 일정 상황에서만 성공적인 문제해결 방법이 어느덧 만능 해결책이 되어버린다.

이런 성향은 많은 사람이 '성공한 방법에 머무는 동안 커다란 불확실성을 극복하려는' 열망이 생기는 것과 관계있다. '그러면 이런 태도가 일반화된다'라는 게 밤베르크의 심리학자 디트리히 되르너Deitrich Dörner의 말이다. 되르너는 다음과 같이 1994년의 예를 든다. "베엠베BMW가 로버Rover를 인수한다. 이후 이사장이 된 요아힘 밀베르크가 인터뷰에서 말한 대로 당시 거의 모든 자동차 기업들이 너도나도 외국 경쟁사를 인수했다는 것이 이유였다. 당시에는 기업 인수가 유행이었고 베엠베는 인수 경쟁에서 뒤처지고 싶지 않았기 때문이다. 한 인도인 동료는 1970년 인도에서 활동하던 기업 중에 30년 뒤까지 살아남은 곳은 3퍼센트뿐이라는 사실을 밝혀냈다. 그의 분석에 따르면 그 원인은 편의적 방법론주의(사전에 주입된 의식에 따라 행동하려는 경향— 옮긴이)에 있었다."

방법론주의는 주변 환경, 시장, 경쟁자에게 대가를 치르는 결과가 나타날 때까지는 잘 통한다. 이런 원리는 기업이나 기관의 지도자뿐 아니라 감사나 중역회의의 의장들이 배워야 할 교훈이다. 성공을 거두었어도 늘 그 배경을 따져볼 필요가 있다.

이에 대한 훌륭한 사례는 작센 주립은행의 파산이 보여준다. 수년간 이 은행의 아일랜드 지점은 자금의 원천 역할을 했다. 지분소유자와 주 정부, 저축은행을 관리하는 지자체는 아일랜드에서 거둔 이익에 즐거워했다. 작센 주 자체에서는 그만한 성과를 올리지 못했기 때문이다. 현금이 정확히 유입되었기 때문에 시장이나 주 의회, 주 의회의원, 작센 주립은행의 감독위원을 맡고 있는 3명의 장관 중 누구도 복잡한 금융시스템을 정확히 알려고 하지 않았다. "경영이 원활했기 때문에 그것은 2차적인 문제였죠." 당시 작센 주 의회의 금융 및 예산위원회 의장이던 로날트 베케서가 《프랑크푸르터 알게마이네 차이퉁(FAZ)》 기자에게 한 말이다. 실제로 무슨 일이 벌어지고 있는지, 아무도 알려 하지 않았다.

게다가 작센에서는 감독 책임이 있는 정치인들이 작센 주립은행과 관계된 사소한 문제에 매달려 있었다. 주로 업무용 차량을 둘러싼 부당한 연결(커플링) 장치에 대한 문제였다. 사소한 비리가 커다란 의혹을 가리는 일이 많다.

사람들은 어떤 선택을 할 때 내용을 단순화시킨 것에 대해서는 문제 삼지 않는 경향이 있다. 이런 경향은 그 자체로는 합리적이고 필요할 때도 있다. 다만 문제는 어떻게 하는가이다. 순수한 형태로 볼 때 방법론주의는 방법이 원칙을 손상하는 경우가 있다. 이는 상황을 고려하지 않는다는 점에서 옳다고 할 수 없다.

방법론주의에 매달리는 사람은 제1차 세계대전 초기에 기관총 사격에 대응하기 위해 기병대를 전투지역으로 파견한 장군들과 비슷하게 행동한다. 이때 지휘관들은 그들의 구식 무기가 무기력하다는 사실을 깨닫지 못해 엄청난 피해를 입었다. 물론 장군들은 이전에 기관총에 대해 들었고 그것의 가공할 위력도 알고 있었으며 직접 실물을 본 이들도 많았다. 다만 자신들의 지식을 활용하지 못했을 뿐이다. 1908년 영국의 헤이그 장군은 "기관총은 완전히 과대평가되었다!"라는 말을 들은 적이 있었다. 반면 1905년 러일전쟁을 직접 목격한 이언 해밀튼 장군은 기병대가 기관총에 맞아 맥없이 쓰러지는 것을 보고 난 뒤 이렇게 말했다. "기병대는 앞으로 보병을 위해 밥 짓는 일에나 쓸모 있을 것이다." 영국의 장교들은 그렇게 말한 동료의 판단력을 의심했다.

또 다른 한편에선 겉으로 드러나는 근거에 따라 자신의 방법론주의를 고수하려는 사람들이 있다. 이들은 자신의 방식을 뒷받침하는 정보를 끌어 모은다. 앞에서 설명한 확증 편향의 경우에 해당한다. 이때 자신이 선택한 방법을 제대로 뒷받침해주는 자료는 중시하고 마음에 들지 않는 것은 무시한다. 도중에 뭔가 잘못되고 있다는 신호가 나타나도 스스로 그것에서 벗어나지 못한다. 석유 굴착용 플랫폼(해상에서 원유나 천연가스를 생산하기 위한 구조물—옮긴이) 딥 워터 호라이즌Deepwater Horizon도 폭발 24시간 전 기압 상승과 유체 감소 같은 경고신호가 있었지만 책임자들이 그것을 보고도 아무 조치를 취하지 않는 바람에 결국 심각한 환경재앙이 발생하고 말았다.

그러면 어떻게 해야 하나? 추상적으로 표현하자면 결정권자는 자신의 성공을 불신하는 법을 배워야 할 것이다. 결정을 내리는 팀에 모든 것 하나하나를 끝없이 의심하는 신경증환자가 있다면 좋다. 또는 이미 쓰라린 실패를 경험한 사람이 있어도 좋을 것이다.

덧붙여 누구나 상황이 얼마나 복잡한지 분명히 파악해야 한다. 상황이란 것이 얼마나 빨리 변하던가? 개별 요인은 어떤 방식과 강도로 서로 연관되는가? 그리고 현재 상황은 이전과 어떤 공통점이 있는가? 아무도 결정이 쉽다고는 말할 수 없을 것이다.

방법론주의

오류 | 누구나 성공한 방법을 고수한다. 입증된 방법은 만능 해결책으로 승격한다. 성공은 때로 그 성공이 가능했던 특별한 상황을 보지 못한다.

결과 | 상황이 변했음을 고려하지 않는 방법은 조만간 실패할 수밖에 없다.

해결책 | 성공의 요령과 아무 때나 통할 것 같은 경험을 불신하라. 비숙련자와 위기 발생에 민감한 직원이 포함된 팀을 꾸려라.

−비난트 폰 페터스도르프

슈퍼스타를
조심하라

·

하니엘^{Haniel} 가문은 1756년에 기업 경영에
뛰어들어 1980년대와 90년대에 대대적인 성공을 거두었다. 카우
프호프^{Kaufhof}, 메트로^{Metro}, 첼레지오^{Celesio}는 이 재벌 가문 그룹의
대기업이다. 이 가문이 역사에 등장한 지 250년이 지날 무렵 경
제계의 스타 한 사람이 이 그룹에 합류했다. 다이믈러의 전 경영
자인 에크하르트 코르데스^{Eckhard Cordes}였다. 코르데스는 다이믈
러와 크라이슬러를 합병했고 이 밖에 다이믈러크라이슬러와 제
휴한 미쓰비시의 지분을 인수했던 인물이다. 코르데스는 그룹 경
영권을 둘러싼 경쟁에서 밀려난 적이 있기 때문에 하니엘 가문에
대해 자유로운 몸이었다.

2007년 코르데스는 하니엘 그룹의 최고경영자 자리에 오르는
동시에 핵심 계열사라고 할 메트로의 경영권도 인수했다. 취임
당시 그는 "우리의 목표는 앞으로 몇 년간 시장수준을 웃도는 성
장률이다"라고 선언했다. 하지만 현재까지 메트로 주식 시세는
절반으로 떨어졌고 카우프호프와 첼레지오는 경영 상태가 지지

부진하다. 코르데스 이후 제2의 슈퍼스타라고 할 독일 맥킨지 전 사장 위르겐 클루게를 영입한 것도 아무 도움이 되지 못했다.

독일에서 업적을 둘러싸고 논란이 분분한 스타 경영자로서는 이 밖에 카리스마와 국제적 감각을 겸비하고 많은 사람들에게 텔레콤 주식을 매수하도록 부추긴 론 좀머^{Ron Sommer}를 들 수 있을 것이다. 지금까지도 많은 사람들이 좀머 때문에 손실을 입어 분개하고 있다. 토마스 미델호프^{Thomas Middelhoff}는 베텔스만 그룹을 경영하면서 많은 이익을 올렸다. 뒤에 그가 맡은 카르슈타트(아르칸도르)는 경영난에 허덕였고 그의 후임자로 텔레콤의 전 금융담당 사장이 경영권을 인수한 뒤에는 결국 파산하고 말았다.

기업 경영의 세계에 등장한 이 슈퍼스타들은 도대체 어떤 인물들인가? 넓은 의미로 보면 최고경영자는 대중에게 잘 알려져 있고 카리스마를 갖추었으며 자기 영향력을 발휘하는 데 중점을 두고 대기업을 경영하는 인물이다. 좁은 의미에서는 경쟁에서 승리해 '올해의 경영자'라는 칭호를 부여받은 회장들이라고 할 수 있다. 이런 경영자에게는 기업을 살려낸다는 의미로 일종의 구원의 사명이 주어진다. 이들이 경직된 문벌기업에 새바람을 불어넣고 백화점 체인을 살려내며 관광 사업에 새로운 시대를 열 수 있다고 기대하기 때문이다. 대개 외부에서 영입하며 기업과 낯선 분야에서 명성을 올린 인물도 드물지 않다.

독일 경제학자 울리케 말멘디어는 일단의 미국 최고경영진을 위해 자문활동을 한 적이 있다. 경영 활동의 대가로 공공연히 거금을 긁어모으는 자들이었다. 말멘디어는 제프 테이트^{Geoff Tate}와 공동 저술한 책에서 다음과 같이 말한다. '슈퍼스타 최고경영자

(CEO)는 일정한 성과를 올려 경영자 상을 수상한 뒤에는 더 높은 급여를 받는다. 다른 경영자들과 비교할 때 어마어마한 액수다. 이들이 기업 외적인 활동에 많은 시간을 소비하는 것은 분명한 사실이다. 예컨대 책을 쓴다든가, 감사위원회 활동을 하면서 다보스 회의에 참석하는 일 등이다. 하지만 가장 중요한 것은 일단 수상을 한 이후에 이룬 성과가 수상 전 혹은 아무 상도 받지 못한 다른 경영자들과 비교할 때 미미하다는 것이다.'

대중적인 명망을 누리는 경영자는 자신에게 주어진 핵심 사업을 무시하기 시작한다. 동시에 사회적으로 부러움을 사는 이들은 높은 명망 덕분에 엄청난 급여를 받는다. 이 때문에 다시 기업을 위해 열심히 일할 충동을 잃어간다. 게다가 갈수록 아무도 건드리지 못할 무소불위의 권력을 지녔다고 믿게 된다. 슈퍼스타 출신의 최고경영자는 때로, 앞 장에서 상세하게 소개한 방법론주의에 빠져 변화된 세상에서 아무 도움도 안 되는 낡은 방법을 고집할 때도 있다.

최고경영자를 영입할 때 자체 기업에 대한 성과와 관련해 스타 경영자의 명성을 지나치게 낙관하면 모든 면에서 큰 손실을 볼 수 있다. 연구 결과에 따르면 자부심이 강한 최고경영자는 기업 인수에서 미숙한 태도를 드러내며 때로 그룹 전체를 일사불란하게 통솔할 수 있다는 과대평가 심리에 도취돼 제국을 건설하려는 경향을 보인다.

사고의 오류는 드높은 명성과 카리스마의 위력에 대한 믿음에서 나온다. 유난히 경영자를 알리는 데 일조하는 잡지 중심의 언론에서는 복잡한 사안을 스토리가 담긴 구조로 바꾸는 법칙이 은

연중에 불문율로 되어 있다. 또 일과 사람을 엮는 수단 중에 그 효능이 입증된 방법은 일상적 경쟁을 승자와 패자의 싸움으로 만드는 것이다. 이렇게 되면 영향력과 힘, 능력은 과장이 불가피하고 스토리에 담긴 다른 성공요인은 과소평가되게 마련이다.

동시에 최고경영자를 물색하는 임무를 맡은 위원회가 볼 때는 조용히 업무를 처리하는 인물보다는 슈퍼스타를 앉히는 것이 확실한 방식이다. 이때 그것이 섣부른 선택임을 예상하는 사람은 아무도 없다. 이런 일은 회사를 살리기 위해 외부에서 경영자를 영입할 때 특히 빈번히 발생한다. 이제 어떤 일이 벌어질까? 결과적으로 경영 상태가 훨씬 악화되었다는 사실이 드러날 뿐이다. 뾰족한 대안 없이 시간에 쫓겨 과감한 결정을 내렸지만 실패로 끝날 뿐이다. 슈퍼스타 출신이 빛날 때는 제너럴 일렉트릭의 잭 웰치Jack Welch처럼 활기를 잃고 비대해진 기업을 온통 뒤흔들어 대수술을 감행할 때다. 아니면 린데의 볼프강 라이츨레Wolfgang Reitzle처럼 자신이 슈퍼스타라는 생각을 버리고 말없는 가운데 열심히 일하면서 주주들에게 진정한 스타임을 입증해보일 때뿐이다.

슈퍼스타 숭배 풍조

오류│ 기업은 명망 있는 경영자를 최고위직에 앉히고 안심한다.

결과│ 최고경영자에 취임한 슈퍼스타는 종종 핵심 사업에 너무 시간을 적게 들인다. 그러면서도 다른 경영자들에 비해 훨씬 높은 급여를 받는다. 게다가 훗날 손실만 안겨준 것으로 드러난 기업을 인수하려고들 한다. 기업 회생을 위해 영입한 스타가 전체 직원을 완전히 혼란에 빠트리는 일은 흔하다.

해결책│ 대단한 명성이라는 것을 비판적으로 바라볼 것이며(건설적 불신) 말없이 실행하는 업적에 주목하라.

−비난트 폰 페터스도르프

선물은
적게 하는 것이 좋다

아차, 선물을 골라야지. 독일인들은 해마다 매번 정성스럽게 고른 선물이 받는 이의 마음에 들지, 그렇지 않을지를 걱정한다. 전자제품체인 기업인 메디아 마르크트는 사람들의 이런 걱정을 이용해 광고를 개발했다. '크리스마스는 트리 밑에서 판가름 난다.'(크리스마스트리 곁에서 선물을 주고받는 풍습을 떠올리게 하는 광고—옮긴이) 좀 과장된 광고일지는 모르지만 한 가지 분명한 것은 크리스마스트리 곁에서 실망하는 일이 생길 수 있다는 것이다.

보기 드문 일도 아닐 것이다. 경제학자들 사이에서는 수년 전부터 크리스마스는 연중 가장 돈을 많이 쓰는 날이라는 인식이 퍼져 있다. 이미 1993년에 미국의 경제학자 조엘 왈드포겔Joel Waldfogel은 크리스마스 선물의 소매가격과 선물 받는 사람이 느끼는 가치를 비교한 적이 있다. 왈드포겔은, 비록 선물에 담긴 따뜻한 마음에 대한 기쁨이 선물의 가치를 높여주기는 하지만, 판매 가격은 분명 받는 사람이 느끼는 가치보다 훨씬 더 비싸다는 사

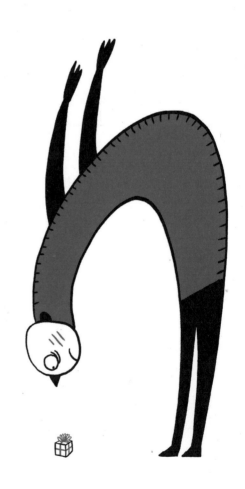

실을 확인했다. 어쨌든 이 모든 것이 예로부터 있어온 모든 선물의 문제를 해결해주지는 못한다. 즉 선물하는 사람은 대부분 받는 사람이 실제로 무엇을 원하는지 모른다는 것이다.

왈드포겔의 학생들은 당시 1인당 약 440달러의 크리스마스 선물을 받은 것으로 조사되었다. 하지만 이들이 생각한 선물의 가치는 313달러밖에 되지 않았다. 가격의 약 4분의 1이 아무 보람도 없이 지출된 것이다. 이와 비슷한 결과는 독일 보훔 대학에서 실시한 설문조사에서도 드러났다. 가장 인상적인 선물 세 가지를 골라 따져보았을 때도 가치의 손실은 가격의 평균 10퍼센트가 넘었다.

누구나 알듯이 선물은 개인의 특별한 의미를 담음으로써 찬사받는 다음 세 가지 경우가 특히 바람직하다.

첫째, 많은 시간을 들인 것일 때, 예를 들어 손수 만든 것일 때 주는 마음에 대한 기쁨은 무척 커진다. 둘째, 받는 이가 바라는 것을 정확히 맞출 때도 마찬가지로 기쁨은 크다. 셋째, 받는 이 자신도 지금까지 미처 모르고 있던 바람을 충족할 때다. 대체로 선물을 주는 사람은 이상의 조건을 알아야 한다. 예로, 문학전문가가 절친에게 선물할 책을 찾는다면 친구가 전혀 생각지도 못한 것을 고를 수 있다. 또 음악전문가는 CD를 선물로 고를 수 있을 것이다.

이 모든 것은 남에게 선물한다는 것이 얼마나 힘든 일인지를 말해준다. 선물을 받을 때 사람들은 의외로 까다롭다. 마음에 드는지 아닌지 꼼꼼히 평가하며 감동받지 못할 때는 기껏해야 주는 마음만 받아들일 뿐이다. 받은 선물이 기호에 전혀 맞지 않는다면 선물 받을 때의 기쁨은 다시 줄어든다. 옛 속담에 '거저 주는 물건은 가치를 따지지 마라'라는 말도 있지만 이마도 이 말은 선물을 받고 실망한 사람이 스스로 되풀이해서 다짐하게끔 하려고 생겼을 것이다. 전혀 예상 못한 상태에서 순식간에 실망을 드러낼 수 있기 때문이다.

가령 덤으로 주는 선물이 기쁨을 깎아내린다는 것을 누가 알겠는가? 이런 일은 실생활에서 얼마든지 일어날 수 있다. 예를 들어 대형 홈시어터를 선물하면서 과자 몇 봉지를 얹어준다면 이것은 즉시 무례를 범하는 것으로 받아들여질 수 있다. 이런 경우를 킴벌리 위버 Kimberlee Weaver 미국 심리학 팀은 '선물의 모순'이라고 부른다. 덤으로 준 작은 선물이 선물 전체에 대한 기쁨을 감소시킬 수 있다는 말이다.

이 팀은 아이패드로 이런 예를 실험했다. 아이패드 자체는 설문조사 결과 미국인들에게 약 240달러의 가치가 있는 것으로 밝혀졌다. 이때 아이패드 외에 음악 다운로드권을 덤으로 주자 받은 사람에게 선물 전체의 가치는 약 175달러로 줄어들었다.

이 밖에 호텔광고에서도 사람들은 비슷한 반응을 보였다. 호텔 입장에서는 오로지 최고의 시설이 갖춰진 방이라는 광고만 하는 편이 좋았다. 구체적인 시설을 하나하나 소개한 결과 오히려 방의 가치가 떨어졌기 때문이다. 연구 결과에 따르면 변호사가 법정에서 변론할 때도 별로 설득력이 없는 변호는 차라리 생략하는 편이 더 낫다는 충고도 똑같이 적용된다.

선물하기란 정말 어렵고 실제로 실망을 안겨주는 일은 얼마든지 있을 수 있다. 아마 선물하는 사람이 대체로 아량이 넓지 않다면 끊임없이 싸움이 일어날지도 모른다. 선물하는 사람에게는 사실 가능한 한 큰 기쁨을 주려는 의도가 있기 때문이다.

이런 사실은 마음에 들지 않는 선물을 다른 사람에게 줘버려도 괜찮은지 묻는 설문조사에서 드러난다. 이에 대한 의견은 크게 갈렸으며 같은 사람도 경우에 따라 다른 반응을 보였다. 일반적으로 선물을 받은 사람은 그것을 다시 다른 사람에게 선물하는 것을 매우 무례한 것으로 생각한다. 예를 들어 전혀 마음에 들지 않는 명품 찻잔세트를 선물로 받은 사람은 선물한 사람에게 그 찻잔에 대한 일종의 권리가 있다는 느낌을 가질 수 있다. 그리고 전혀 마음에 안 든다 해도 이 사람이 찾아올 때마다 식기장에 잘 보이도록 그 찻잔을 정돈해놓게 된다.

물론 선물한 사람이 권리를 생각하는 일은 없을 것이다. 적어도 마음에서 우러나 선물했다면 그런 생각을 할 리 없다. 이런 경우에는 선물 받은 사람이 그것을 다른 사람에게 주어도 크게 개의치 않는다. 런던의 가브리엘 애덤스Gabrielle Adams 연구팀은 설문조사를 통해 이런 경우에 선물을 준 사람이 얼마나 기분 상했을지의 정도를 1에서 5까지 등급을 매기게 했다. 응답자들의 대답은 평균 2 이하였다. 이에 비해 선물을 받은 사람은 준 사람에 대한 모욕이라는 대답이 거의 3에 가까웠다.

이런 이유로 가브리엘 애덤스 팀은 마음에 들지 않는 선물을 다른 사람에게 주는 날을 지정하자고 제안하기도 했다. 심지어 미국에서는 이 날을 선전하는 운동이 일어나기도 했다. 해마다 12월 셋째 목요일을 재선물의 날로 정하자는 주장이 나올 정도였다. 왜 하필 그날일까? 바로 그날부터 미국의 다양한 크리스마스 축제가 시작되기 때문일 것이다. 그리고 이 운동의 사전 설문조사에서는 크리스마스 축제 때 유독 그동안 묵혀두었던 많은 선물이 새 주인을 찾아간다는 사실이 확인되었다.

이것을 아는 사람은 또 다른 뭔가를 재빨리 알아차릴지도 모른다. 왜 독일기업에서는 비밀산타(크리스마스 직전에 게임으로 선물을 주고받는 풍습. 일정한 시점까지 누가 선물했는지 비밀에 붙인다— 옮긴이)의 풍습이 그토록 인기가 있는지.

선물의 모순

오류 | 사람들은 선물을 하나만 받을 때 오히려 더 좋아한다. 큰 선물과 작은 선물을 함께 받는 경우 종종 작은 선물이 큰 선물에 대한 기쁨을 깎아내린다.

위험성 | 때로 선물하는 사람은 호의로 많은 것을 주지만 이것은 받는 사람의 기쁨을 감소시킨다.

해결책 | 좋은 선물은 받는 사람의 개성에 어울린다. 이런 선물은 많은 시간을 들여 장만한 것이거나 전문적인 지식으로 골랐을 경우가 많다.

−파트릭 베르나우

문제는
실패자!

제2차 세계대전 중에 영국군은 거의 매일 도버해협으로 폭격기를 출격시켰다. 이것은 위험한 작전이어서 많은 조종사가 살아 돌아오지 못했다. 영국 기술진은 조종사의 생존율을 높이기 위해 폭격기에 장갑을 갖추기로 했다. 하지만 어느 곳에 강철판을 씌운단 말인가?

기술진은 출격에서 무사 귀환한 기체를 조사해 총알구멍이 가장 많이 난 부분에 방탄 강철판을 덧씌웠다. 안타깝게도 이 방법은 조종사의 생존율을 높여주지 못했다. 이에 대한 원인을 찾던 기술진은 철판 무게 때문에 기체가 항로를 쉽게 변경하지 못했을 것이라고 추정했다. 이때 기술진에 합류한 수학자 아브라함 발트 Abraham Wald는 의외의 제안을 했다. 총격을 받아 많이 손상된 곳이 아니라 구멍이 나지 않은 곳에 강철판을 덧씌우라는 충고였다. 구멍이 난 상태로 기지에 귀환했다는 것은 총격 받은 자리가 그다지 타격이 크지 않은 자리라는 것이 그의 판단이었다. 이와 달리 돌아오지 못한 폭격기는 귀환한 기체와는 다른 곳에 총격을 받았으리라는 주장이었다. 즉 그의 말은 귀환한 기체에 난 구멍은 즉시 추락할 만큼 위험한 부분은 아니라는 말이다. 영국 기술진의 판단착오는 치명적인 결과를 낳았으며 통계학에서는 이런 오류를 '생존 편향'이라고 부른다. 의역하자면 '생존자를 위한 왜곡'이라는 뜻이다.

이 같은 착각은 앞에서 이미 소개한 것처럼 임의로 왜곡한 표본에서 오는 특수한 경우에 해당한다. 간단히 말해 생존 편향은 살아남은 사람만 주목하고 실패한 사람은 고려하지 않는다는 뜻이다. 그 결과 생존 가능성을 잘못 판단한다. 이렇게 상황을 왜곡하는 예는 수없이 많다. 사람들이 배우나 음악가, 작가, 운동선수가 되려는 까닭은 언론이 성공을 거둔 배우나 음악가, 작가, 운동선수만을 보도하기 때문이다. 스타가 된 사람들 뒤엔 스타를 지망했다 좌절한 사람이 수두룩하다는 사실을 염두에 두지 않기 때문에 스스로 그 가능성을 지나치게 높이 평가하는 일이 생긴다.

또 다른 예로 수많은 능력개발서가 있다. 이런 책들은 직업적 성공전략을 충고하면서 다양한 예를 통해 우월성을 강조하는데, 문제는 거기서 선전하는 전략이 통하지 않는 경우가 얼마나 되는지는 언급하지 않는다는 것이다. 금융시장에서도 생존 편향을 볼 수 있다. 펀드상품을 예로 들면 펀드사는 수년간 종목이나 제품라인의 실적을 계산하면서 살아남지 못한 펀드의 손실을 제외함으로써 체계적으로 이익을 과대평가한다. 방법과 데이터베이스에 따라 이 차이는 연간 0.22~1.57퍼센트 포인트에 이를 수 있다.

신규 발행된 유가증권의 실적을 장기간 관찰하면서 파산한 기업의 증권을 평가에서 제외할 때도 비슷한 결과가 나온다. 이렇게 불완전한 방법은 폐업한 기업의 통계가 누락되고 결국 그 때문에 전체 평균을 끌어내릴 일이 없기 때문에 실적을 과대평가하는 결과로 이어진다.

주가지수의 실적도 흐름이 나쁜 주식은 지수에서 제외한 뒤 계산에 포함시키지 않으므로 왜곡된 결과를 낳는다. 늘 성공적인 주식만 고려하는 주가지수가 되는 것이다. 그러므로 1989년에 닥스에서 당시 자신의 구성방식으로 투자한 사람은 현재 시점에서 낙관적으로 역계산하면 잡혀야 할 이익을 얻지 못한다고 놀라서는 안 된다. 닥스 원년 참여기업인 독일 밥콕 주식회사Deutsche Babcock AG의 사례에서도 이런 일은 분명하게 드러난다. 1995년 닥스에서 탈락한 뒤 회사법상 잔존 형태로 남은 밥콕 보르지히Babcock Borsig의 주식은 0.01유로를 기록했다. 이런 몰락은 1995년 이후로 닥스의 실적에 더 이상 반영되지 않는다. 현재 닥스에 오르지 못하는 모든 기업의 손실은 그러므로 더 이상 지수에 반영되지 않는 것이다.

여기에 실패한 기업이 사라지는 현상이 추가된다. 요컨대 시세표에서 사라진 주식은 모두 역사상의 자료에 보이지 않는다는 말이다. 그러므로 성공한 주식만을 대상으로 자신의 전략을 점검하게 된다. 마치 낙제생은 제외하고 성적이 우수한 학생만을 대상으로 교수법의 성공 여부를 타진하는 것과 마찬가지다.

이런 이치를 깨닫는다면 생존 편향으로 잘못된 결정을 내리는 일은 막을 수 있다. 성공한 예뿐만 아니라 실패한 경우까지 함께 고려해야 성공 가능성을 높일 수 있다. 실패사례에서도 많은 것을 배울 수 있는데, 가령 어떤 전략이 통하지 않는지를 알 수 있다. 성공을 거두려면 모름지기 실패의 예를 알아야 한다.

실패를 가리기

오류 | 우리는 목표를 달성한 사람들만 주목할 뿐, 실패해 물러난 사람들에게는 별로 관심을 두지 않는다.

위험성 | 우리는 이런 방법으로 승산과 리스크를 잘못 파악한다. 주가시세에서 성공한 기업의 이익만 고려하게 되면 실패 기업의 손실은 배제하므로 평균치를 체계적으로 이상화해서 계산한다.

해결책 | 늘 실패 사례를 찾아보라. 반대로 생각할 줄 알아야 하며 실패한 사람의 실적도 고려해야 한다. 늘 성공만 하는 경우보다 오히려 더 많은 것을 배울 것이다.

ー하노 베크

손해 본 주식에 갈채를

2011년 3월의 후쿠시마 원전사고는 여러 면에서 체르노빌의 핵 재앙을 연상시킨다. 더 심각한 문제는, 일본의 소방관들이 원자로의 노심융해(폐 핵연료봉이 녹아내리는 현상— 옮긴이)를 막기 위해 뜨겁게 달아오른 핵연료봉을 냉각시키려고 안간힘을 쓰는 장면을 수백만 명의 독일인이 저녁 뉴스를 통해 지켜보았다는 것이다. 특히 독일의 수많은 투자자들은 뒤늦게 새로운 재생가능에너지의 미래가 활짝 열렸다는 것을 재빨리 알아차린 것으로 보였다. 이들은 독일의 태양에너지 관련 주식에 투자했고 동시에 그때까지 원자력발전소 때문에 많은 돈을 벌게 해준 에온E.ON(독일의 가스 및 전력 생산기업— 옮긴이)과 에르베에RWE(독일의 에너지 공급회사— 옮긴이) 같은 공공사업주를 매각했다.

생태-닥스(재생에너지를 생산하는 생태기업 중심의 독일주가지수— 옮긴이)는 불과 며칠 사이에 채 200포인트도 안 되는 수준에서 246퍼센트 이상으로 뛰었다. 에온과 에르베에의 주가시세는 급격히 무너졌다. 이 사건 이후 원전 정책을 단계적으로 폐지한다는 독일연방정부의 발표는 많은 사람들에게 시의적절한 조치로 보였다. 그런데 1년이 지나자 뭔가 다른 조짐이 보였다. 생태-닥스가 100포인트 이하로 떨어졌기 때문이다. 물론 에르베에와 에온의 주식은 여전히 후쿠시마 사고 이전의 수준을 밑돈 것이 분명했지만 적어도 손실의 일부를 다시 보상받을 정도는 되었다.

행동경제학의 관점에서 볼 때 이는 희귀한 현상이라고 할 수 없다. 급격한 시세 상승과 하락은 눈에 확 띄는 새로운 뉴스에 대해 투자자가 과잉반응을 보인 결과일 때가 더러 있다. 그러다 왜곡된 시세는 시간이 가면서 기업의 실적을 바탕으로 정상화될 때까지 차츰 평소의 수준을 회복한다.

1985년에 두 명의 경제학자 베르너 드 본트Werner de Bondt와 리처드 탈러는 가장 먼저 이 같은 과잉반응의 실체적 의미를 밝혀냈다. 두 사람의 연구 결과에 따르면 극단적인 시세 변동에는 점진적인 반작용이 뒤따른다. 그리고 처음의 변동이 클수록 이후의 반작용도 큰 폭으로 이어진다. 사실적 근거를 마련하기 위해 두 경제학자는 뉴욕증권거래소에서 거래된 미국 주식의 시세 변동 상황을 조사했다. 확실한 결과를 적용하기 위해 이들은 장기적 시기를 조사하기로 하고 1930년부터 1977년까지를 조사시간으로 정했다. 이 기간에 활용할 수 있는 자료를 충분히 확보할 수 있었기 때문이다. 그리고 이 기간을 서로 겹치지 않게 3년씩 16부분으로 쪼갰다. 이들의 생각은 과잉반응이라는 판단이 맞는다면 한 시기에 이익을 본 주식은 다음 시기에는 손해를 보는 흐름이어야 한다는 것이었다. 그리하여 주식의 이익을 계산한 다음 시기별로 해당순위를 정했다. 최소 이익 주식 35종을 '손실 포트폴리오'로 분류했다. 가장 큰 의문은 이 주식을 3년 뒤에 다시 이익을 남기고 팔 수 있었는가 하는 문제였다. 이익을 가장 많이 남긴 주식은 반대로 처리했는데, 즉 해당 주식을 '이익 포트폴리오'로 분류하고 하락 추세를 보인 것으로 산정했다.

연구 결과는 실제로 이들의 추정이 맞았음을 보여주었다. 이에 덧붙여 손실 포트폴리오의 반등이 대부분 이익 포트폴리오의 하락보다 폭이 더 컸다는 사실을 확인했다. 두 사람은 이 결과를 미국의 유명 학술지 《금융저널》에 발표했다. 논문 제목은 '주식시장은 과잉반응하는가?'라는 도발적인 물음이었다. 이 글을 읽은 독자는 누구나 곳곳에서 그렇다고 대답했다.

그럼에도 불구하고 전문가들은 이 논문에 회의적인 반응을 보였다. 이런 식의 주장은 고전경제학 이론에는 있을 수 없었기 때문이다. 논리적으로 생각하고 이익을 염두에 두는 투자자는 언제든 시세의 '진정한' 흐름에서 조금이라도 이탈할 기미가 보이면 기민하게 대처할 준비가 되어 있다는 것이 반박 논리였다. 그러므로 지나친 과잉반응이란 있을 수 없다는 것이었다. 모든 투자자가 합리적인 거래를 하는 건 아니지만 적어도 일부 투자자는 합리적으로 결정하므로 이런 투자를 싸잡아 평가할 일만은 아니라는 것이다. 또 즉시 다른 사람의 잘못을 자신의 이점으로 활용할 수도 있다는 점에서 지나친 과잉반응이란 생각할 수 없다는 논리였다.

그래도 탈러와 드 본트는 흔들리지 않았다. 두 사람에게 합리적인 투자자는 보이지 않았고 대신 투자자는 누구나 온갖 함정에 빠지는 심리적 욕구로 가득 찬 사람으로 보였다. 왜곡된 인식이나 쏠림현상, 아니면 허영심, 자기 과대평가, 자신의 대한 회의에 휩쓸린 것으로 보였다. 그리고 이런 현상은 소액투자자뿐 아니라 전문가에게도 해당된다는 것이다. 이들이 볼 때 과잉반응은 부인할 수 없는 사실이었다.

두 사람은 또 투자자가 과거 정보보다 새로운 정보에 유난히 더 큰 비중을 두는 것이야말로 주식시장이 과잉반응을 보이는 근거라고 말했다. 어떤 기업이 경영난에 허덕인다는 지극히 충격적인 소식이 알려지면 언론은 다투어 자세히 보도할 것이고 투자자는 아주 민감하게 반응할 것이라는 게 이들의 주장이었다. 이때 투자자는 이전에 좋은 소식이 알려졌을 때의 상황은 잊어버리는 경향이 있다고 한다. 그리고 특히 새로운 정보가, 후쿠시마 사고처럼 눈에 확 띄고 생생한 것일수록 과잉반응이 나타난다는 것이다.

인간은 더 의미가 클지 모를 과거의 추상적인 정보를 정작 중요한 순간에 간과하는 경향이 있다. 이런 식으로 투자자는 후쿠시마의 핵 재앙이 일어난 이후에는, 오래전에 태양전지판의 생산은 독일보다 중국에서가 훨씬 수월하다는 보도가 나왔던 사실은 잊어버렸다. 그 결과 태양에너지 관련 주식이 몸살을 앓을 것이라는 것을 깨닫지 못한 것이다.

드 본트와 탈러의 논문은 많은 논란을 불러일으켰다. 비판자들은 이들의 주장이 너무 애매하고 무엇보다 근거 없는 결론을 내린다고 지적했다. 미국의 금융학자 스티븐 로스Stephen Ross는 "심리학자들은 이론적인 뒷받침이 없는 상태에서 지나치게 많은 답을 늘어놓는다"고 비난했다. 이런 비난과 달리 일부에서는 시간을 갖고 과거 자료를 충분히 분석하는 투자자는 언제나 돈 버는 전략을 발견하게 마련이라는 의견도 나왔다. 뿐만 아니라 파산한 기업이 데이터뱅크에서 사라진 것을 전혀 고려하지 않는다는 점에서 수많은 행동경제학 연구가 한쪽으로 치우쳤다는 주장도 있었다.

사실 이런 논란은 현실적으로 판단하기 어렵다. 그럼 과잉반응을 유익하게 활용하려면 어찌 해야 하는가? 그런 것이 실제로 존재한다면 드 본트와 탈러가 보여준 것이 정확한 답일 것이다. 또 이런 결과가 알려지면 세상이 변할까? 이들의 연구는 이와 비슷하게 행동하는 투자자가 실제로 평균 이상의 좋은 결과를 얻는다는 것을 보여주기는 하지만 그 결과는 개인에 따라 심한 편차를 보일 것이다.

과잉반응

오류 │ 투자자는 눈에 확 띄는 새로운 소식에 눈멀어 과거의 정보를 무시한다.

위험성 │ 과잉반응은 왜곡된 인식을 기초로 형성된다. 투자자는 이미 지나치게 오른 주식을 사들인다. 또는 평가는 낮지만 회복될 가능성이 있는 종목을 팔아치운다.

해결책 │ 새로운 정보에 지나치게 의미를 부여하지 마라. 눈이 번쩍할 만한 소식이 반드시 충분한 근거가 있는 묵은 정보보다 더 중요한 것은 아니다.

─틸만 노이셀러

정말 억제하기 힘든
행동욕구

인간은 애매하고 위험한 상황에 직면하면 종종 행동주의(지나친 활동 욕구에 따라 무슨 일이든 행동으로 옮기려는 경향—옮긴이) 경향을 보인다. 행동으로 의사를 표현하려고 하는 것이다. 하지만 이것이 늘 최선의 선택이라고는 할 수 없다. 어려운 상황에서 빠져나오기 위한 최선의 방법은 아무것도 하지 않는 것일 때도 많다. 늘 합리적이지만은 않은 행동 경향을 전문용어로는 '행동 편향'이라고 부른다.

그리스에 대해 나쁜 소식을 들은 투자자가 이런 함정에 빠진다. 싸움이 벌어진 디스코텍의 문 앞에서 들어갈지 말지 고민하는 경찰관도 똑같은 상황에 노출된다. 다음의 예가 보여주듯 특정 스포츠 선수에게도 행동편향은 나타난다. 이 예는 프로축구 세계에서 나온 것으로, 이스라엘 과학자들은 축구경기에서 볼 수 있는 아주 독특한 상황을 좀 더 정확히 관찰했다. 바로 페널티킥의 경우다. 페널티킥 상황에서 골키퍼는 보통 어떤 행동을 보이는가라는 의문은 흥미를 자아낸다. 페널티킥이 주어질 때마다 모든 골키퍼는 어떤 결정을 내리도록 강요받기 때문이다.

일반적으로 골키퍼는 행동을 취한다. 가만히 골문 한가운데 서 있기보다 좌우 어느 한쪽으로 몸을 날리는 경우가 약 95퍼센트는 된다. 거의 규격화된 현상으로 보인다. 연구에서 입증되었듯이 100차례의 페널티킥 중에 28번은 단순히 한가운데 서 있는 것이 합리적인 판단인 것으로 드러났다. 11미터 앞에서 찬 공이 한가운데로 향한 경우가 그만큼이었기 때문이다. 그러면 왜 골키퍼는 공이 골문의 다양한 지점으로 향할 확률에 걸맞은 행동을 하지 않는 것일까?

골키퍼가 최선의 결과를 이끌어내기 위해 받는 압박은 엄청나다. 첫째, 1부 리그의 경우 경기당 득점수가 평균 2.5골이라는 것을 감안할 때 페널티킥의 중요성은 엄청나게 크기 때문이다. 따라서 페널티킥은 언제나 승부에 결정적인 영향을 준다. 둘째, 전통적인 주요 국제경기는 (페널티킥과 같은 형태인) 승부차기에서 결판나는 경우가 흔하기 때문이다. 승리한 팀은 막대한 수익이 보장되고 골을 넣은 선수에게는 두둑한 보너스가 주어진다. 그러므로 페널티킥 상황은 골키퍼에게 매우 큰 동기부여를 해준다고 할 수 있다.

상황판단에 있어 기본적으로 정보 부족의 문제는 없는 것 같다. 프로축구계에서도 그동안 엄청난 양의 자료가 축적되었기 때문이다. 게다가 골키퍼 전문 트레이너를 둔 팀도 많다. 보통은 나이 들어 은퇴한 프로선수를 고용하는데 이들이 통계를 이해하고 관리하고 적용하는지는 정확히 알 수 없다.

아무튼 골키퍼는 흔히 뭔가 행동하려는 충동에 사로잡힌다. 다시 말해 어려운 상황에서 가만히 있는 대신 행동하려는 욕구를 보여준다. 이런 태도를 어떻게 설명할 수 있을까? 페널티킥에서 골을 허용했을 때는 언제나 불쾌할 것이다. 하지만 가만히 서 있다 골을 허용했을 경우에는 한층 더 큰 낭패감을 맛본다. 골문 한 가운데 꼼짝 않고 서 있다가 골을 허용하는 골키퍼란, 정말 멍청이 같다. 시각적으로 이런 태도는 날렵하게 어느 한쪽으로 몸을 날리는 다른 골키퍼와 크게 대조되기 때문이다. 과감하게 몸을 날리는 골키퍼는 혼자서 운명에 몸을 맡기는 모습을 연출하는 반면 가만히 서 있는 골키퍼는 아무 짓도 하지 않는 나약한 모습으로 비친다. 관중의 야유가 쏟아질 것은 분명하다.

자본시장에 뜻밖의 상황이 벌어진 뒤 고객을 안심시키려고 전화기 앞에 앉아 있는 펀드매니저도 안절부절못하는 고객들의 행동을 마주한다. 고객은 주식시장이 요동쳐 자신은 조바심에 몸살을 앓는데도 매니저가 아무것도 하지 않고 가만있는 것을 끔찍하게 생각한다. 이때 펀드매니저에게는 역설적인 상황이 벌어진다. 매수나 매도가 고객에게 원칙적으로 이롭지 않을 때에도 고객충성도를 생각하면 증권을 거래하는 것이 매니저 입장에서는 바람직할 때가 많다. 사실 자본시장은 무엇보다 오랫동안 좋은 평판을 듣는 사람들이 좌우한다.

아무것도 하지 않는 것이 오히려 중요한 가치가 있는 투자대상의 경우에 펀드매니저의 상황은 한층 더 복잡해진다. 여기서는 증시에서 거래되는 투자펀드 중에 시장을 그대로 따라가는 이른바 상장지수펀드(ETF)를 말한다. 따라서 '행동 편향'의 압박을 받지 않는 투자를 선호하는 사람이라면 상장지수펀드의 지분을 매수할 때 경제학자에게서 칭찬을 들을 것이다. 누구나 이구동성으로 시장의 흐름을 능가할 사람은 아무도 없다고 말하기 때문이다.

그러면 행동에 대한 충동은 어떻게 억제할 수 있을까? 그리고 아무것도 하지 않는 것은 언제 태만죄에 해당될까? 싸움을 목격한 경찰관의 예처럼, 경험이 도움이 될 것이다. 영국에서 실시한 연구에 따르면 나이 든 경찰관은 한동안 상황을 냉정히 지켜보고 있다가 아무 관계도 없는 사람들이 싸움으로 간접피해를 받을라치면 그때 나선다고 한다. 이와 달리 젊은 경찰관은 싸움 초반에 개입해 오히려 상황을 악화시킨다는 것이다. 결과를 예측할 수 없는 뜻밖의 복잡한 상황에서는 신중한 것이 좋다. 이것이 상투적이지만 성공적인 결과를 낳는 충고다.

독일 총리 앙겔라 메르켈이야말로 투자자와 경찰관, 골키퍼의 이상적인 모델이라는 말이 있다. 아무것도 하지 않는 것, 또는 성급히 행동하지 않는 것, 이것이 유난히 탁월한 행동요령일 때도 있다.

행동주의

오류 | 갑자기 복잡한 상황에 직면했을 때 사람들은 강렬한 행동욕구를 드러내는 경향이 있다. 아무것도 하지 않거나 기다리는 것이 더 좋을 수도 있다는 생각은 하지 못한다.

결과 | 예컨대 자본시장에 급작스런 변화가 일어날 때마다 매수나 매도를 하는 사람은 까다로운 상황에 흔들림 없이 냉정을 유지하며 신중할 때보다 보통 나쁜 결과를 초래한다.

해결책 | 행동하고 싶은 충동에서 벗어나기란 꽤나 힘들다. 세상에는 실제든 꾸며낸 이야기든 행동으로 상황을 누그러뜨리는 주인공의 이야기가 끊임없이 나돈다. 주인공치고 아무것도 하지 않는 인물은 없다. 예외가 있다면 스텐 나돌니 Sten Nadolny의 소설 《느림의 발견》에 나오는 존 프랭클린과 야노쉬의 〈꼬마 토끼 발드리안〉이다. 이 주인공들을 본보기로 삼는 것이 좋을 것이다. 이 밖에 냉정한 것이 세련된 것이라고 생각해야 한다. 심각한 문제가 발생했을 때는 행동하고픈 충동을 다른 방식으로 해소할 필요가 있다. 페이스북 주식을 재빨리 팔아치우는 대신 골목을 한 바퀴 돌아보라.

-비난트 폰 페터스도르프

느긋하게
기다려라

대개 그렇게 오래 걸리지는 않는다. 자유입출금 예금이나 저축예금보다 좀 더 까다로운 곳에 돈을 맡기는 사람은 조만간 증시의 오랜 규칙을 알게 될 것이다. 부자가 되고 싶으면 주식을 매수한 다음 수면제를 먹고 푹 자라는 것이다. 그리고 10년쯤 지난 뒤 투자금이 어찌 되었는지 보는 거다. 이 말은 전설적인 투자자 앙드레 코스톨라니 André Kostolany 의 유명한 증시의 교훈이다. 코스톨라니는 "부를 이루려면 오래 기다릴 필요가 있다"는 말로 투자액을 단순히 묵혀두라고 설득했다. 하지만 수년 전부터 사람들은 이 법칙에 의심을 품기 시작했다.

독일의 주가지수 닥스를 보면 전혀 다른 조짐이 나타나기 때문이다. 12년 동안 시세는 등락을 거듭하고 있지만 2001년에 세운 낡은 기록을 눈에 띄게 뛰어넘는 경우는 보이지 않는다. 1999년 이후 이 세상 사람이 아닌 코스톨라니 자신도 이런 상황에 대답할 수 없게 됐다. 이미 그 자리를 대신 차지한 은행 컨설턴트와 펀드매니저들은 끊임없이 코스톨라니의 법칙은 못쓰게 되었다고 강조한다. 요즘 주주는 전보다 훨씬 더 활동적이어야 하며 보유 주식을 훨씬 더 빈번하게 교체해야 한다고 말한다.

하지만 두 가지 이유에서 코스톨라니의 충고를 더 자세히 들여다볼 필요가 있다. 첫째, 그를 옹호하는 매니저는 투자자에게 결정 권고를 대폭 줄이는 방법으로 돈을 벌고 있다. 둘째, 그의 충고가 처음에 매우 설득력 있는 까닭은 두 가지 사고의 오류를 지적하고 있기 때문이다. 그 오류란 이 책의 주제이기도 한데, 행동주의의 함정(사람은 뒤로 물러나 수동적인 자세를 취하는 것을 아주 못마땅해한다)과 반복의 오류(큰 잘못도 반복해서 주장하면 믿게 된다)를 말한다.

그러면 어떻게 해서 코스톨라니 법칙은 모순으로 드러났는가? 지금으로부터(2013년 기준) 정확히 10년 전에, 그러니까 2003년에 닥스 주식을 매수했다면 그 투자액은 지금까지 3배로 늘어났을 것이다. 하지만 이것은 예외적인 경우였다. 10년 전에 닥스는 거의 최저점에 머물고 있었기 때문이다. 그런 상황에 누가 주식을 사겠는가? 거의 아무도 거들떠보지 않았다. 이윽고 시간이 지났고 값은 올랐다.

우선 대부분의 닥스 투자자들에게 과거의 10년 주기설은 별로 기쁨을 주지 못했다는 사실을 확인하고 넘어갈 필요가 있다. 대부분의 투자자가 투자 당시의 액수를 건지는 것이 고작이었다. 그 정도로는 부자가 될 수 없는 노릇이다.

그러면 코스톨라니 법칙에 대한 대안을 선택한 투자자는 어떻게 되는가? 시장 상황에 따라 이들이 주식을 사고팔면 어떤 일이 일어나는가? 이것은 적어도 미국의 예를 통해 사실을 판단할 수 있다. 1990년대에 금융학자 브래드 바버와 테런스 오딘은 할인 은행의 예탁금을 조사하고 은행고객이 실제로 얼마나 돈을 벌었는지 계산했다. 이들이 확인한 결과에 따르면 주식시장이 전체적으로 17.9퍼센트의 수익률을 기록하는 동안 고객은 평균적으로 16.4퍼센트의 이익밖에 올리지 못했으며 성급하게 거래한 고객은 그나마도 겨우 11.4퍼센트에 불과했다.

이런 실태는 그 사이에도 달라지지 않았다. 금융정보회사 달바Dalbar는 지금까지 미국인들이 실제로 언제 펀드를 사고파는지 조사하면서 미국의 개인투자자가 돈을 얼마나 벌었는지를 산출했다. 그리고 실제 수익률이 나왔는데 2011년의 경우 5.7퍼센트의 손실을 본 것으로 나왔다. 같은 기간에 미국주가지수 S&P 500은 2.1퍼센트의 시세상승을 기록했다. 이 결과를 달바는 다음과 같이 설명했다. '투자자는 불안감에 굴복한 것이다. 이들은 급격한 시세하락의 리스크를 감수하기보다 차라리 손실을 보는 길을 택했다. 불행하게도 이들은 흔히 그렇듯이 시장이 다시 회복되기 전에 그런 결정을 내린 것이다.' 1990년부터 2010년 사이에 매수와 매도를 반복한 개인투자자는 연간 3.8퍼센트의 평균수익률을 기록했다. 이 기간 동안 주가지수에 따른 평균수익률은 9.1퍼센트였다.

독일인도 다르지 않다. 주식시세가 최저점을 기록한 2003년을 예로 들어보자. 당시 주식은 매혹적인 투자가 될 수 있었지만 독일인은 주식에 지쳐 있었다. 물론 독일주식연구소의 통계가 보여주듯이 일부는 추가로 주식을 매수하기도 했지만 대부분 자본시장에 등을 돌리고 보유하던 펀드마저 처분해버렸다.

따라서 코스톨라니가 말한 수면제는 분명 돈을 불리는 것이 맞다. 시세에 민감하고 행동이 잰 주주는 끊임없이 포트폴리오의 구성을 바꾸지만 평균 이하의 돈을 벌 뿐이다. 가능한 한 오랫동안 투자액을 묵히는 사람보다 적게 번다. 그러면 문제는 수면제를 먹기 전에 어떤 주식을 매수해야 하는가이다. 투자를 분산할수록 이익이 안정적이라는 것은 분명하다. 세계 각국에 골고루 분산투자하는 사람은 10년 뒤 큰 이익을 볼 가능성이 높다. 물론 여기엔 리스크가 따르기 때문에 사람들은 대개 투자액의 일부를 안전한 곳에 맡긴다. 어떤 배분 방법이 옳은지는 컨설턴트가 도움을 줄 수 있을 것이다.

코스톨라니 법칙에 대한 경시

오류 | 앙드레 코스톨라니는 투자자에게 주식을 매수한 다음 오랫동안 보유하라고 충고한다. 그러면 돈을 번다는 것이다. 하지만 수년간 그 이익이 너무 적었으므로 코스톨라니 법칙을 불신하는 투자자가 많다.

위험성 | 투자자는 주식의 승산과 리스크 자체를 경시하는 경향이 있다. 하지만 대부분 그런 시각 때문에 실패한다.

해결책 | 여러 종목의 증권에 분산투자할 경우 느긋하게 10년이나 그 이상을 기다린다. 그동안 자신의 포트폴리오는 신경 쓸 필요가 없다.

-파트릭 베르나우

08

결국 인간은
어리석다

퍼센트의
오류

유방암 검진을 받은 여성에게 양성반응이
나왔다면 이 여성은 실제로 유방암에 걸린 것일까? 당신도 한번
생각해보기 바란다. 양성반응이 나온 여성 100명 중에 유방암에
걸린 사람은 얼마나 될까? 100명 중 90명일까, 아니면 50명 정도
일까?

그리고 또 검진 결과를 보고 난 뒤에 다음과 같은 통계를 알게
된다면 뭐라고 할 것인가? 유방암에 걸리는 사람은 전체 여성의
1퍼센트밖에 되지 않는다. 유방암에 걸렸을 경우 검사를 하면
90퍼센트는 양성반응이 나오지만 건강한 여성도 9퍼센트는 양성
반응이 나온다. 양성판정을 받은 여성이 실제로 유방암에 걸릴
확률은 얼마나 될까?

이 물음에 대한 답을 생각하면 어이가 없을 것이다. 앞의 통계
를 기초로 계산할 때 양성반응이 나온 여성 10명 중 실제로 유방
암에 걸리는 사람은 1명 정도밖에 안 되기 때문이다. 따라서 확
률은 90퍼센트도 50퍼센트도 아니고 단지 약 10퍼센트에 불과할

뿐이다. 하지만 확률 계산에 익숙해서 이렇게 정확한 결과를 아는 사람은 많지 않다. 이와 달리 사람들은 대개 확률을 잘못 계산한다. 적어도 전문가들이 정통한 지식을 갖추고 있다면 이런 사고의 오류는 그리 큰 문제가 아닐 수도 있다. 하지만 막스-플랑크 교육연구소의 연구 결과에 의하면 이런 오류는 전문가들 사이에서도 만연해 있다. 그리고 그 결과 환자와 건강보험사에 지나치게 많은 건강진단의 동기를 부여한다.

심리학자 게르트 기거렌처Gerd Gigerenzer 연구팀은 산부인과 의사들에게 깊은 생각을 요하는 연구 결과를 발표했다. 산부인과 의사 중 절반은 양성반응이 나온 여성의 발병 확률을 90퍼센트로 본다는 것이다. 수치를 제대로 평가하는 의사는 5명 중에 한 명뿐이라고 한다. 때문에 의사들은 검진 결과를 정확히 평가했을 때보다 자주 옳지 못한 조치를 취하게 마련이다.

이런 사고의 오류를 전문용어로는 '기저율 오류base rate fallacy' 라고 한다. 기초를 잘못 판단한다는 말이다. 암에 걸린 여성의 90퍼센트에게서의 양성반응은 당연하게 들린다. 건강한 여성에게서는 9퍼센트만 양성반응이 나온다는 것도 마찬가지다. 하지만 건강한 사람보다 암에 걸린 사람이 훨씬 적다는 사실은 대부분 완전히 잊어버린다.

기거렌처 팀은 잘못된 출발점에서 나온 사고의 오류를 막기 위해 오랫동안 노력했다. 조기검진의 결과가 과대평가된다는 것이 이 연구팀의 말이다. 암에 걸리는 사람은 극소수이기 때문에 그런 평가는 별 도움이 안 된다는 것이다. 오히려 불필요한 불안감을 심어주고 검진 결과를 지나치게 확대해석해 단순히 불쾌감을 넘어 건강보험사에 지나친 비용을 초래하게 된다.

기저율 오류 때문에 사람을 불안하게 하는 상황이 비단 조기검진에서 오는 것만은 아니다. 1995년 영국 보건당국은 여성이 피임약을 복용하면 혈전증 발병 확률이 100퍼센트 증가한다고 경고했다. 혈전증에 걸릴 확률이 두 배로 늘어단다는 말이었다.

혈전증 발병 확률이 100퍼센트 증가한다는 말은 무슨 뜻일까? 이 말은 확률상 피임약을 복용한 여성 7000명 중 혈전증에 걸릴 가능성이 1명에서 2명으로 증가했다는 뜻이다. 따라서 그 확률은 0.14퍼밀에서 0.28퍼밀로 늘어난다는 말이다. 하지만 영국인은 대부분 이 숫자를 계산하지 않았다. 리스크에 대한 불안 때문에 많은 여성이 피임약을 외면했고 그 이듬해 임신한 여성은 평소보다 26000명이 늘어났다. 또 13000명이 낙태수술을 받아 큰 고통에 시달렸으며 뿐만 아니라 영국 보건당국은 4600만 파운드의 추가비용이 들었다.

처음부터 유방암 조기검진을 잘 이해하려면 여성 1000명 중에 유방암에 걸리는 사람은 10명에 불과하다는 사실을 알 필요가 있다. 암에 걸린 여성 10명 중 9명에게서 양성반응이 나오고 건강한 여성 990명 중에 터무니없이 양성반응이 나오는 사람도 89명이나 된다는 것도 알아야 한다.

항상 절대 수치를 생각하는 사람에게는 기저율이 그다지 중요한 의미가 없다. 이렇게 생각하면 오류를 피할 수 있을 것이다.

기저율을 무시하라

오류 | 우리는 확률을 제대로 이해하지 못한다. 특히 어떤 사건이 발생할 가능성이 얼마나 낮은지 잊을 때가 많다. 이 때문에 계산이 흐려진다.

결과 | 우리는 조기검진 결과를 보고, 예를 들어 암 진단의 양성반응을 보고 불안에 휩싸인다. 그러면서도 암의 실제 발병가능성이 얼마나 낮은지는 잊는다.

해결책 | 확률은 퍼센트 대신 절대수치로 생각하는 것이 좋다. 만일 확률을 백분율로 정확히 평가하고 싶다면 늘 그 배후에 숨어 있는 수치를 물어야 한다.

—파트릭 베르나우

고액권에 대한
인색함

행동경제학의 최신 이론 중에는 전 세계 민족의 전통적 지혜에 덕본 게 많다. 가령 멕시코 속담에는 누구나 자신을 위해 큰돈을 아낄 수 있을 때는 잔돈을 포기한다는 말이 있다.

이 속담에 담긴 현상을 경제학에서는 영어로 '디노미네이션 효과denomination effect'(고액권보다 잔돈을 쉽게 쓰는 인지 편향 현상—옮긴이)라는 표현을 쓴다. 액면가 효과라는 뜻이다. 이 효과는 다음과 같은 형태로 나타난다. 사람들은 일정액을 지불할 때, 몇 장의 고액권 대신 많은 소액권이나 동전으로 지불할 수 있을 때는 더 쉽게 지출한다. 현장연구에서 밝혀진 바에 따르면 100유로짜리 지폐 한 장을 낼 때는 20유로짜리 지폐 5장을 낼 때보다 더 인색하게 군다.

내야 할 몫을 낱개의 동전이나 소액권으로 잘게 쪼개 지불할 때 실감하는 화폐가치는 줄어든다. 비교적 오래된 연구에 따르면 현금이나 신용카드, 글로벌 카드(EC카드) 등, 지불방식에 다양한

선택권이 주어질 때 더 많이 지출하는 경향이 있다고 한다. 평소 세계적으로 인색하기로 소문난 독일인은 신용카드 대신 현금으로 지불하는 것이 적합하다. 현금으로 지불하면 자신의 지출규모를 즉시 인식해 낭비를 막아주는 장점이 있기 때문이다. 이 때문에 특히 검소한 구매자는 신용카드나 은행카드로 지불하는 경우가 드물다. 그런가 하면 가격을 '1년에 365달러'보다 '하루에 1달러'라고 표시했을 때 매출실적이 더 좋다는 것을 보여주는 연구 결과도 있다.

그렇다면 큰 몫을 지불할 때 왜 소액권이나 잔돈을 고액권보다 쉽게 내놓을 마음이 생길까? 꽤 오래된 설명에 따르면 고액권은 암호해독이 더 쉬워서 그렇다 한다. 즉 한눈에 자신이 얼마를 갖고 있는지 안다는 말이다. 이 현상은 적어도 이론적으로는 비교적 널리 인정받으며 정착된 것이다. 이는 다시 고액권에 대한 과대평가와 소액권에 대한 과소평가로 이어진다. 이와 다른 해석을 보면 사람은 고액권을 낼 때 거스름돈의 액수와 상관없이 고통이 따른다고 한다. 이런 이치를 알았다면 스스로 지출을 통제하기 위해 고액권을 소지하고 다닐 필요가 있다. 이것은 '심리적 회계'를 연상시킨다. 지출의 한계를 정하기 위해 예컨대 부수입이 생길 때만 술집에 들르는 사람의 심리가 여기에 해당한다.

액면가 효과에서 나오는 사고의 오류는, 100유로는 1유로짜리 동전 100개든, 100유로짜리 지폐 한 장이든 상관없이 100유로라는 사실로 확인된다. 이런 오류를 범하면 첫눈에 지나치게 헤프거나 지나치게 인색하다는 인상을 줄 수 있다.

동시에 돈을 아끼려고 고액권을 소지하고 다닌다는 인상을 줄 수도 있다. 고액권 소지가 자기통제에 도움이 된다는 것은 뉴욕 대학 스턴경영대학원의 마케팅 교수 프리야 라구비르^{Priya Raghubir}와 조이딥 스리바스타바^{Joydeep Srivastava}가 실험으로 입증했다.

이 말은 너무 냉혹하게 들린다. 몸에 고액권을 소지하고 다님으로써 자신의 소비욕구를 통제하겠다는 것이기 때문이다. 이는 사고의 오류라기보다는 의도적인 계산으로 봐야 할 것이다.

액면가 효과에 포함될 수 있는 비논리적 태도는 또 흥미로운 행동방식을 허용하기도 한다. 바로 행동심리학 입문서에 보이는 '도대체 효과^{What-the-hell-effect}'라는 것이다. 인간은 '지옥으로 가는 길은 선의로 포장되어 있다(아무리 좋은 의도라도 실천이 따르지 않으면 소용없다는 뜻—옮긴이)'는 좌우명에 따라 멋대로 방종한 생활을 할 때가 많다. 실제로 두 교수의 실험은 스스로 고액권을 지니고 다니는 사람도 일단 까다롭게 굴지 않기로 마음먹을 때는 돈을 마구 낭비한다는 것을 보여준다.

액면가 효과에 허점이 없는 것은 아니다. 이 효과를 이용하는 사람이 있을 수 있기 때문이다. 기업은 가격정책에 이 효과를 반영해서 할부판매를 한다.

경제정책에도 활용할 수 있다. 국민의 소비를 자극해 경기침체를 극복하려는 정책은 돈을 지출할 때의 고통을 줄이려는 시도를 하게 된다.

미국 정부는 2009년 조지 부시 대통령과 2010년 버락 오바마 대통령 시절에 국민에게 250달러 상당의 수표를 나누어준 적이 있다. 구매를 유인해 경제위기를 막아보려는 의도였다. 이 정책의 효과를 둘러싸고 경제학자들은 격렬한 논쟁을 벌였다. 이때도 근본적인 의문은 국민들이 자신도 모르게 뜻밖에 손에 들어온 돈을 어떻게 사용할 것인가 하는 문제였다. 그 돈을 소비하는 사람은 얼마나 될 것이고 저축하는 사람은 얼마나 될 것인가?

액면가 효과는 이런 논란에 새로운 시각을 덧붙인다. 250달러짜리 수표 대신 5달러짜리 지폐 50장을 준다면 소비자의 구매욕구가 더 커지지 않을까?

액면가 효과

오류│ 똑같은 금액이라도 여러 개의 잔돈으로 쓰는지 고액권 한두 장으로 쓰는지에 따라 달리 평가된다.

효과│ 고액권을 깨고 싶지 않아서 지출을 피할 때가 많다. 또 지갑에 잔돈만 잔뜩 있을 때는 함부로 낭비하기도 한다. 두 가지 경우 모두 합리적으로 계산할 때보다 어리석은 행동으로 이어진다.

해결책│ 절약해야 할 때는 지갑에 고액권만 갖고 다닐 필요가 있다. 뭔가 베풀고 싶을 때는 잔돈을 준비해라. 자신의 지출습관이 마음에 들지 않을 때는 신용카드나 은행카드의 사용을 피하라.

—비난트 폰 페터스도르프

급여 인상을
조심하라!

인생에서 변치 않는 상수常數가 있다면 그중 하나는 살면서 끊임없이 세금을 내야 한다는 사실일 것이다. 세금은 요람에서 무덤까지 우리를 따라다닌다. 뭔가를 살 때나 유산을 물려줄 때나 선물할 때나 소득이 생길 때나 늘 국가가 개입한다. 국가는 우리가 구매하는 상품 값이 오르는 데 관심을 두고 우리가 일한 대가로 시장가격을 받는 것이 아니라 과세의 여지를 남겨두는 데 관심을 둔다.

평생 하루도 빠짐없이 세금을 물고 있는 사실을 생각한다면 세금의 구조를 반드시 알아두어야 한다. 간단히 말해 총액과 실질액을 구별할 줄 알아야 한다. 예를 들어 물건을 살 때 우리는 언제나 총액에만 주목한다. 총액이 계산대에서 지불해야 하는 가격이기 때문이다. 그중 얼마나 국고로 흘러 들어가는지는 구매 결정에 있어 관심사항이 아니다.

여러 정황으로 볼 때 사람들은 슈퍼마켓 계산대에 서 있을 때나 주유소 직원에게 신용카드를 내밀 때, 세금이 얼마나 포함되었는지에 대해서는 대부분 관심이 없는 것 같다. 혹시 지난달에 일반소비세나 특별소비세로 납부한 세금이 얼마나 되는지 알고 있는가? 왜 그것에 관심을 가져야 하는 걸까?

우리에게 총액 가격만 중요하기 때문에(통상 총액이 가격표에 표시된다) 거래할 때 세율에 주목할 필요가 없다고 해도, 얼마나 일할지를 결정할 때는 세율에 주목해야 한다. 왜냐하면 보통 셔츠나 커피의 가격만 총액으로 표시되는 것이 아니라 임금과 급여도 똑같기 때문이다. 세금이 빠져나간 뒤에 얼마나 남는지는 그때그때 개인소득의 수준에 달려 있기 때문에 반드시 세율을 주목해야 한다.

일을 해서 얼마나 버는지 알고 싶다면 세금에 주목하지 않으면 안 된다. 하지만 이때는 판매세처럼 문제가 그리 간단하지 않다. 소득세는 누진세율이 적용되기 때문이다. 누진세는 예를 들어 100유로의 소득 증가가 발생했을 때, 20000유로의 연간소득과 8000유로의 연간소득에 적용되는 세율이 다르다. 이른바 한계세율은 소득에 비례해 올라간다. 다시 말해 100유로의 추가소득이 발생할 때 저소득자에게는 고소득자보다 낮은 세율이 적용된다. 따라서 추가근무가 가치 있는지를 결정할 때는 이것을 주목하는 것이 중요하다. 기술적으로 말해 일을 더 할지 말지 결정할 때는 대부분 더 낮게 적용되는 평균세율이 아니라 한계세율을 주목해야 한다.

그렇다면 사람들은 세금에 제대로 대처하는 방법을 알고 있을까? 과세수준이 적정하다고 볼까? 많은 실험에서 입증된 결과를 볼 때 그렇지 못한 것 같다. 예컨대 1995년 미국의 경제학자 찰

스 드 바르톨로메^{Charles de Bartholome}가 실시한 실험은 사람들이 한 계세율과 평균세율을 구별하지 못한다는 것을 보여준다. 이 밖에 얼마나 일할지 결정할 때도 한계세율보다 평균세율에 맞춰 생각 한다는 결과가 나왔다.

납세등급은 아주 복잡하며 소득세같이 골치 아픈 문제에 매달 릴 필요가 없다고 말하는 사람도 있을지 모르겠다. 그러다 보면 한계세율과 평균세율의 차이처럼 세밀한 부분을 지나치는 일도 생길 수 있다.

하지만 2009년 하버드대 경제학자인 라지 체티^{Raj Chetty} 연구팀 이 실시한 현장연구에 따르면 소비자는 훨씬 간단한 과세기준도 잘 모르는 것으로 드러났다. 미국 소비자는 구매결정을 할 때 가 격표시가 총액이냐 실질액이냐에 따라 크게 좌우된다는 것을 보 여주었다. 실험 참가자들은 계산대에서 지불하는 액수에 세금이 포함돼 있음을 알고 있었지만 가격표에 세금이 명시적으로 표시 되어 있을 때만 실제로 세금에 주목했다.

베를린과 막데부르크의 경제연구팀은 사람들이 최소한 근로소 득세의 단순 과세를 제대로 알고 있는지를 조사한 적이 있다. 이 연구를 위해 정규직으로 근무하는 막데부르크 시민들을 실험에 참여시켰다. 참가자들에게는 실험실에서 편지를 접어 봉투에 넣 는 작업을 하도록 했다. 이 작업을 얼마나 열심히, 얼마나 오랫동 안 할 것인지는 참가자 스스로 결정할 수 있었다. 첫째 집단은 접 은 편지 한 장에 9센트를 주었다. 두 번째 집단에게는 편지 한 장 당 12센트를 주면서 12센트 중에 25퍼센트는 세금으로 빠져나간 다고 알려주었다. 즉 두 번째 집단의 실소득도 똑같이 9센트였다. 세 번째 집단에는 총 18센트를 주고 50퍼센트의 세금이 부과된다고 알려주었다. 결국 세 집단 모두 노동의 대가로 똑같은 실소득을 받는 셈이었으므로 근본적으로 이들에게 뚜렷한 차이가 있다고는 볼 수 없었다.

하지만 실험 결과는 놀라웠다. 각각 25퍼센트와 50퍼센트의 세금을 물어야 하는 참가자들은 세금을 낼 필요가 없는 참가자보다 눈에 띄게 더 많은 작업을 했기 때문이다. 다시 말해 총소득이 많은 참가자가 실험실에 더 오래 머물렀을 뿐 아니라 1분당 접은 편지도 더 많았다.

실험 참가자들은 세금의 효과를 잘못 평가한 것이 분명했다. 어쩌면 적어도 세금의 일부가 실소득으로 계산된다고 생각했는지도 모른다. 이들은 일종의 '실소득 환상'에 사로잡혔다고 볼 수 있다. 이 실험에서 나타난 결과는 세금을 주목하고 실소득을 계산하는 것이 전혀 어렵지 않다는 점에서 놀라운 것이다. 봉투를 접어 번 돈의 4분의 1이나 2분의 1을 납부한다는 것은 아주 간단한 계산이기 때문이다. 또 다른 실험에서 더 복잡한 세금 등급을 적용했을 때 실소득 환상은 실제로 약화되는 것이 드러났다.

사람들은 단순한 세금체계를 적용할 때 유난히 세금에 무관심하며 어떤 의미에서는 무시하는 경향이 있는 것처럼 보인다. 그 결과 자신이 원할 때 일을 더한다. 결국 재무부만 재미를 보게 될 것이다. 재무부는 꼬박꼬박 세금을 거둬들이고 세금 부담을 느끼지 못하는 우리는 보람도 없이 일을 더하게 된다. 이때 세금에 대한 부담은 세금을 물지 않을 때보다 더 일하도록 만드는 자극제와 다를 바 없다.

실소득 환상

오류 | 우리는 실제로 얼마나 세금이 부과되는지 잘 모른다. 특히 급여 계산에서 이런 현상이 두드러진다.

위험성 | 세금 부담을 잘못 평가하기 때문에 잘못된 선택을 한다. 이를테면 총소득이 올라갈 때, 실소득은 변함없는데도 일을 더하는 경향이 있다.

해결책 | 실소득 환상에 빠지지 않으려면 잘 계산해보라! 근로자는 누구나 자신의 세금 부담을 정확하게 알고 있어야 하며 늘 순수한 실질소득을 꿰뚫고 있어야 한다.

−요아힘 바이만

정보의
미로

독일인은 바가지 구매에 대한 공포를 타고 난 것 같다. 무엇이 좋다고 해도 그 말을 선뜻 믿는 사람도, 선전에 혹해 적당히 구매하는 사람도 별로 없다. 이 때문에 비교적 중요한 구매를 해야 하는 때는 하루 종일 사용 후기를 뒤지거나 인터넷을 돌아다니며 다른 상품을 찾고 친구들에게 묻기도 한다. 진공청소기를 사는 문제라면 간단할 수도 있겠지만 주택을 매입하거나 생명보험에 가입할 때, 투자처를 물색할 때는 다르지 않을까? 정보, 정보, 어디를 가나 정보가 흘러넘친다. 오늘날처럼 정보 이용이 간단한 적은 없었다. 활용할 정보는 얼마든지 널려 있다.

선택을 앞둔 사람에게 필요한 것은 '믿을 수 있는 사실'이라는 점에는 이론의 여지가 없다. 하지만 새로 추가되는 정보를 소중히 여겨 찾을 만한 가치가 있다고 생각하는 오류에 빠지면 안 된다. 행동경제학에서는 이것을 '정보 편향'이라고 부른다. 즉, 새로운 사실을 지나치게 수집하려는 경향을 뜻한다. 정보 내용이

중요하지 않거나 혼란스러울 정도로 많아서 제대로 정리할 수 없을 때, 우리는 계속 다른 정보를 찾는 경우가 많다. 하지만 새로운 정보로 추가되는 지식이란 보잘 것 없을 때도 많고 최악의 경우에는 이 추가정보가 이미 힘들게 처리해 쌓아둔 지식을 희석할 때도 있다.

이런 상황에서 사고의 오류는 광범위하게 만연돼 있다. "정보가 지나치게 많아 더 이상 정보를 얻지 못하는 사람들이 늘어나고 있다." 수년 전에 언론인 루돌프 아우크슈타인 Rudolf Augstein이 이런 실태를 조롱하듯 내뱉은 말이다. 또 미국의 미디어비평가 닐 포스트먼 Neil Postman은 이미 1990년대 초에 정보 과잉에 대한 인간의 방어기제(두렵거나 불쾌한 일 또는 욕구 불만의 상태에 부딪쳤을 때, 자기 자신을 지키기 위해 자동적으로 취하는 행동—옮긴이)가 무너졌다고 진단하면서 "정보에 대한 면역체계는 더 이상 작동하지 않는다. 우리는 일종의 문화적 에이즈를 앓고 있다"라고 말하기도 했다.

이때 이후로 상황은 더 심각해졌다. 인터넷은 끝없이 엄청난 가능성을 제공하고 있으며 이메일, 웹사이트, 블로그, 트위터, 페이스북 등, 신속하게 정보를 캐볼 방법이 널려 있다. 좋은 정보도 많지만 엄청난 양 때문에 우리는 데이터의 홍수를 걸러내는 여과장치가 막히지 않도록 싸운다. 모든 것을 둘러봤지만 결국 아무 것도 건지지 못할 때도 있다.

가는 곳마다 정보가 유혹한다. 정보 수집 성향은 알려지지 않은 추가 정보의 가치는 높이 평가하고 이 정보를 습득해 처리할 때의 노력과 비용은 과소평가하게 만든다. 분명히 중요한 정보가 있는 반면 쓸데없는 정보도 있게 마련이다. 사전에 알았다면 좋은 것만 모으겠지만 어리석게도 우리는 찾아낸 뒤에야 가치가 있는지 없는지를 안다. 그러므로 불확실한 상태에서 새로운 정보를 얻기 위해 계속 힘을 쏟을지, 과감하게 포기할지 결정해야 한다.

찾아낸 정보가 실제로 정확한 사실을 보여준다고 해도 진정 도움이 될 것인지는 분명치 않다. 작가인 호르헤 루이스 보르헤스 Jorge Louis Borges는 지도를 이용해 이 현상을 자세히 묘사한 적이 있다. 그의 단편소설에서는 지도를 점점 더 세밀하게 만드는 지도제작술에 대한 이야기가 나온다. 그러다가 마지막에는 이 세계를 1대 1의 비율로 그린 지도가 나온다. 하지만 이 지도는 지금까지의 어떤 지도보다 많은 정보를 담고 있는데도 정작 누구에게도 도움이 못 된다. 지도의 중요 기능은 핵심적인 내용으로 줄이는 데 있기 때문이다.

수많은 정보가 쏟아져 들어올 때, 우리는 어쩔 수 없이 무의식 중에 단순규칙에 의지한다. 이때 우리는 정보의 홍수 속에서 길을 찾기 위해 발견법, 이른바 휴리스틱(모든 경우를 고려하지 않고 나름대로 발견한 또는 편리한 기준에 따라 그중 일부만을 고려해 문제를 해결하는 방법—옮긴이)을 채택한다. 휴리스틱은 적은 비용으로 신속하게 좋은 정보에 이르게 해주지만 반드시 우수한 정보에 이른다는 보장은 없다. 또 왜곡된 평가를 할 때도 있다. 새롭고 직관적이며 우리 감각에 맞는 정보는 건조하고 추상적인 자료보다 더 중요시 여기게 된다.

끊임없이 정보를 찾는 것은 동시에 실제로 중요한 것에 완전히 몰두하는 노력의 회피일 수도 있다. 그리고 이는 자신을 압박하는 결정을 뒤로 미루는 시도로 보이기도 한다. 정치를 보면 알 수 있다. 까다롭고 중요한 결정에 직면했을 때 위원회나 전담 부서(태스크 포스)가 설치되는 것이 그런 예에 해당한다. 그러면 이미 오래전에 사실이 드러났는데도 새로운 심사보고서를 요구한다. 그 결과 이미 알고 있는 사실을 적어도 500페이지짜리 연구보고서로 다시 제출하는 일이 벌어진다.

무의미한 추가정보가 어떤 식으로 혼란을 가중시키는지를, 법률가들은 이미 오래전부터 알고 있었다. 이들은 또 허위정보를 전략적으로 이용하는 법도 안다. 상대측의 문의에 수백 페이지짜리 서류로 답변하는 식이다. 그 서류뭉치에 문의한 정보가 들어 있을 수도 있지만 그렇다 하더라도 엄청난 양의 중요치 않은 정보 속에 끼여 있게 마련이다. 은행도 이런 수법을 알고 있다. 은행은 고객이 수많은 자료를 분류하는 것을 도와주기도 하지만 대부분 이기적인 목적이 없다고는 할 수 없다.

이런 상황에서 반가운 사실 하나는 우리가 정보를 간단히 포기할 수도 있다는 것이다. 베를린에 있는 막스-플랑크 연구소의 심리학자 게르트 기거렌처는 이미 오래전부터 올바른 선택을 늘리기 위한 운동을 벌이고 있다. 정보를 효율적으로 처리하는 메커니즘에서 얻는 이익이 많기 때문이다.

또 미국의 심리학자 티모시 윌슨과 조나단 스쿨러도 이 운동에 힘을 실어주고 있다. 여러 가능성을 두고 끝없이 재는 것보다 신속한 결정을 내릴 때 인간은 더 행복하다는 것이 이들의 생각이다. 이에 대해서는 이 책 앞부분에서 이미 언급했다. 그런데 이들이 신속한 결정을 지지하는 데는 한 가지 이유가 더 있다. 장단점을 꼼꼼하게 따지는 사람은 결국 자신이 선택한 것의 단점과 놓친 것의 장점을 보게 된다는 것이다. 물론 이 말은 믿기 어렵지만 실제로 실시한 실험을 보면 납득이 된다. 이들은 학생들을 불러 모은 뒤 실험 참가에 대한 감사 표시라면서 포스터를 나눠주고 집에 붙여놓아도 좋다고 했다. 그런 다음 절반의 학생들에게 심사숙고하여 포스터별로 마음에 드는 점과 들지 않는 점을 설문지에 적게 한 뒤, 그중 하나를 골라 갖게 했다. 나머지 학생들은 그냥 본인의 마음에 드는 것을 골라가도록 했다.

어느 쪽이 더 나은 선택을 했을까? 몇 주 뒤, 두 심리학자는 실상을 조사해보았다. 그러자 충분한 숙고 끝에 포스터를 고른 학생들은 1~2주가 지난 다음엔 포스터를 거들떠보지 않았다는 사실이 드러났다. 이와 달리 즉석에서 마음에 드는 것을 고른 학생들은 훨씬 더 애착을 가졌으며 더 오래 벽에 붙여놓았다는 것이다. 이것은 비단 그림에만 국한되는 것이 아니다. 윌슨과 스쿨러는 잼으로 실험했을 때도 비슷한 효과를 발견했다. 또 자동차와 이케아 의자, 심지어 주택으로 실험했을 때도 결과는 같았다.

유감스럽게도 정보 수집을 중단하는 적절한 시점이 언제인지는 일괄적으로 말할 수 없다. 더 찾아봐야 할까, 아니면 이미 충분한 것일까? 이것은 목표에 좌우된다. 가령 사고현장에 도착한 구급의사는 생명을 구하는 데 집중하기 위해 가장 중요한 정보만 모으고 나머지는 모두 무시한다. 하지만 병원에 도착한 뒤에는 다르다. 이때는 상세한 상황에 대해 꼬치꼬치 묻게 마련이다. 정보의 깊이는 그것에 걸맞은 때가 있는 법이다.

그 깊이는 각자 스스로 생각해야 한다. 어쩌면 평안을 구하는

기도가 도움이 될지도 모른다. "하느님, 바꿀 수 있는 것을 바꿀 용기와 바꿀 수 없는 것을 받아들이는 여유를 주소서. 무엇보다 이 둘을 구별할 줄 아는 지혜를 허락하소서."

정보에 대한 끝없는 욕구

오류 | 우리는 정보의 가용성에 쉽사리 이끌려 끝없이 새로운 사실을 찾고 모으려는 유혹을 받는다. 그러면서 이미 확보한 정보를 제대로 활용하지도 못한다.

결과 | 우리는 제대로 처리할 수 없는 상황에서도 정보를 모은다. 그러다가 일정한 때가 되면 정보의 홍수 속에서 길을 잃는다.

해결책 | 어려운 문제다. 다만 정보를 어떤 목적으로 모으는 것인지 늘 분명히 해야 한다. 이미 확보한 정보만으로도 충분할 때가 많기 때문이다. 중요한 것은 정보의 양이 아니라 활용을 위한 정보의 질적 수준이다.

─틸만 노이셀러

직감에 따른
투자

지나치게 생각을 많이 하면 손해를 볼 수도 있다. 때로는 직감이 더 나은 결과를 가져오기도 한다. 그동안 정확히 이것을 입증하는 실험이 몇 차례 있었다. 인간은 아무리 애써도 이성만으로는 목표에 도달하지 못한다는 것이다. 상식적으로 생각할 때 정보를 모으고 숙고한 다음에는 언젠가 결정을 해야 하며 그렇지 않으면 결코 선택을 할 수 없다. 인간은 '완전한 정보를 모을 수'는 없다. 앞 장에서는 더욱이 완전한 정보를 모으려는 노력은 불필요함을 보여주기도 했다. 때로는 직관에 의존할 수도 있다. 직관은 말로 이해하거나 설명할 수 없는 감각적 지식이다. 때로 직관은 의식적인 사고를 능가할 때도 있는데, 특히 복잡한 상황에서 그렇다.

이때는 사람들에게 익숙한 경험법칙이 도움이 된다. 이렇게 단순한 규칙을 학술적으로는 휴리스틱이라고 부른다. 휴리스틱은 잘못된 판단으로 이어지기도 하지만 대부분 아주 요긴하게 써먹을 수 있다.

축구선수는 이 단순규칙을 잘 안다. 공이 날아가는 방향을 수학 방정식으로 계산하는 축구선수는 없다. 공격수는 길게 생각할 것 없이 공을 주목하고 달려가 헤딩슛을 한다. 이때 공격수의 머릿속에 몇 가지 그림이 그려지지만 의식적인 사고는 도움이 되지 않는다. 뛰어난 축구선수는 '직감에 따라' 경기하는 것이다. 또 직관은 사전에 훈련을 많이 할수록 더 뛰어난 힘을 발휘한다. 직관은 지금까지의 경험에 의존하기 때문이다. 지혜로운 직관에는 단련이 필요하다.

우리가 투자할 때도 휴리스틱이 필요하다. 물론 가능하면 많은 정보를 모으고 투자 전문지를 뒤적이고 지수를 비교할 수는 있을 것이다. 하지만 많은 사람에게 이것은 너무 복잡하다. 주식과 채권, 펀드, 투자증권, 예금 등 투자할 곳은 너무도 많다. 이 복잡한 투자대상을 한눈에 알아보지 못해 포기하는 사람이 많다. 그 모든 것을 세세히 꿰뚫어볼 수 있는 사람은 아무도 없다. 바로 이럴 때 직관이 필요하다.

심리학자인 게르트 기거렌처는 이것을 여러 차례 입증해보였다. 기거렌처는 개인투자자가 전문적인 펀드매니저 및 애널리스트와 경쟁한 것을 연구한 결과 아마추어의 예측이 전문가보다 더 낫다는 사실을 밝혀냈다.

축구경기에서 통하는 법칙이 투자에서도 통한 것이다. 직관은 훈련이 필요하다. 투자자는 여러 투자 형태에 어느 정도 익숙해야 한다. 신문의 금융란을 읽는 것도 나쁘지 않다. 하지만 실제 투자대상을 고를 때는 대개 대강의 윤곽만 파악하는 것으로 충분하다. 투자자 중에는 주식을 골라 소규모 투자를 할 때는 지나치게 많은 시간을 소비하고 정작 대규모 투자를 할 때는 별로 시간을 들이지 않는 사람이 많다. 이들은 자산을 분산하는 것이 좋다는 기본규칙을 무시한다. 전기회사의 요금을 비교하느라 많은 시간을 들이면서도 투자액은 대부분 저축예금에 맡겨놓고 쓸데없는 데 수백 유로씩 이자를 날린다. 대규모 투자를 꺼리고 외면하기 때문이다.

결코 어려울 것이 없다. 투자에서 가장 중요한 것은 자산을 어떤 투자대상(주식, 채권, 펀드)에 분산하는가이다. 그리고 이것은 아주 간단히 결정할 수 있다. 예를 들면 3분의 1은 주식에, 3분의 1은 채권에, 3분의 1은 부동산에 투자하는 것이다. 그런 다음 자세히 관찰하면서 개별 유가증권을 관리하면 된다. 때로 개별 주식에 대해 너무 모른다는 생각이 들 수 있다. 어차피 불완전한 정보에 기초해 투자를 결정하므로 그런 생각이 드는 것은 지극히 정상적이다. 내년에 닥스가 떨어질지 올라갈지는 엄청난 정보를 처리하는 컴퓨터로도 계산할 수 없는 법이다.

문제는 아주 간단할 때도 많다. 게르트 기거렌처는 독일과 미국의 비전문투자자들에게 단순히 주식의 이름을 늘어놓고 그중 어떤 것을 들어보았는지 물어본 적도 있다. 아마 매우 확실하고 잘 알려진 주식을 골라 이익을 남긴 펀드매니저라고 해도 다우존스나 닥스에 따른 것밖에 벌지 못했을 것이다.

완고한 합리주의자에게는 투자를 결정할 때 직관에 따르라는 말이 조금은 이상하게 들릴지도 모르겠다. 하지만 그 사이 직관의 힘을 인정하는 과학자가 많아졌다. 미국의 신경학자 안토니오 다마시오António Damásio는 감정이 배제된 합리적 사고는 불가능하다고 믿는다. 사고를 하다 보면 머릿속에서 감정과 분리되지 않을 때도 종종 있다.

직관을 무시한다

오류 ┃ 사람들은 행동하기 전에 지나치게 많이 생각하면서 직감을 신뢰하지 않는다.

위험성 ┃ 사람들은 단순규칙을 받아들이지 않지만 때로는 단순규칙이 소모적인 계산이나 생각보다 나은 결과를 가져다주기도 한다.

해결책 ┃ 때론 기본적인 규칙에 머무르는 것만으로도 충분하다. 예외적인 것은 이 책에 들어 있다.

－틸만 노이셸러

적당히 섞는 것이
좋다

설사 노벨상 수상자라도 수많은 사고의 오류를 막을 수는 없다. 해리 마코위츠는 모아놓은 돈을 다양한 투자에 분산하기 위해 복잡한 계산규칙을 제시한 공로로 노벨 경제학상을 수상했다. 되도록 안전하면서도 돈벌이가 되는 방식이었다. 그런데 정작 마코위츠 자신은 결코 규칙에 얽매이지 않는다고 털어놓았는데, 단순히 어림짐작으로 투자를 분산했다는 것이다.

원칙적으로 분명한 것은 자기 돈을 안전하게 관리하고 싶은 사람은 되도록 여러 곳에 분산해야 한다는 것이다. 많은 기업에서 이사진이 외국여행을 떠날 때 여러 항공사에 분산시켜 이용하도록 하는 것과 같은 이치다. 아무튼 어떤 비행기가 추락한다고 해도 모든 경영진이 참사를 당할 일은 없기 때문이다.

더욱이 분산 투자는 수익 측면에서도 좋을 때가 많다. 수익률이 높은 투자는 동시에 리스크도 크다는 사실과 관계있다. 가령이제 막 경제도약을 시작한 나라의 주식을 보면 알 수 있는데, 그런 주식이 앞으로 어떤 시세를 보일지 미리 아는 사람은 아무도 없다. 어쩌면 큰 이익을 안겨줄지도 모른다. 물론 다 그런 것은 아니지만. 엄청난 돈을 벌게 해줄 수도, 커다란 손실을 안겨줄 수도 있다. 아무튼 손실 리스크를 달가워할 사람은 없다.

이와 달리 적절한 분산 투자는 도움이 된다. 전문가들은 이를 '다변화'라고 표현한다. 다양한 주식에 분산 투자하면 많은 이익을 남기는 종목도 있을 것이고 큰 손실을 보는 종목도 있을 것이다. 하지만 전체 투자액은 아마 평균적으로 만족할 만한 이익을 남길 것이다. 투자를 다변화할 때는 크게 손실을 볼 위험이 훨씬 줄어든다는 말이다.

이 원칙은 이해하기 쉽다. 하지만 흔히 그렇듯이 세부적인 문제로 들어가면 복잡해진다. 가령 문제는 어떤 주식을 선택하느냐다. 오로지 여러 개발도상국의 주식이어야 하는가? 이런 주식이 큰 이익을 줄 수도 있지만 다시 아시아의 금융위기가 일어나고 여러 개발도상국의 경제가 붕괴될 때는 어찌 될 것인가? 그럴 경우 투자자는 물에 빠진 생쥐 꼴을 면치 못할 것이다.

투자자들은 베엠베 BMW를 매혹적인 기업으로 생각한다. 폴크스바겐 Volkswagen도 마찬가지다. 무엇보다 다이믈러 Daimler가 있다. 이 기업들의 주식은 서로 다른 세 가지 종목으로 볼 수 있지만 다시 자동차 주식의 위기가 닥칠 때는 모두 똑같은 리스크에 직면할 수 있다.

이 때문에 노련한 투자자는 완벽한 닥스 주식을, 예컨대 지수펀드(상장지수펀드 또는 ETF라고 하는 전문용어)를 매수한다. 하지만 지수펀드에서는 언제나 자동차 산업이 과대평가되어 있다. 그리고 닥스에서는 언제나 가치가 높은 주식의 반영이 두드러지기 때문에 닥스 매수자들은 개별 분야의 거품에 휩쓸릴 수 있다. 가령 은행거품을 보자. 시세가 오르는 동안 투자자들은 늘 오른 가격에 은행주식을 매수한다. 그리고 많은 투자자가 엄청난 은행주식을 보유하는 바로 그 순간 그 주식의 시세는 무너진다.

이런 위험을 알고 있는 투자자도 과거에는 손실로부터 안전하지 못했다. 예를 들어 몇 년 전 스페인 은행이나 그리스 텔레콤 기업 쪽으로 포트폴리오를 채웠다면 유로 위기의 여파로 지금쯤 돈을 날렸을 것이다.

따라서 투자를 분산하는 것만으로는 안 된다. 분산을 해도 잘 해야 한다. 하지만 이 부분에서 투자자는 대부분 실패한다. 그것도 아주 간단한 문제에서 실패한다.

이것은 슐로모 베나르치와 리처드 탈러 등, 두 금융학자가 실시한 실험에서 드러났다. 두 사람은 캘리포니아의 대학직원들을 대상으로 설문조사를 실시했다. 대학직원이니만큼 꽤나 분별력이 있는 사람들을 대상으로 했다고 할 수 있겠으나 여기서도 올바른 분산 투자는 발견되지 않았다. 연구팀은 응답자에게 각각 두 가지 펀드를 소개하고 이들 펀드에 어떤 방식으로 연금을 분산할 것인지를 물었다. 다양한 응답자이니만큼 각각 다양한 펀드를 소개했다. 하지만 대부분 어떤 펀드를 소개하든 마찬가지였다. 절반은 한 가지 펀드에 나머지 절반은 다른 펀드에 투자하겠다고 대답한 것이다. 이들은 투자종목에는 별 관심이 없었으며 완전히 우연에 맡기고 돈을 분산했다. 연구팀이 확인한 바에 의하면 이들은 지극히 순진하게 행동했다.

해리 마코위츠가 제시한 복잡한 공식은 필요 없다. 정작 마코위츠 자신은 단순한 규칙을 자기 자산에 적용했기 때문이다. 가진 돈의 절반은 주식에, 나머지 절반은 이자를 낳는 유가증권에 투자하는 방식이었다. 또 그 사이에 이루어진 연구에서는 이렇게 간단한 규칙이 마코위츠의 복잡한 공식만큼이나 좋은 결과를 낳을 수 있음을 보여주었다. 하지만 반드시 무엇을 살 것인가를 주목해야 한다.

이것은 만하임의 금융학자인 마르틴 베버Martin Weber의 조사와 영국-미국 연구팀의 연구에서 나온 결과다. 두 연구팀에서 공동으로 이끌어낸 결론은 지나친 계산은 이롭지 못하다는 것이다. 돈을 균등하게 다양한 투자대상에 분산하는 것으로 충분하다. 물론 중요한 것은 어디에 투자하느냐다. 가능하면 서로 명확히 구별되는 종목이어야 한다. 일부가 유럽 주식이라면 일부는 아시아 주식이어야 하고 큰 나라와 작은 나라가 함께 포함되어야 하며 오랜 기업과 신생 기업이 뒤섞여야 한다. 여기에 독일연방채권이나 부동산을 추가하는 식으로 혼합하는 것이다.

그런 다음에는 각각의 투자액 규모를 얼마로 할 것인지를 결정해야 한다. 다시 말해 자신이 바라는 수준으로 리스크를 떨어뜨리기 위해 각각의 지분에 어떤 비중을 두는가이다. 이때는 컨설턴트가 도와줄 수 있다. 많은 사람과 이야기를 나누다보면 더 좋은 판단을 내릴 수 있다. 그중에는 중요한 충고도 있고 그만그만한 것도 있을 것이다.

자산의 순진한 분산

오류 │ 다양한 투자처를 선택할 때 사람들은 종종 돈을 균등하게 분할한다. 투자대상이 어떤 곳인지는 주목하지 않는다. 또 서로 아주 비슷한 종목에 투자하는 경우도 있다.

위험성 │ 매우 유사한 종목에 투자하기 때문에 한쪽으로 기우는 현상이 발생한다. 그러면 갑자기 생각 이상으로 큰 리스크에 노출될 수 있다.

해결책 │ 복잡한 공식을 이용할 필요가 없다. 돈을 골고루 다양한 곳에 분산하는 것으로 족하다. 투자자로서 주의할 것은 다양한 종목으로 채워야 한다는 것이다.

−파트릭 베르나우

확률
게임

지금 혹시 지루한 파티석상에 있는 것은 아닌가? 그렇다면 당장 흥미진진한 이야기로 파티 분위기를 끌어올릴 방법이 있다. 1960년대 미국 텔레비전에서 방영된 '몬티 홀 쇼Monty-Hall-Show'의 이야기를 들려주는 것이다. 이 프로그램에서는 출연자가 무대에 있는 세 개의 문 중에 고급 승용차가 들어 있는 문을 맞추면 그 차를 상으로 주었다. 나머지 두 개의 문 뒤에는 염소가 있었다. 그러니까 출연자가 세 개 중 하나를 선택하는 게임이었다. 여기까지는 별 재미가 없지만 쇼의 하이라이트는 이제부터다. 출연자가 1번 문을 선택했다고 해보자. 이때 쇼 진행자는 나머지 두 문 중 하나를 열어 보인다. 2번 문이라고 해보자. 진행자는 염소가 있는 문을 열어 보이게 되어 있다. 그러면서 진행자는 출연자에게 "계속 1번 문을 선택하실 건가요, 아니면 3번 문으로 바꾸실 건가요?"라고 묻는다. 이 질문은 파티 참석자의 관심을 고조시킬 것이다. 분명한 것은 나머지 두 개의 문은 닫혀 있으며 그중 하나에는 자동차가 있고 나머지 하나에는 염소가 있

다는 사실이다. 출연자는 어느 문 뒤에 자동차가 있는지 모르므로 선택한 문을 바꾸든 안 바꾸든 마찬가지다. 어쨌든 출연자가 자동차를 얻을 확률은 50퍼센트라고 파티 참석자는 대부분 말할 것이다.

이때가 당신이 나설 순간이다. "3번으로 바꾸면 상품을 탈 확률이 두 배로 늘어납니다!"라고 주장하면 파티 참석자들은 분명히 놀랄 것이다. 이 주장에 참석자들이 반발할 것은 분명하다. 하지만 이에 대한 근거를 설명하면 사람들은 대부분 납득한다(물론 전부가 납득하는 것은 아니다).

설명을 하자면 이렇다. 출연자는 1번 문을 선택했다. 이때는 세 개의 경우가 모두 똑같은 확률이다. 첫 번째 경우, 1번 문에 자동차가 있을 때. 이때는 바꾸지 않는 것이 올바른 선택일 것이다. 쇼 진행자는 나머지 두 개의 문에 대한 확률상의 정보를 제공한다. 둘째, 2번 문에 자동차가 있을 경우. 이때 진행자는 어쩔 수 없이 3번 문을 열어 보인다. 그리고 2번 문을 열지 않음으로써 자동차가 어디에 있을지에 대한 정보를 제공한다. 이때는 바꾸는 것이 정답이다. 세 번째 경우, 자동차가 3번 문에 있을 때. 이때도 쇼 진행자는 자동차가 들어 있는 문이 닫힌 상태에서 2번 문을 열어 보여야 할 것이다. 이 경우에도 문을 바꾸는 것이 맞다. 이 말은 문을 바꿀 경우에는 자동차를 얻을 확률이 3분의 2이지만 바꾸지 않을 경우에는 확률이 3분의 1이라는 뜻이다.

아마 분명히 모든 파티 참석자들이 이 설명을 납득하지는 않을 것이다. 당신이 조심할 것은 이런 이야기가 돈독한 우호관계를 해칠 수도 있다는 점이다. 물론 이런 주장은 우리의 직관과 완전히 모순되지만 전적으로 옳은 것이다. 이 이야기에서 사람들이 흔히 간과하는 것은 쇼 진행자가 문을 열어 보임으로써 추가정보를 제공했다는 것이다. 어쨌든 두 경우의 확률을 알려준 셈이다. 따라서 몬티 홀 쇼에서 올바른 답을 맞히기 위해서는 이 추가정보를 제대로 처리하는 것이 중요하다. 추가정보의 문제는 이것뿐만 아니라 다른 중요한 결정에도 해당될 때가 많다. 우리는 보통 사전에 정보를 모으지만 그 정보를 제대로 처리할 줄 아는가?

정보를 제대로 처리하려면 이른바 사전확률에서 사후확률로 넘어가는 과정을 알아야 한다. 예를 들어보자. 당신은 어떤 주식을 살지 말지 생각 중이다. 당신은 낙관적으로 생각해 다음 분기에 시세가 오를 확률을 95퍼센트로 예상하고 손실확률은 단지 5퍼센트로 잡는다. 이것이 사전확률이다. 이때 유명한 애널리스트가 와서 주식시세가 떨어질 것이라고 예측한다. 경험상 이 애널리스트의 적중률이 80퍼센트라는 것을 알고 있다 치자. 그러면 당신은 리스크가 너무 크니 주식을 사지 말아야 할까?

만일 애널리스트의 정보를 제대로 처리하고 이 사후정보를 주식을 사면 손해 볼 것이라는 쪽으로 평가한다면 당신은 전문가의 비관적 전망을 들은 이후에도 손실확률은 겨우 17퍼센트가 조금 넘는다는 결론에 이를 것이다. 물론 말했다시피 당신이 올바로 계산한다는 전제에서 그렇다. 이때 당신이 적용할 규칙은 유명한 토머스 베이즈Thomas Bayes(영국의 통계학자로 새로운 정보를 알았을 때 사전정보에서 사후정보로 넘어가는 확률의 개선이론으로 유명하다— 옮긴이) 공식에서 나온 것이다. 이 규칙에 따라, 당신이 애널리스트의 진단을 주목하고 그것이 맞을 확률을 안다는 전제에서 시세가 하락할 조건부 확률을 계산할 수 있다는 말이다.

하지만 전문가들조차 베이즈 공식을 적용하는 것을 잊을 때가 많다. 정보를 올바로 처리하는 것이 너무 어렵다는 것은 방금 예로 든 세 개의 문 이야기가 보여준다. 하지만 베이즈의 계산규칙을 이용하면 선택한 문을 바꿀 때 자동차를 얻을 확률이 3분의 2가 되고 처음 선택한 문에 머무를 때의 확률은 3분의 1이라는 것을 계산해낼 수 있다. 우리는 확률을 계산하는 데 익숙하지 않다. 하지만 불확실한 상태에서 결정할 때는 일정한 확률을 갖춘 정보에 기초해야 한다.

이것은 비단 주식매수나 텔레비전 쇼에만 해당하는 것이 아니다. 의사들도 끊임없이 이런 문제에 직면한다. 새로 드러난 증거가(예컨대 특정 징후를 발견했을 때) 발병 확률을 변화시키는지 알아야 하기 때문이다. 환자로서는 그저 의사들이 베이즈 공식을 잘 알기를 바랄 뿐이다. 물론 투자자도 확률을 올바로 계산할 줄 알아야 한다.

몬티 홀의 문제 – 확률은 변한다

오류 | 우리는 불확실성을 줄여줄 정보를 제대로 처리하지 못한다.

위험성 | 우리는 정밀한 계산 대신 자의적 판단에 의존해 엉뚱한 평가를 한다.

해결책 | 오직 정확한 계산만이 도움을 준다. 하지만 이른바 몬티 홀의 문제에 대한 베이즈의 공식은 전문가를 위한 것이므로 이해가 어렵다. 사건 x_1(자동차가 1번 문 뒤에 있는)이 발생할 확률은 y_3(쇼 진행자가 3번 문을 열어 보인)의 신호를 목격했다고 가정할 때, 결국 x_1에 대한 사전확률(즉 3분의 1)과 같다. 사전확률과 y_3을 목격함으로써 x_1이 정답일 조건부 확률(즉 2분의 1, 자동차가 1번 문 뒤에 있을 때 쇼 진행자가 각각 50퍼센트의 확률로 2번 문이나 3번 문을 여는)을 곱하고, y_3을 목격한 것에 따른 전체 확률(2분의 1)로 나눈다. 간단한 공식으로 말하면 x_1의 확률은, $y_3 = 1/3 \times 1/2 \div 1/2 = 1/3$이 된다. 이에 따라 자동차가 1번 문 뒤에 없을 역확률은 선택한 문을 바꿀 필요에 해당하는 것으로 3분의 2가 된다.

-요하임 바히만

로토,
제대로 알고 하자

독일 전역에서 팔려 나간 로토 매출금의 절반은 각 지역에 분산된 로토회사로 들어가는 것이 사실이지만 이것은 국가가 간접적으로 거두어가는 형태다. 로토를 사는 사람에게는 로토에 건 돈 전체의 절반만 남는 셈이다. 이런 측면에서 로토는 시민들이 아주 기꺼이 납부하는 일종의 자발적 세금이라고 볼 수 있다. 아무런 이유 없이 국가가 로토의 전매권을 행사하는 것이 아니다. 세금도 마찬가지다. 세금이야 사람에 따라 많이 내기도 하고 적게 내기도 하지만 받아가는 사람은 따로 있지 않던가.

룰렛이나 잘 알려진 연식복권과 달리 로토는 순수한 도박이 아니다. 로토에서는 당첨금이 다른 참여자의 행동에 달려 있기 때문이다. 카지노에서는 단순히 운(빨간색, 까만색, 짝수, 홀수)에 맡기고 맞추면 건 돈의 두 배를 받는다. 판돈이 얼마인지, 또 다른 사람이 무슨 색깔에 걸었든지 전혀 상관없다. 이 때문에 카지노는 망할 수도 있다.

로토에서는 딸 때의 당첨금 규모가 동일한 등수에 당첨된 참여자가 몇 명이나에 결정적으로 좌우된다. 이런 점에서 로토는 전략적 도박이 되며 포커와 비슷하다.

물론 49-6로토(1에서 49까지 49개의 숫자 중에 6개를 맞추는 독일식 로토—옮긴이)에서는 우연의 형태로 운이 작용하지만 우연이 당첨금만을 좌우하지는 않는다. 숫자조합에서 나오는 확률에도 우연은 작용한다. 단 하나의 선택수열로 6개의 숫자를 맞출 확률은 사실 너무나도 낮다. 대략 1400만 대 1의 확률로 귀가 중 버스에 치이거나 교통사고로 목숨을 잃을 확률보다 낮다. 또 여기에 슈퍼숫자(독일 로토에서 6개의 숫자 외에 추가로 0~9중에 하나를 용지에서 고르는 숫자—옮긴이)까지 있어서 1등 확률은 다시 10배로 떨어진다.

하지만 딸 경우에 당첨금은, 즉 이익의 규모만큼은 전적으로 로토에 참여하는 사람 스스로 결정할 수 있다. 당첨 등급에서 주어지는 총액수는 딴 사람의 숫자로 나누기 때문이다. 당첨된 사람이 많을수록 개개인에게 돌아가는 몫은 줄어든다. 가령 1984년 4월 25일을 예로 들 수 있다. 당시 69명이 당첨숫자인 1, 3, 5, 9, 12 와 25를 맞췄다. 이 6개의 숫자를 맞춘 당첨자들 개인에게 돌아간 몫은 현행 화폐로 환산해 1만 유로도 되지 않았다. 이 액수는 지금까지 독일의 토요일 로토 중 최저기록이다.

더욱이 1988년 세 번째 추첨에서는 222명이 당첨된 적도 있다. 이때 당첨숫자는 용지 한가운데에서 대칭을 이룬 24, 25, 26, 30, 31, 32였다.

이 결과를 보고 즉시 단순한 행동요령이 뒤를 이었다. 인기를 끄는 숫자, 다시 말해 많은 사람이 선호하는 숫자조합을 피한 것이다. 로토 참여자 중 약 4만 명이 규칙적인 숫자, 이를테면 1에서 6까지를 선택한다. 또 대각선이나 테두리를 따라 사각형을 그리는 숫자를 선택하는 사람도 그 정도가 된다. 처음 6개의 소수素數나 1, 4, 9, 16, 25, 36처럼 처음 6개의 제곱수도 매우 인기가 높다. 4만 명과 함께 당첨되는 최악의 경우를 피하고 싶은 사람은 이런 숫자를 쓰지 않는다(1999년 4월 10일에는 1에서 6까지 전부가 거의 당첨될 뻔한 적도 있다. 이 주말에 당첨된 숫자는 2, 3, 4, 5, 6과 26이었다. 당시 38000명이 이 중 5개를 맞춰 각자 380마르크를 탔다).

이 밖에 1400만 가지의 6개 조합 중에 고아숫자(로토 참여자가 잘 쓰지 않는 숫자. 대개 생일이나 역사적 날짜와 관계된 숫자를 많이 쓰므로 31 이상의 숫자를 말한다―옮긴이)를 선택하기도 한다. 그리고 이것은 놀랄 정도로 많다. 고아숫자는 규칙적으로 등장하지 않는 숫자를 말한다. 그중에서도 30이 넘는 숫자가 많으며(자신의 생일을 쓰는 참여자가 많으므로) 특히 19는 제외된다(19는 아주 흔한 생일이므로). 무엇보다 지금까지 고아숫자를 잘 쓰지 않았다는 점이 중요하다. 또 요즘도 1955년 10월 9일, 독일 최초로 로토 추첨이 있던 날 당첨된 6개의 숫자를 쓰는 사람이 많다. 향수에 젖은 사람들이 선호하는 이 숫자는 13, 41, 3, 23, 12 그리고 16이다.

고아숫자를 찾아내는 가장 손쉬운 방법은 우연에 맡기는 것이다. 이를테면 종잇조각을 49조각으로 찢어서 각각 1부터 49까지 써넣는다. 그리고 눈을 감은 뒤 6개를 고르고 앞에서 말한 기피숫자에 해당하는지 맞춰본다. 그것에 해당하면 다시 눈을 감고 집으면 된다.

스위스의 통계학자가 계산한 바에 따르면 이런 방법을 쓸 때

장기적으로는 자신이 들인 돈 이상을 탈 확률이 있다고 한다. 바꿔 말하면 영리한 참여자의 돈을 멍청한 참여자가 갈취한다는 것이다.

물론 장기적으로 볼 때 그렇다는 얘기이고, 이 장기간이라는 것은 참여방식에 따라 아주 오래 걸릴 수 있다. 가령 매주 토요일마다 6개의 숫자를 단 하나만 고를 때, 1등 당첨이 되기까지는 평균 20만 년 이상을 기다려야 한다.

끝으로 여기에 또 다른 경고가 덧붙여진다. 이 작전이 성공하려면 모든 참여자 중 다수가 잘 알려진 숫자를 선택하고 나머지는 손대지 않아야 한다는 것이다. 독일 로토의 전체 참여자가 이 글을 읽고 이 방식을 따를 때 선택한 숫자조합이 1400만 가지 가능성에 골고루 분산된다면 이때 전체 참여자에게 돌아갈 몫은 똑같이 투자액 1유로당 50센트가 된다.

생일 숫자가 당첨된다?

오류 | 로토 참여자 중에는 자신이나 가족의 생일 날짜를 고르는 사람이 많다. 또 용지의 대각선을 그리는 숫자 등, 일정한 기준에 따르기도 한다. 로토에서 어떤 숫자조합을 고르든 당첨될 확률은 똑같다고 봐야 한다. 하지만 사람들은 같은 숫자조합을 선택한 당첨자 모두가 당첨금을 나눠야 한다는 사실을 잊는다.

결과 | 같은 숫자를 선택한 사람이 많을 때 당첨금 규모는 실망스러울 정도로 초라하다.

해결책 | 처음에는 일단 약 10개의 숫자를 고른다. 그 다음 가능하면 생일 숫자를 제외한다. 19 같은 숫자도 빼고 32 이하의 숫자도 가능하면 고르지 말아야 한다.

-발터 크레머

몬테카를로의
비극

1913년 8월 18일, 몬테카를로에서는 희한한 일이 벌어졌다. 유럽 곳곳의 상류층 손님들이 연미복과 이브닝드레스 차림을 하고 모여든 전설적인 카지노에서 룰렛의 구슬이 무려 26회나 연속해서 검은색에 멎은 것이다. 믿을 만한 전언에 따르면 대강 열다섯 번, 열여섯 번쯤 계속해서 검은색에 구슬이 멎자 내로라하는 도박사들은 '대혼란'에 빠졌고, 거의 '넋이 나간 분위기'였다고 한다. 그러자 갈수록 많은 사람이 빨간색에 걸었다. 이 연속적인 우연이 결국 끝나고 말 것이라고 믿었기 때문이다. 27회째에 마침내 빨간색이 나왔을 때 일부는 이미 가진 돈을 몽땅 날려 빈털터리 신세가 되었다. 이날 카지노는 엄청난 수입을 올렸다.

이날 도박꾼들은 학술적으로 '도박사의 오류'라고 하는 사고의 오류에 빠진 것이다. 여기서는 이미 발생한 특정 색깔의 빈도수가 다음번 색깔에 어떤 영향을 미칠 것이라고 가정하는 태도를 말한다.

이성적으로 생각한다면 — 또는 수학의 확률론에 따른다면 — 다음과 같은 결론이 나온다. 즉 조작이 불가능한 정상적인 룰렛이라면 한 번에 빨간색과 검은색이 나올 확률은 똑같다는 것이다. 이 확률은 앞서 구슬이 멎은 색깔과는 전혀 무관하게 적용된다. 룰렛을 돌릴 때마다 나오는 색깔은 서로 구속력이 없으며 서로 종속된 것도 아니다. 장기적으로 볼 때 지속적인 우연은 빨간색이나 검은색에 거의 비슷하게 작용한다. 빨간색과 검은색 사이에 발생한 처음의 차이는 갈수록 중요성이 줄어든다.

하지만 근거 없는 판단 때문에 사람들은 거리낌 없이 잘못된 방향으로 나아간다. 도스토예프스키는 몬테카를로의 카지노가 생기기 전인 1866년에 발표한 소설 〈노름꾼〉에서 전형적인 초보자를 다음과 같이 묘사하고 있다. '예를 들어 16회나 빨간색이 나왔을 때는, 다음 17회째는 검은색이 나올 것이라고 생각할 수 있다. 초보자들은 이런 생각에 너도나도 돈을 두 배, 세 배로 걸었다가 몽땅 잃고 만다.'

이런 현상의 배후에는 인간 사고의 근본적인 문제가 숨어 있다. 신경생물학에서 확인한 바와 같이 인간의 뇌는 순수한 우연에 제대로 대처하지를 못한다. 뇌는 표준을 찾으려는 경향이 있다. 전적으로 우연히 형성된 구름을 보고 동물 형상을 연상하기도 하고 잉크 자국에 갖가지 의미를 부여하기도 한다. 사람의 뇌는 우연히 연속된 룰렛 숫자에 인과관계를 부여한다. 그리고 이성적으로 접근한답시고 우연한 상황을 어떤 표준에 따라 해석하기 때문에 도박꾼들은 불합리한 태도를 보이는 것이다.

1971년 아모스 트버스키와 대니얼 카너먼은 사람들의 '인지편향'을 확률을 다룰 때 발생하는 기본적 사고의 오류라고 보았다. 몬테카를로에 모인 사람들은 아마 그렇게 계속해서 검은색이 나온 뒤에도 다시 검은색이 나올 수 있다는 것은 경험하지 못했을 것이다. 그 때문에 확률을 실제 이하로 낮게 잡는 경향을 보인 것이다. 심리학에서는, 앞으로 발생할 사건의 확률을 과거 경험에 기초해 판단하는 습관을 '대표성 발견법'이라고 표현한다. 이 용어는 앞에서 이미 나왔다('우연은 제멋대로에 종잡을 수 없다' 꼭지 참고). 대표성 발견법은 조금이라도 함정이 깔린 상황에서는 쉽게 잘못으로 이어진다.

앞의 룰렛 사건이 우리의 뇌에 까다롭게 느껴지는 까닭은 장기적으로는 당연히 빨간색과 검은색의 횟수가 균등해지기 때문이다. 수학자 리하르트 폰 미제스Richard von Mises도 말했지만, 확률적 사건의 빈도는 아주 오랜 횟수가 이어진 끝에 평균 퍼센트에 이른다.

하지만 짧은 시도에서 나온 임의추출 견본에서도 평균 빈도가 나온다고 생각하면 오산이다. 장기적으로는 빨간색과 검은색의 빈도가 서로 비슷하다는 것이 사실이라고 해도 매번 이 균형이 유지되기 위해 여러 차례의 검은색 다음에 반드시 빨간색이 나온다고 말할 수는 없다. 학술적으로는 이렇게 잘못된 생각에 대해 '기회 성숙'의 문제라는 표현을 쓴다. 이 말은 아주 여러 번 시도한 끝에 나온 임의추출 견본에서 신빙성이 있는 빈도의 퍼센트가 '성숙'한다는 뜻이다.

한 차원 높여 수학적 확률론을 넘어서는 우연은 무엇인가라는 의문에 이르면 문제는 조금 더 복잡해진다. 아리스토텔레스 이후로 철학자들은 이 문제에 골몰해왔다. 이를 둘러싸고 논란이 분분하다. 세상 만물은 자연법을 따르는 법인데 도대체 어떻게 우연은 존재할 수 있을까? 아인슈타인은 인간의 계산이 통하지 않는 곳에서 우연은 시작한다고 말했다. 이 말을 룰렛에 적용하면 구슬도 자연법을 벗어나지 않는다는 뜻이다. 당연히 구슬이 일정한 곳에서 멎는 이유가 있기 때문이다. 구슬에 작용하는 모든 힘, 가령 구슬의 성질이나 공기의 흐름, 룰렛 기계 등을 정확히 안다면 아마 구슬의 경로를 물리학적으로 계산할 수도 있을 것이다. 다만 실제로 계산하기가 너무 힘들 뿐이다. 어쩌면 구슬을 굴리는 딜러의 자유의지도 우리의 계산을 망칠 수 있을 것이다.

어쨌든 도박사의 오류에서 우리의 뇌가 구슬이 멎을 곳에 대한 합리적 예측을 불합리한 판단('이제는 반드시 빨간색이 나올 것이다')으로 대체하는 이유는 논리적인 사고에서 나온 예측이 너무 복잡하기 때문이다.

아무튼 순수한 룰렛 게임에서는 — 수학적인 확률론에서와는 달리 — 모든 수의 정확한 균등배분을 무시하는 작은 불균형이 나올 가능성을 완전히 배제할 수 없다. 이런 이유로 카지노에서는 룰렛 실린더를 정기적으로 교체한다.

도박꾼 중에서는 자주 나오는 숫자를 주목하기 위해 룰렛 게임에서 나온 숫자를 모두 적는 사람들이 많다. 이들은 이제 1913년 몬테카를로에서와는 달리 유난히 자주 나오는 숫자에 돈을 건다. 하나의 사건이 앞으로 일어날 사건에 영향을 주어 드문 경우의 수가 나타날 거라고는 생각하지 않는다. 오히려 도박꾼들은 확률의 분포가 균등하지 않다는 계산을 한다. 더 합리적인 생각이다.

하지만 이런 전략도 룰렛의 구슬이 너무도 다양한 영향을 받는다는 점에서 성공률은 낮다.

도박사의 오류

오류 | 초보 도박꾼은 룰렛 게임에서 연속적으로 검은색이 나올 때면 '이번에는 분명' 빨간색에 승산이 있다고 생각할 수 있다. 그리고 회를 거듭할수록 다음번에는 이 색깔이 나올 가능성이 점점 커진다고 판단한다.

결과 | 이런 생각으로 판돈을 두 배, 세 배로 올린 사람은, 도스토예프스키가 소설 〈노름꾼〉에서 묘사하듯 돈을 몽땅 날릴 수 있다.

해결책 | 확률에 대한 인간의 감각이 통하지 않을 때는 수학적 계산이 도움이 된다. 룰렛 기계를 조작하지 않는 한, 검은색과 빨간색이 나올 확률은 매번 똑같다.

−크리스티안 지덴비델

영리한 사람이
늘 따는 것은 아니다

미인선발대회나 육체미대회는 가장 아름다운 여자나 남자를 뽑는다. 많은 후보가 나와 경쟁하는 이런 대회에서는 투표에 참여한 사람도 이익을 보는 경우가 많다. 투표한 후보가 1등에 뽑힐 때는 투표한 사람도 추첨해서 상을 탈 기회가 생긴다. 예를 들면 《스포츠샤우Sportschau》 지에서 실시하는 이 달의 골이 이런 경우에 해당한다. 이것을 맞춘 사람에게는 자동차를 상으로 탈 기회가 주어진다. 이런 행사에 능숙해서 주기적으로 《스포츠샤우》의 회전식 추첨기 앞에 나설 기회를 얻는 사람은 주식거래에 성공하기 위한 최고의 조건을 갖췄다고 할 수 있다.

바르셀로나에 근무하는 독일 교수의 실험을 보면 그 이유를 분명히 알게 된다. 로즈마리 나겔Rosemarie Nagel은 '미의 콘테스트' 또는 속칭 숫자 뽑기 게임이라고도 알려진 '알아맞히기 게임'을 도입했다.

게임 규칙은 아주 간단하다. 일정한 수의 참여자에게 과제를 준다. 참여자는 누구나 0에서 100까지 숫자 중에 하나를 골라야 한다. 0과 100도 포함이 된다. 선택한 숫자가 참여자 전체가 고른 숫자 평균치의 3분의 2에 가장 가까운 사람이 우승자가 된다. 예를 들어 전체 숫자의 중간값이 21이라고 해보자. 21의 3분의 2면 14가 된다. 따라서 14에 가장 가까운 숫자를 고른 사람이 우승하는 것이다. 매우 간단한 규칙이다. 당신이라면 어떤 선택을 하겠는가? 어떤 숫자를 고르겠는가?

숫자 뽑기 게임에 참여한 사람은 전략적 상호작용의 고전적인 상황에 놓인 것이다. 최선의 선택은 다른 참여자가 어떻게 하는가에 달려 있기 때문이다. 동시에 당신 자신이 어떻게 하는가에 좌우된다. 이렇게 복잡한 선택상황을 분석하는 게임 이론이란 것이 있다. 이 이론은 모든 참여자가 완전히 합리적인 행동을 하고 또 다른 참여자도 모두 합리적인 행동을 한다는 것을 안다는 전제에서 출발한다. 이렇게 전제할 때, 숫자 뽑기 놀이에서 최선의 숫자를 알아내는 것은 비교적 간단하다. 우선 전체 숫자의 평균은 최대치가 100이고 이 때문에 맞혀야 할 수는 어떤 경우에도 67보다 크지 않다고 생각할 수 있다. 다시 말해 100의 3분의 2를 반올림한 숫자가 67이라는 말이다. 따라서 68에서 100 사이의 숫자는 해답이 될 수 없다.

참여자 전체가 이렇게 생각하기 때문에 67보다 큰 숫자를 고르는 사람은 분명 없을 것이다. 최대 평균치는 67을 넘을 수 없기 때문에 답에 가까운 숫자도 67의 3분의 2, 즉 45보다 클 수 없다. 마찬가지로 또 아무도 45에서 67 사이의 숫자를 선택하지 않을 것이라는 것은 분명하다. 이제 앞으로 어떻게 전개될지 알 것이다. 아무도 45보다 큰 숫자를 고르지 않는다는 것을 전제할 때,

답에 가까운 숫자는 45의 3분의 2인 30보다 클 수 없다. 그러면 아무도 30보다 큰 수를 고르지 않을 것이다. 이런 식으로 계속 된다. 결국 이 같은 연쇄논리의 끝에 가면 모든 참여자는 똑같이 0을 고른다는 결론이 나온다.

이상의 논리가 게임 이론이다. 실제의 예를 보기로 하자. 1997 년에 대대적으로 숫자 뽑기 게임을 한 적이 있다. 3개국에서 동 시에 이 게임으로 신문 실험을 실시했는데, 영국의 《파이낸셜 타 임즈》, 독일의 《경제 스펙트럼》, 스페인의 《엑스판시오》 등 세 신 문사에서 각각 구독자를 대상으로 게임 규칙을 설명하고 0부터 100까지의 숫자 중 하나를 골라 보내라고 했다. 3개국 똑같이 우 승자에게 푸짐한 상금을 내걸었다. 영국에선 거의 1500명, 독일 에서는 2700명이나 이 게임에 참여했다. 모두가 0을 선택했을 까?

물론 아니다. 비록 두 나라에서 0을 선택한 참여자가 가장 많 기는 했지만 22와 33을 고른 사람도 많았다. 물론 다른 숫자를 고른 경우도 있었고, 50이 넘는 경우는 아주 드물었다. 영국에서 는 평균치가 18.91이었고 우승 숫자는 12.6이었다. 독일에서는 평균치가 22.08에 우승 숫자는 14.7이었다. 여기서 어떤 교훈을 얻을 수 있을까?

다른 참여자가 모두 매우 합리적으로 행동한다는 것을 전제할 때 이를 수 있는 답이 있다. 답은 0이다. 그런데 0을 선택하면 게 임에서 이기지 못한다. 이 게임에서는 가장 계산을 잘하고 게임 을 완벽하게 꿰뚫는 사람이 아니라 다른 사람의 행동을 가장 잘 판단할 수 있는 사람이 승자가 된다. 로즈마리 나겔이 진행한 신문 실험에서 신문구독자는 사연을 함께 적어 보낼 수도 있었다. 어떤 여성 독자는 간단히 선택한 상황을 적어 보냈다. 그녀의 설명에 따르면 아주 영리한 남편이 한동안 이 문제를 궁리했다고 한다. 그녀는 다른 독자들도 남편처럼 영리할 것이라고 생각해, 정확히 남편이 예측한 평균치의 3분의 2에 가까운 숫자를 선택했다는 것이다. 이 여성 독자는 아슬아슬한 차이로 우승을 놓쳤다.

중요한 것은 다른 사람이 어떤 선택을 할지를 판단하는 것이다. 이런 원리는 이 달의 골을 선정할 때도 적용되며 증시에서도 마찬가지다. 《스포츠샤우》에서 자동차를 상으로 타고 싶다면, 다른 관중이 어떤 골을 선정하는지 알아야 한다. 인기 선수나 많은 팬을 확보하고 있는 선수의 골을 고르면 도움이 될 것이다. 증시에서는 전체 기업의 종합적인 경영 및 금융 자료를 아는 것이 별로 중요하지 않다. 다른 거래자보다 정보에서 앞서 나가는 것은 가치가 없다. 이런 데이터에 의존해 투자를 결정하는 사람이 많지 않다면 숫자 뽑기 게임에서 0을 선택하는 이와 같은 처지가 될 것이기 때문이다. 너무 정보에 밝아서 돈을 잃는 셈이다.

결국 증시에서는 기대치가 문제다. 숫자 뽑기 게임은 이 기대치의 배후에 깔린 어떤 역학 같은 것을 보여준다. 성공을 거두기 위해서는 모든 참여자가 완벽하게 합리적인 행동을 하지는 않는다고 생각해야 한다. 그리고 합리적 행동에서 벗어나는 경우를 제대로 예측해야 한다.

왜 금융시장이 그날그날의 뉴스에 그토록 민감하게 반응하는지는 이유가 분명하다. 수시로 바뀌는 뉴스는 실제로 기업이나 국가의 경영 상황 또는 실적에 대한 기본 자료를 그대로 반영하는 것은 아니다. 시장참여자는 투자 방향을 이 기본 데이터에 맞추는 대신 —아니면 적어도 여기에 맞출 뿐만 아니라— 다른 참여자의 반응과 연관된 기대치에 맞춘다. 다른 참여자도 민감한 반응을 보일 것이라고 생각하면 누구나 민감하게 반응할 것이다. 이런 이치를 먼저 깨닫는 것이 숫자 뽑기 게임이나 증시에서 통용되는 기술이다.

영리함의 덫

오류| 우리는 자신이 얻은 정보에 방향을 맞추도록 유혹을 받곤 한다. 이런 정보가 좋을 수도 있지만 결국 다른 시장참여자가 무슨 생각을 하는지가 중요하다는 사실을 놓치면 잘못된 투자 결정을 하게 된다.

위험성| 우리는 자기 정보를 과대평가하고 다른 사람이 선택한 것의 의미는 과소평가한다.

해결책| 다른 투자자가 어떤 계산을 하는지 정확히 파악해야 한다. 그들은 어떤 정보를 활용하고 어떤 기대를 하고 있는가?

—요아힘 바이만

09

인간의
학습능력에
기대를!

팁, 그리고 그 밖의
사고의 오류

팁은 커다란 사고의 오류일까? 독일인은 대부분 식당이나 미용실, 택시를 이용할 때 아무 실속이 없는 경우에도 거스름돈을 안 받거나 요금을 더 낸다. 물론 미용실이나 단골술집에서 넉넉하게 인심을 베풀면 나름대로 보상받을 것은 분명하다. 미용사나 술집 종업원은 그 손님이 씀씀이가 후하다는 것을 계속 기억하고 환한 미소로 친절하게 서비스하거나 공손하게 굴 것이기 때문이다. 하지만 택시라면 문제가 다르다. 택시 기사를 다시 만나는 경우는 아주 드물기 때문이다.

여행지에서는 더 그렇다. 파리에서 카페를 찾는 여행객은 대부분 그곳에 다시 갈 일이 없다. 그런데도 계산서보다 더 넉넉하게 돈을 낸다. 더욱이 많은 이들은 외국에 나가면 일부러 팁의 풍습을 알아보기까지 한다. 물론 이는 친절한 습관이다. 하지만 친절만으로는 이런 행동을 설명하기가 쉽지 않다. 적어도 간접적인 이익이 없는 풍습 중에는 인류 역사에서 사라진 것이 많다. 그런데도 왜 팁의 풍습은 계속 유지되고 있을까? 또 그 밖에 이 책에서 소개한 그 많은 사고의 오류는 어떻게 된 것일까?

생물학자와 심리학자는 팁과 그 밖의 많은 사고의 오류에 대한 근거를 태곳적 최초의 인류에게서 찾는다. 그때 인간은 작은 공동체를 이루고 살았다. 팁을 예로 들면, 이 공동체에서는 구성원 각자가 다른 모든 구성원과 알고 지내는 가운데 누가 정말 인색한지, 누가 유난히 아량이 넓은지에 대한 소문이 빠르게 퍼졌다. 이런 이유로 그 당시의 인간은 선물을 하거나 선행을 베풀었을 때 즉시 보상을 받을 것인지 아닌지에 대해 민감한 반응을 드러내지 않았다. 친절한 사람은 자신의 행위가 자신의 명망에 도움이 되고 자신의 관대한 태도가 언젠가는 보상받는다는 것을 믿을 수 있었다.

이런 행동방식은 오늘날까지 유전자에 남았다. 오늘날도 누군가에게 뭔가를 선물한다는 것은 진정 기쁜 일이다. 그렇다고 그 대가로 꼭 보상을 받겠노라고 생각하는 것은 아니다. "인간은 그 옛날 유익했던 전략을 자동적으로 따른다"라고 행동경제학자인 댄 애리얼리는 말한다. 그리고 "그 행동이 지나치게 일반화되었다"는 것이다. 여기서 핵심은 '지나친 일반화'라는 말로, 이것은 근본적으로 성공을 거두거나 적어도 과거 한때 성공적이었던 규칙이다. 이 규칙이 사고와 감각에 깊이 뿌리 박혀 폭넓게 보편화된 것이다. 그러므로 실제로 전혀 어울리지 않는 상황에서도 여전히 이 규칙이 적용된다.

그러면 사고의 오류에 어떤 문법적 규칙이 있다는 말인가? 이 메커니즘이 무엇에 유익하다는 것인가?

때로는 분주한 뇌의 부담을 줄여줄 필요가 있다. 심리학자 게르트 기거렌처는 대부분의 사람에게 생각의 수고를 덜어주는 이른바 휴리스틱의 목록 전체를 보여준 적이 있다. 대체로 과장이 심함과 동시에 대부분 혼란을 안겨주는 단순한 평가규칙들이다.

이것은 제로 리스크, 다시 말해 리스크를 완전히 배제하기 좋아하는 성향과 비슷하다. 대신 막대한 비용을 감수해야 한다. 이런 시도로 성공을 거두는 사람은 나름대로 보람이 있다. 이런 사람은 앞으로 어떤 리스크를 통제할 수 있을지 생각할 필요가 없기 때문이다. 많은 리스크가 이제는 얼마나 나쁜지, 분업화된 세계에서 다른 사람의 통제를 받는다든지 따위의 생각은 하지 않는다. 과거에는 또 다른 성향이 생존에 기여했을지도 모른다. 예컨대 경험 부족으로 성급하게 결론을 내리고 엉뚱한 데서 규칙과 표준을 정하는 성향이 있을 수 있다. 수풀 뒤에서 호랑이 형상 비슷한 것을 보고 의혹을 품을 때, 그쪽으로 달려가 실제로 호랑이가 있는지 확인하는 대신 즉시 도망치는 것이 과거에는 더 안전했을 것이다. 오늘날 많은 전문가는 사고의 오류가 생긴 원인을 이렇게 설명한다.

많은 경우에 인간은 사고의 오류 때문에 절망적인 상황에 놓이지는 않는다. 경험이 쌓여 대처 방법을 알게 되면 오류에서 벗어나기도 한다. 또 어떤 오류는 너무 뿌리가 깊어 인간 스스로 속아 넘어가기 때문에 거기서 벗어나지 못한다. 즉 전혀 대처하지 못하는 오류도 있다.

지나친 일반화

오류 | 인류의 역사에서 수많은 행동규칙이 형성되고 깊이 뿌리 내린 까닭은 그것이 대부분 도움이 되었기 때문이다. 하지만 언제나 유익한 것은 아니다. 그럼에도 불구하고 인간은 이런 규칙을 무차별적으로 적용한다. 다시 말해 정도 이상으로 일반화한다는 말이다.

결과 | 인간은 때때로 오류를 범한다. 이 책은 그런 오류들을 다루었다.

해결책 | 자주 사고의 오류에 노출되는 상황에서도 대부분 그것을 막을 대책은 있다. 그것을 잘 알아차리고 거기서 교훈을 얻어야 할 것이다.

—파트릭 베르나우

언제나 감정이
따른다

정신은 끊임없이 인간을 속인다. 리스크에 대한 왜곡된 평가나 자기 능력에 대한 과대평가가 문제될 때, 무의식은 합리적 판단에 따른 결정을 어렵게 한다. 이때는 비용이 들어간다. 예를 들어 투자할 때 감정이 개입되지 않으면 훨씬 더 올바른 결정을 내릴 수 있을 것이다. 하지만 실상은 이와 반대다.

부부 학자인 안토니오와 한나 다마시오는 생애 전반을 감정연구에 쏟아부었다. 두 사람이 세운 이른바 '소마틱 마커somatic marke'(어떤 결정을 앞두고 그 결과가 이미 현실화된 것처럼 느끼는 신체적 표식—옮긴이) 이론에 따르면, 인간의 온갖 경험은 축적되며 유사 상황에서 결정 내려야 할 때 자동적으로 그 경험을 불러낸다. 따라서 정서적으로 감당하지 못하는 일정한 대안행동은 종종 무의식적으로 작용하는 소마틱 마커 때문에 의식적인 결정에서 배제된다. 이렇게 해서 결정은 단순화되고 가속화될 뿐만 아니라 소마틱 마커 때문에 비로소 결정이 가능해진다. 안토니오와 한나는 다양한 실험과 연구를 거쳐 놀라운 사실을 확인했다. 가령 뇌가

손상돼 과거의 특정 상황에서 느꼈던 감정을 기억하지 못하는 사람은 비슷한 상황이 벌어져도 결정을 내릴 능력이 없다는 것이다.

소마틱 마커 이론을 입증하기 위해 이들은 특히 도박실험에 중점을 두었다. 이 실험에서는 건강한 사람과 전전두엽을 다친 사람, 즉 행동에 대한 감정 통제를 담당하는 뇌 영역이 손상된 사람을 대상으로 했다.

실험참가자 전원에게 2000달러씩 대출해주면서 최선을 다해 돈을 불리라는 과제를 주었다. 참가자들은 A, B, C, D 네 벌의 카드 중에서 패를 고를 수 있었다. 참가자들은 A와 B의 카드 패에서는 100달러를 땄고 C와 D에서는 50달러를 땄다. 네 벌의 카드에서 특정 패를 골랐을 때는 돈을 잃었다. A와 B에서 나온 패의 경우, 1250달러가 될 때까지 C와 D의 패보다 최대 100달러를 더 잃었다. 전체적으로 A와 B에서 나온 패는 장기적으로 볼 때 돈을 잃었고 C와 D의 패는 돈을 땄다. 일반인과 뇌손상을 입은 사람으로 이루어진 양쪽 집단의 실험 참가자는 모두 처음에 A와 B의 카드를 선호했다(처음에는 더 많이 딴). 약 30회쯤 패를 고른 다음에 건강한 일반 참가자들은 손실이 이익보다 크다는 사실을 학습하고 C와 D로 카드를 바꿨다. 이와 달리 뇌손상을 입은 사람들은 카드를 바꾸지 않아 게임이 중간쯤 지났을 때 이미 빈털터리가 되었다. 뇌를 다친 사람은 소마틱 마커가 없어서 게임에서 학습할 능력이 없는 것이 분명했다.

이 밖에 한나 다마시오는 건강한 사람은 아주 일찍, 다시 말해 불리한 카드에서 패를 고르기 전에 전기피부반응의 형태로 감정반응을 한다는 사실을 입증했다. 말하자면 건강한 사람은 나쁜 결과를 예측하는 학습을 했다는 것이다. 이런 감정반응이 뇌가 손상된 사람에게서는 나타나지 않았다. 소마틱 마커 이론은 일부 과학자들 사이에 비판적 논란이 있기는 하지만, 감정연구가들은 감정이 없는 합리성은 가능하지 않다는 점에서 의견을 같이한다. 신속한 결정을 하기 위해 무의식의 과정이 필수적이라는 것은 1초에 뇌의 감각기관에 들어오는 약 1100만 개의 자극 중에 의식으로 인지되는 것은 겨우 40개밖에 안 된다는 사실로 알 수 있다.

따라서 감정은 간단히 말해 고도로 효율적인 일종의 인간적인 경영시스템으로 이해할 수 있다. 이 시스템은 훨씬 더 느리게 작동하며 온갖 찬반의 상황을 헤아리는 인간의 오성悟性이 적절한 시간에 중요한 결정을 내리는 것을 가능하게 한다.

그럼에도 불구하고 이 '경영시스템'은 우리가 과오를 범하도록 유도할 수 있다. 감정은 비록 판단과 행위에 필수적이긴 하지만 결코 완벽을 보장하지는 않는다. 일정한 감정이 사고 깊숙이 파고든 불확실한 경험과 연결될 때, 이 경험은 결정에 직면한 상황에서 깨어나 오류를 낳을 위험이 존재한다. 전적으로 유리한 특정 행동은 예컨대 소마틱 마커 때문에 처음부터 차단된다.

이 책에서 설명한 사고의 오류 중에는 이 범주에 속하는 것이 많다. 하지만 이런 오류는 불가피한 것이 아니라 의식적 사고와 여러 차례의 반복 학습으로 교정이 가능하다. 타고난 유익한 감정과 이와 관련된 경험이 자동적으로 표면화되지 않을 때 또는 새로운 감정이 뇌에 뿌리 내릴 시간이 없을 때 또 다른 문제가 발생할 수 있다. 예를 들어 금융위기가 발생했을 때처럼 부담스러운 환경에서는 이런 인간적 경영시스템은 잘못 작동할 수 있다. 투자자가 잘못된 결정에 이끌리는 것은 소마틱 마커가 외부에서 받은 뇌 속의 인상을 제대로 걸러내지 못하기 때문이다. 최악의 경우 투자자는 완전한 판단 불능 상태에 빠진다.

감정의 기만적인 힘

오류 | 불확실한 감정이나 동기, 문제 있는 행동기준과 정신적 과정이 결합할 때 이는 결정상 불리하게 작용할 수 있다. 예를 들어 무의식 속에서는 유리한 투자가 고려대상에서 배제되는 일이 생길 수 있다. 감정적으로 그런 투자를 견딜 수 없기 때문이다.

위험성 | 문제 상황에 따라 결정이 왜곡되고 지연되고 중단되는 일이 발생한다. 이러면 손실을 보거나 이익을 놓치게 된다.

해결책 | 자신의 감정과 인상을 오성의 교란자로 보는 대신 그 정체를 규명하는 것이 큰 도움이 된다. 따라서 시장참여자의 투자행위에 휩쓸리기보다 그에 맞설 필요가 있다. 문제점을 확인하면 그들과 다른 행동방식을 익힐 수 있을 것이다. 스트레스 상황에서 투자 결정을 내릴 때는 그 상황을 냉정하게 평가할 수 있는 전문가와 의논하여 과오를 피할 수 있다. 하지만 무엇보다 중요한 것은 자신의 감정을 억제하지 않는 것이다. 감정이 배제된 투자 결정이란 불가능하다.

−루츠 요하닝/막시밀리안 트로스바흐

인간이 그 정도로
어리석은 것은 아니다

        우리 저자들은 이 책에서 50여 가지의 사고
의 오류를 소개했다. 이런 오류를 볼 때 인간은 합리적이라고 할
수 없겠지만 그렇게 어리석다고 할 수도 없다. 인간에게는 자신
의 오류에 대한 학습능력도 있기 때문이다.

사람은 성공에 눈멀기도 하고 위급상황에서 행동주의에 빠지
는 경향이 있으며 때로는 어설픈 광고 문구마저 믿곤 한다. 하지
만 이런 것은 수많은 사고의 오류 중 일부에 지나지 않는다. 이
런 오류를 발견하게 된 것은 경제학의 새 분야인 행동경제학 덕
분이다.

이 방면의 학자들은 한 가지 현상을 보면 그대로 놔두지 않는
다. 인간의 일상적인 행동은 평균의 재능과 이성적인 능력을 토
대로 이익을 극대화할 것으로 기대되는 행동방식과는 거리가 먼
경우가 많다. 이것은 그 자체로 바람직하지 못한 현상이다. 돈을
날리든지 아니면 적어도 좋은 기분을 망치기 때문이다. 그리고
조금씩 균열을 보이는 신고전주의적인 우아한 이론구조가 또 있

다. 대학생이 첫 학기에 배우는 국민경제는 이른바 호모 에코노미쿠스Homo oeconomicus(경제적 인간)라는 모범적인 경제 주체를 전제로 돌아간다. 호모 에코노미쿠스는 끊임없이 자신의 복지에 가장 큰 보탬이 될 결정을 내리는 합리적이며 정보력이 뛰어난 인간 유형이다. 때로 현실의(경제적인) 세계에서 인간이 저지르는 충격적인 수준의 결정에 직면하면 이런 유형을 포기해야 한단 말인가? 그렇지는 않을 것이다. 경제적인 상황을 설명해야 할 때 이런 인간 유형은 여전히 쓸모가 많다.

막데부르크의 경제학자 요헨 바이만Jochen Weimann은 "그동안 경제학자들 사이에서는 인간이 전적으로 합리적인 행동을 하는 것은 절대 아니라는 생각이 퍼져 있다"라고 말한다. 그럼에도 불구하고 거의 모든 경제 모델은 엄격한 합리성을 가정한다. "이같은 기술적 이론은 경제 모델의 토대로 사용할 수 있는 합리적인 태도에 제한돼 있고 이것은 아직 성공과 거리가 멀다" 또 "과거의 모델을 능가할 만큼 두드러지는 신 모델은 아직 보이지 않는다"라고도 말할 수 있을 것이다.

하지만 뮌헨 대학의 국민경제학 교수인 마르틴 코허Martin Kocher는, 지금까지 행동경제학에서 발견한 효율성의 일부는 부분적으로 호모 에코노미쿠스의 대안 모델이어야 한다는 쪽으로 의견이 모아졌다고 말하고 있다.

어떻게 새로운 이론을 찾아낼 수 있을까? 연구팀은 실험을 통해 연구를 계속하고 있다. 과거의 경제학자들은 이런 방법을 몰랐다. 실험을 통해 밝혀낸 사고의 오류는 매끄러운 새 이론으로 구축할 만큼 통일된 형태를 갖추지 못했다는 데 문제가 있다.

은행 컨설턴트가 우리보다 자산구조를 개선하는 데 훨씬 능력이 뛰어나다고 말할 때 그 말을 믿어야 할까? 이 문제는 '적당히 섞는 것이 좋다'는 게 장의 끝부분에서 제시한 충고였다. 아니면 '틀에 대한 착각'의 내용에서 충고한 대로, 컨설턴트는 잘못된 방향으로 사실을 부각시키는 경우가 많으니 그 말을 불신해야 할까? 사고의 오류는 퍼즐조각을 맞출 때처럼 모든 것이 서로 딱 맞아떨어지지는 않는다. 적어도 첫눈에 볼 때는 맞지 않는다. 지난 수년간 전문 연구자들이 모아놓은 사고의 오류는 조금은 자의적인 인상을 준다.

은행 컨설턴트의 경우 해결 방법은 간단하다. 여러 컨설턴트와 상담을 해보면 된다. 그렇다고 해서 항상 간단한 문제만은 아니다. 그저 직감을 따르라는 것은 때로 놀랄 정도로 잘 작동하는 단순한 사고규칙, 이른바 휴리스틱의 옹호자들이 권하는 말이다. 무엇보다 잘 아는 문제여서 결정을 직관에 맡길 수 있을 때 이렇게들 말한다. 하지만 모든 휴리스틱이 도움이 되는 것은 아니다. 대표성 발견법은 성급한 결정을 하도록 만들고 진실과는 거리가 먼 추정에 따라 행동하도록 한다. 어떤 농구선수가 3경기 연속 골을 많이 넣었다면 그는 '행운의 손'을 가진 것인가? 우리 인간은 우연에 지나친 의미를 부여할 때가 많다. 가전제품 시장에서도 자신의 직관에 따라 결정하기보다는 상인의 술책에 넘어가 값비싼 텔레비전을 구입한다.

특히 몇 가지 인간적인 약점이 문제다. 우리는 탐욕과 불안 사이에서 흔들리기도 하고 극단에 치우치는가 하면 종종 자신을 과대평가하면서 동시에 남의 말을 쉽게 믿기도 한다. 또 아주 어리석을 때도 많다. 하지만 이런 것은 이미 전부터 익히 알아온 것들이다. 조금만 세부적으로 들어가면 이내 상황은 다시 복잡하게 뒤얽힌다.

분명한 것은 인간의 머리는 깊게 생각하려 하지 않는다는 것이다. 대개 깊은 생각이 배제된 이런 태도는 성공을 거두지만 도를 지나칠 때도 많다. 이론상으로는 이런 현상의 배후에 독특한 합리화 전략이 숨어 있다는 것이 흥미롭다. 실제로 이 말은 언제 우리 머리가 게으름을 피우고 언제 자기 의지에 맞서 오성의 노력을 기울여야 하는가를 우리 스스로 깨달아야 한다는 뜻이다.

잘 생각해보면 인간은 많은 경우에 전혀 아무것도 하지 않고 차라리 모든 일을 되는 대로 내버려두는 편이 낫다는 결론을 내릴 수도 있다. 특히 투자에 관계될 때 우리는 종종 불필요한 손질을 한다. 또 경매에 참여할 때 원하는 시점보다 더 일찍 낙찰을 포기해야 할 때가 있다. 경매에 너무 정신이 팔려 종종 지나치게 비싸게 부른 가격에 넘어가기 때문이다.

다른 사람에게 물어보는 것은 언제나 도움이 된다. 친구는 우리가 자기 과대평가의 틀에 갇혀 있을 때 도움을 줄 수 있다. 또 내키지 않은 과제를 뒤로 미루고 싶을 때 유혹을 이기게끔 도와줄 수도 있다. 은행 컨설턴트를 찾을 때도 또 다른 친구에게 물어보는 것이 바람직하다. 컨설턴트의 지식도 어느 한 명에 얽매이지 않을 때 보탬이 된다.

우리 저자 일동이 제시하는 이런 조언의 배후에는 적지 않은 낙관론이 깔려 있다. 우리는 학습능력을 신뢰하며 인간은 자신의 결함을 극복할 수 있다고 믿는다. 적어도 많은 사람이 인간적인 약점을 극복했다. 그 옛날의 호모 에코노미쿠스가 멀리서 손짓하는 것 같다. 이 복잡한 세계에 비하면 우리 인간은 너무도 어리석을 때가 많다. 하지만 이것을 인간의 운명이라 할 수는 없다.

파트릭 베르나우

비난트 폰 페터스도르프

옮기고 나서

우리 인간은 하루도 빠짐없이 수많은 선택에 직면한다. 이때 우리는 요모조모 재보고 숙고한 끝에 나무랄 데 없는 결정을 했다고 확신하지만 유감스럽게도 이런 생각은 잘못일 때가 많다. 지난 20년간 전통 경제학의 그늘 아래 발전을 거듭한 행동경제학에서는 경제적인 선택상황에 놓인 사람들의 행동을 규명한다. 여기서 나온 전문적 연구 결과는 이런 상황에서 현대인이 범하는 선택의 오류를 밝히고 있으며 여러 대학과 언론에서 해당 분야의 연구에 몰두해온 공동저자들은 일단의 해결책을 제시한다.

때로 사람들이 보이는 불합리한 행동의 배경에는 어떤 논리가 숨어 있는가? 깊은 숙고 끝에 내리는 결정은 과연 인간을 더 행복하게 할까? 왜 수중에 잔돈을 지니고 있을 때는 고액권보다 더 쉽게 소비하는가? 또 왜 선물 받은 사람은 씀씀이가 더 헤픈가? 직관에 따르는 단순한 사고방식으로써 이른바 '휴리스틱'은 왜 때로 잘못된 결과를 낳는가? '이성적이고 합리적인 주체'로서의 호모 에코노미쿠스와는 거리가 먼 행동방식의 배후에는 어떤 합리성이 결여되어 있는가?

비난트 폰 페터스도르프와 파트릭 베르나우 등 11명의 공동저자는 경제적 선택상황에서 우리 현대인이 자주 범하는 사고의 오류 중에서 대표적인 현상 50여 가지를 골라 실상을 밝히고 대책을 제시한다. 이 글들은 그동안 독일의 전통지인 《프랑크푸르터 알게마이네》 일요신문의 칼럼으로 소개된 것과 아직 실리지 않은 새 칼럼을 보충한 것이며 심리학과 신경과학, 경제학, 진화생물학, 특히 행동경제학에서 규명한 최근의 다양한 이론을 기초로 삼고 있다. 각 장의 형식은 대표적인 사고의 오류를 주제로 제시하고 여기에 해당하는 아주 흥미로운 현실 사례와 역사적 배경을 소개한 뒤에 구체적인 학술이론으로 이 같은 행동의 심리를 조명한다. 이어 해당 분야에 다년간 관심을 기울여온 시각으로 나름대로 해결책을 제시하고 각 장의 말미에 본문의 요점을 정리해놓았기 때문에 비교적 쉽고 재미있게 읽을 수 있도록 꾸며져 있다.

주식투자를 예로 들면 투자자들은 지나친 생각으로 판단착오를 범하는 일이 흔하다. 끝없이 투자정보를 찾는 투자자들의 '정보편향'은 실제로 전혀 도움이 되지 않는다. 시장참여자가 특정한 날, 투자액의 미래 이익에 대해 아는 것은 모두 그날의 시세에 이미 반영된 것이기 때문이다. 해리 마코위츠는 다양하게 분산투자하는 방식을 위한 복잡한 계산규칙을 제시한 공로로 노벨 경제학상을 수상했지만 정작 자신은 결코 규칙에 얽매이지 않는다면서, 단순하게 어림짐작으로 투자를 분산했다고 털어놓았다. 원칙적으로 돈을 안전하게 관리하고 싶은 사람은 가능하면 여러 곳에 분산하는 것으로 족하다는 것이다. 많은 기업에서 경영진이 외국여행을 할 때 여러 항공사에 분산시켜 이동하도록 하는 것과 같은 이치다. 설령 비행기 추락사고가 난다 해도 모든 임원이 참사를 당할 일은 없기 때문이다. 해리 마코위츠가 제시한 복잡한 공식은 개인투자자들에게는 해당되지 않는다. 정작 마코위츠 자신은 가진 돈의 절반은 주식에, 나머지 절반은 이자를 낳는 유가증권에 투자하는 방식으로 자기 자산에 단순한 규칙을 적용했기 때문이다. 만하임의 금융학자 마르틴 베버의 조사와 영국-미국의 연구팀이 공동으로 이끌어낸 결론은 지나친 계산은 이익이 되지 못한다는 것이다. 심리학자인 게르트 기거렌처는 개인투자자가 전문적인 펀드매니저 및 애널리스트와 경쟁한 결과 아마추어의 단순한 예측이 전문가보다 더 낫다는 사실을 입증하기도 했다.

이 책에서는 이 밖에도 정보 과잉에 따른 정보처리의 오류, 또는 정보의 홍수 속에서 '방어기제'가 무너진 이른바 '문화적 에이즈', 비교 가능한 숫자가 주어진 상황에서 착오를 일으키는 '닻 내리기 효과', 왜곡된 비교에서 오는 '차별성의 편향', 돈을 생각하고 나머지는 나중에 따지는 '매개의 최대화', 기회비용과 매몰비용의 혼동, 선택의 폭이 넓어지면서 오히려 선택에 혼란을 느끼는 '선택의 역설', 비싼 요금으로 이어지는 '정액제 편향', '현상유지 편향에 따라 미래에 대한 평가에 서투른 '과장된 할인' 같은 것들을 소개하고 있다. 인간은 성공에 눈멀기도 하고 위급 상황에서 수동적으로 방관하는 것을 매우 꺼린다. 또한 애매하고 위험한 상황에 직면할 때 종종 '행동주의' 경향을 보인다. 행동으로 의사를 표현하려는 이런 방식은 늘 최선의 선택이라고는 할 수 없다. 어려운 상황에서 빠져나오기 위한 최선의 방법은 아무것도 하지 않는 것일 때도 많다. 예컨대 축구경기에서 페널티킥 상황을 맞은 골키퍼는 행동주의를 따르지만, 확률적으로 볼 때 좌우로 몸을 날리는 대신 골문 한가운데 서 있는 것이 합리적인 태도일 경우가 평균 28퍼센트다. 이런 '행동 편향'이 늘 합리적이지만은 않다는 데 행동주의의 함정이 있다.

　때로는 어설픈 광고 문구에도 어이없이 넘어간다. 커다란 잘못도 반복해서 들으면 믿어버리는 '반복의 오류'가 있는가 하면 똑같은 것인데도 자신의 소유라는 이유로 과오를 범하는 '보유효과'가 있다. 작은 리스크를 피하려다 함정에 빠지는 '제로 리스크 편향', 자신은 평균보다 낫다는 생각에 자신의 어리석음을 모르는 '자기 과대평가', 성공한 이후 판단착오를 낳는 '통제력 환상', 자신이 원하는 방향으로 정보를 모으는 '확증 편향' 등등. 우리가 인식하지 못한 채 일상에서 흔히 마주하는 이런 행동들은 수많은 사고의 오류 중 일부에 지나지 않는다. 대체로 현대인이 범하는 오류의 밑바닥에는 '사람들은 자신이 아무것도 모른다는 것을 모른다'는 비판적 성찰이 깔려 있다.

이렇게 다양한 오류를 볼 때 인간은 합리적이라고 할 수 없다. 하지만 그렇게 어리석다고 할 수도 없다는 것이 공동저자들의 판단이다. 인간은 오류에 대한 학습능력도 있기 때문이라는 것. 저자들의 시각에는 인간의 학습능력에 대한 기대로 낙관론이 깔려 있다. 하루도 빠짐없이 계속 선택상황에 직면할 때 범하는 사고의 오류는 우리 모두에게 해당되는 문제일 수밖에 없는데, 이런 현상을 깊이 있는 학술 이론으로 설명하고 설득력 있는 대안을 제시한 것이 바로 이 책이다. 동시에 생생한 현실의 예화들이 흥미를 더해 누구나 재미있게 읽을 수 있다.

옮긴이_ 박병화

고려대학교 대학원을 졸업하고 독일 뮌스터 대학에서 문학 박사 과정을 수학했다. 고려대학교와 건국대
학교에서 독문학을 강의했고, 현재는 전문번역가로 일하며 저술활동을 겸하고 있다. 옮긴 책으로 《공정사
회란 무엇인가》, 《구글은 어떻게 일하는가》, 《유럽의 명문서점》, 《소설의 이론》, 《최고들이 사는 법》, 《하버
드 글쓰기 강의》, 《자연은 왜 이런 선택을 했을까》, 《석기시대 인간처럼 건강하게》, 《슬로우》, 《단 한 줄의
역사》, 《마야의 달력》, 《천국의 저녁식사》, 《십자가에 매달린 원숭이》, 《두려움 없는 미래》, 《에바 브라운
히틀러의 거울》, 《의사의 한마디가 병을 부른다》 등 다수가 있다.

사고의 오류

초판 1쇄 발행일 2015년 2월 23일
    3쇄 발행일 2015년 3월 20일

지은이 비난트 폰 페터스도르프, 파트릭 베르나우 외
옮긴이 박병화
펴낸이 김현관
펴낸곳 율리시즈

책임편집 김미성
디자인 Song디자인
본문 일러스트 Oliver Weiss/oweiss.com
종이 세종페이퍼
인쇄 및 제본 올인피앤비

주소 서울시 양천구 목4동 775-19 102호
전화 (02) 2655-0166/0167
팩스 (02) 2655-0168
E-mail ulyssesbook@naver.com
ISBN 978-89-98229-19-1 03320

등록 2010년 8월 23일 제2010-000046호

ⓒ 2015 율리시즈 KOREA

이 도서의 국립중앙도서관 출판시도서목록(CIP)은 서지정보유통지원시스템
홈페이지(http://seoji.nl.go.kr)와 국가자료공동목록시스템(http://www.nl.go.kr/kolisnet)에서
이용하실 수 있습니다.(CIP제어번호: CIP2015003475)

책값은 뒤표지에 있습니다.